生产企业物流管理

主　编　张家善　李静强　张　欣
副主编　肖　艳　白　桦　许　杰
主　审　毕思勇

北京理工大学出版社
BEIJING INSTITUTE OF TECHNOLOGY PRESS

版权专有　侵权必究

图书在版编目（CIP）数据

生产企业物流管理 / 张家善，李静强，张欣主编
. -- 北京：北京理工大学出版社，2023.5
ISBN 978-7-5763-2351-1

Ⅰ.①生…　Ⅱ.①张…　②李…　③张…　Ⅲ.①工业企业管理-物流管理　Ⅳ.①F406

中国国家版本馆 CIP 数据核字（2023）第 082075 号

出版发行 / 北京理工大学出版社有限责任公司
社　　址 / 北京市海淀区中关村南大街 5 号
邮　　编 / 100081
电　　话 / （010）68914775（总编室）
　　　　　（010）82562903（教材售后服务热线）
　　　　　（010）68944723（其他图书服务热线）
网　　址 / http：//www.bitpress.com.cn
经　　销 / 全国各地新华书店
印　　刷 / 三河市天利华印刷装订有限公司
开　　本 / 787 毫米×1092 毫米　1/16
印　　张 / 13.25
字　　数 / 285 千字
版　　次 / 2023 年 5 月第 1 版　2023 年 5 月第 1 次印刷
定　　价 / 70.00 元

责任编辑 / 封　雪
文案编辑 / 毛慧佳
责任校对 / 刘亚男
责任印制 / 施胜娟

图书出现印装质量问题，请拨打售后服务热线，本社负责调换

前　言

　　物流业作为支撑国民经济发展的基础性、战略性、先导性产业，是建设社会主义现代化强国的必备条件。生产企业物流管理涵盖从原材料采购，到在制品、半成品等各道生产程序的加工，直至制成品进入仓库全过程。这些物流活动是与整个生产工艺过程相伴而生的，实际上已经构成了生产工艺过程的一部分。党的二十大报告指出，要"加快发展物联网，建设高效顺畅的流通体系，降低物流成本"。在第二届联合国全球可持续交通大会上，中共中央总书记习近平强调，要坚持创新驱动，增强发展动能；大力发展智慧交通和智慧物流，推动大数据、互联网、人工智能、区块链等新技术与交通行业深度融合，使人享其行、物畅其流。这不仅对现代物流业发展提出了更高的要求，也为其未来的发展指明了方向。

　　本书主要讲解生产企业物流管理方面的相关知识，重点介绍了生产企业物流管理的具体步骤和内容，包括认知生产企业物流、生产企业物流管理组织、计划管理、供应物流、生产物流管理、生产企业销售物流管理、生产企业物流信息管理等内容。

　　本书的编写重点之一是项目3计划管理，该项目首先介绍了销售计划管理；其次讲解了主生产计划管理，重点讲解了主生产计划编制；再次介绍了物料需求计划；最后讲解了采购计划管理。

　　本书的编写重点之二是项目4供应物流，该项目重点介绍了采购的原则、流程和分类，供料的工作流程、种类和方法，以及制造企业现场物料配送的常见方式。

　　本书的编写重点之三是项目5生产物流管理，该项目详细介绍了生产过程组织、丰田生产方式、物料配送方式、生产现场物流管理等内容。

　　本书以企业生产运营过程为主线，以企业生产实际案例为辅助材料，阐述并说明了基础知识点和基本技能，使读者能够更好地理解和应用生产企业物流管理。另外，本书中还收集了大量的生产制造企业物流运营与管理的实例和资料，内容密切结合企业实际，具有较强的实用性，既可作为物流管理、机电、机械加工、汽车制造等专业的教材，也可供企业培训在职员工使用。

　　在本书的编写过程中，编者得到了很多企业管理人员的大力支持和帮助，他们提供了很多素材与案例。各项目的编写分工如下：张家善编写了项目1和项目2，张欣编写了项目3，白桦编写了项目4和项目5中的任务5.1，许杰编写了项目5的其余部分，肖艳编写了项目6，李静强编写了项目7。全书由张家善统稿。另外，在本书的编写过程中，编者还得到了长安汽车股份有限公司、长安民生物流股份有限公司、京东物流集团、中集物流有限公司等单位的大力支持，在此表示衷心的感谢。

　　由于编者水平有限，书中难免存在不妥之处，敬请广大读者批评指正。

编　者

目　　录

项目1　认知生产企业物流 ……………………………………………… (001)

任务1.1　初识生产企业物流 …………………………………………… (002)
【任务导入】 …………………………………………………… (002)
【任务布置】 …………………………………………………… (002)
【任务分析】 …………………………………………………… (002)
【相关知识】 …………………………………………………… (002)
【任务实施】 …………………………………………………… (003)
【实战演练】 …………………………………………………… (004)

任务1.2　解读生产企业物流目标 ……………………………………… (004)
【任务导入】 …………………………………………………… (004)
【任务布置】 …………………………………………………… (005)
【任务分析】 …………………………………………………… (005)
【相关知识】 …………………………………………………… (005)
【任务实施】 …………………………………………………… (006)
【实战演练】 …………………………………………………… (007)

任务1.3　生产企业物流的构成 ………………………………………… (007)
【任务导入】 …………………………………………………… (007)
【任务布置】 …………………………………………………… (008)
【任务分析】 …………………………………………………… (008)
【相关知识】 …………………………………………………… (008)
【任务实施】 …………………………………………………… (009)
【实战演练】 …………………………………………………… (009)

任务1.4　生产企业常见物流活动 ……………………………………… (010)
【任务导入】 …………………………………………………… (010)
【任务布置】 …………………………………………………… (010)
【任务分析】 …………………………………………………… (010)
【相关知识】 …………………………………………………… (010)
【任务实施】 …………………………………………………… (016)
【实战演练】 …………………………………………………… (016)

任务 1.5　生产企业物流合理化 ··(017)
　　【任务导入】 ···(017)
　　【任务布置】 ···(017)
　　【任务分析】 ···(017)
　　【相关知识】 ···(017)
　　【任务实施】 ···(019)
　　【实战演练】 ···(019)
项目小结 ···(020)
项目测试 ···(020)
任务实训 ···(020)
活页笔记 ···(022)

项目 2　生产企业物流管理组织 ···(023)

任务 2.1　生产企业组织机构设置 ··(023)
　　【任务导入】 ···(023)
　　【任务布置】 ···(024)
　　【任务分析】 ···(024)
　　【相关知识】 ···(024)
　　【任务实施】 ···(028)
　　【实战演练】 ···(028)
任务 2.2　生产企业物流岗位设置 ··(028)
　　【任务导入】 ···(028)
　　【任务布置】 ···(028)
　　【任务分析】 ···(029)
　　【相关知识】 ···(029)
　　【任务实施】 ···(033)
　　【实战演练】 ···(034)
任务 2.3　物流管理人员的招聘 ···(034)
　　【任务导入】 ···(034)
　　【任务布置】 ···(035)
　　【任务分析】 ···(035)
　　【相关知识】 ···(035)
　　【任务实施】 ···(039)
　　【实战演练】 ···(040)
项目小结 ···(040)
项目测试 ···(040)
任务实训 ···(041)
活页笔记 ···(043)

项目 3　计划管理 ……………………………………………………………… (044)

任务 3.1　销售计划 …………………………………………………………… (044)
【任务导入】……………………………………………………………… (044)
【任务布置】……………………………………………………………… (045)
【任务分析】……………………………………………………………… (045)
【相关知识】……………………………………………………………… (045)
【任务实施】……………………………………………………………… (047)
【实战演练】……………………………………………………………… (047)

任务 3.2　主生产计划管理 …………………………………………………… (047)
【任务导入】……………………………………………………………… (047)
【任务布置】……………………………………………………………… (048)
【任务分析】……………………………………………………………… (048)
【相关知识】……………………………………………………………… (048)
【任务实施】……………………………………………………………… (051)
【实战演练】……………………………………………………………… (051)

任务 3.3　物料需求计划 ……………………………………………………… (052)
【任务导入】……………………………………………………………… (052)
【任务布置】……………………………………………………………… (052)
【任务分析】……………………………………………………………… (052)
【相关知识】……………………………………………………………… (052)
【任务实施】……………………………………………………………… (061)
【实战演练】……………………………………………………………… (062)

任务 3.4　采购计划管理 ……………………………………………………… (062)
【任务导入】……………………………………………………………… (062)
【任务布置】……………………………………………………………… (063)
【任务分析】……………………………………………………………… (063)
【相关知识】……………………………………………………………… (063)
【任务实施】……………………………………………………………… (068)
【实战演练】……………………………………………………………… (068)

项目小结 ………………………………………………………………………… (069)
项目测试 ………………………………………………………………………… (069)
任务实训 ………………………………………………………………………… (070)
活页笔记 ………………………………………………………………………… (072)

项目 4　供应物流 ……………………………………………………………… (073)

任务 4.1　供应物流认知 ……………………………………………………… (074)
【任务导入】……………………………………………………………… (074)
【任务布置】……………………………………………………………… (074)
【任务分析】……………………………………………………………… (074)

【相关知识】 (075)
　　【任务实施】 (076)
　　【实战演练】 (076)
　任务4.2　采购管理 (076)
　　【任务导入】 (076)
　　【任务布置】 (078)
　　【任务分析】 (079)
　　【相关知识】 (079)
　　【任务实施】 (084)
　　【实战演练】 (084)
　任务4.3　供料管理 (085)
　　【任务导入】 (085)
　　【任务布置】 (085)
　　【任务分析】 (085)
　　【相关知识】 (085)
　　【任务实施】 (089)
　　【实战演练】 (090)
　项目小结 (090)
　项目测试 (091)
　任务实训 (091)
　活页笔记 (093)

项目5　生产物流管理 (094)

　任务5.1　生产物流认知 (095)
　　【任务导入】 (095)
　　【任务布置】 (097)
　　【任务分析】 (097)
　　【相关知识】 (097)
　　【任务实施】 (100)
　　【实战演练】 (100)
　任务5.2　生产过程组织 (101)
　　【任务导入】 (101)
　　【任务布置】 (102)
　　【任务分析】 (102)
　　【相关知识】 (102)
　　【任务实施】 (106)
　　【实战演练】 (107)
　任务5.3　丰田生产方式 (107)
　　【任务导入】 (107)

【任务布置】 …………………………………………………………（108）
　　　【任务分析】 …………………………………………………………（108）
　　　【相关知识】 …………………………………………………………（108）
　　　【任务实施】 …………………………………………………………（120）
　　　【实战演练】 …………………………………………………………（121）
　任务5.4　物料配送方式 ………………………………………………………（121）
　　　【任务导入】 …………………………………………………………（121）
　　　【任务布置】 …………………………………………………………（121）
　　　【任务分析】 …………………………………………………………（121）
　　　【相关知识】 …………………………………………………………（122）
　　　【任务实施】 …………………………………………………………（126）
　　　【实战演练】 …………………………………………………………（126）
　任务5.5　生产现场物流管理 …………………………………………………（127）
　　　【任务导入】 …………………………………………………………（127）
　　　【任务布置】 …………………………………………………………（127）
　　　【任务分析】 …………………………………………………………（127）
　　　【相关知识】 …………………………………………………………（128）
　　　【任务实施】 …………………………………………………………（133）
　　　【实战演练】 …………………………………………………………（134）
　项目小结 …………………………………………………………………………（134）
　项目测试 …………………………………………………………………………（135）
　任务实训 …………………………………………………………………………（135）
　活页笔记 …………………………………………………………………………（137）

项目6　生产企业销售物流管理 ……………………………………………（138）

　任务6.1　销售物流管理 ………………………………………………………（139）
　　　【任务导入】 …………………………………………………………（139）
　　　【任务布置】 …………………………………………………………（139）
　　　【任务分析】 …………………………………………………………（139）
　　　【相关知识】 …………………………………………………………（139）
　　　【任务实施】 …………………………………………………………（141）
　　　【实战演练】 …………………………………………………………（142）
　任务6.2　销售物流作业体系 …………………………………………………（143）
　　　【任务导入】 …………………………………………………………（143）
　　　【任务布置】 …………………………………………………………（143）
　　　【任务分析】 …………………………………………………………（143）
　　　【相关知识】 …………………………………………………………（144）
　　　【任务实施】 …………………………………………………………（154）

【实战演练】…………………………………………………………………(154)
任务6.3　实现销售物流合理化途径……………………………………………(155)
　　【任务导入】…………………………………………………………………(155)
　　【任务布置】…………………………………………………………………(155)
　　【任务分析】…………………………………………………………………(155)
　　【相关知识】…………………………………………………………………(156)
　　【任务实施】…………………………………………………………………(158)
　　【实战演练】…………………………………………………………………(159)
任务6.4　选择销售物流模式……………………………………………………(160)
　　【任务导入】…………………………………………………………………(160)
　　【任务布置】…………………………………………………………………(161)
　　【任务分析】…………………………………………………………………(161)
　　【相关知识】…………………………………………………………………(161)
　　【任务实施】…………………………………………………………………(163)
　　【实战演练】…………………………………………………………………(163)
项目小结……………………………………………………………………………(164)
项目测试……………………………………………………………………………(164)
任务实训……………………………………………………………………………(164)
活页笔记……………………………………………………………………………(166)

项目7　生产企业物流信息管理……………………………………………………(167)

任务7.1　物流信息系统认知……………………………………………………(167)
　　【任务导入】…………………………………………………………………(167)
　　【任务布置】…………………………………………………………………(168)
　　【任务分析】…………………………………………………………………(168)
　　【相关知识】…………………………………………………………………(168)
　　【任务实施】…………………………………………………………………(172)
　　【实战演练】…………………………………………………………………(172)
任务7.2　物流信息系统的基本功能……………………………………………(172)
　　【任务导入】…………………………………………………………………(172)
　　【任务布置】…………………………………………………………………(173)
　　【任务分析】…………………………………………………………………(173)
　　【相关知识】…………………………………………………………………(173)
　　【任务实施】…………………………………………………………………(176)
　　【实战演练】…………………………………………………………………(176)
任务7.3　企业常用物流信息技术………………………………………………(178)
　　【任务导入】…………………………………………………………………(178)
　　【任务布置】…………………………………………………………………(178)
　　【任务分析】…………………………………………………………………(178)

【相关知识】……………………………………………………（179）
　　【任务实施】……………………………………………………（186）
　　【实战演练】……………………………………………………（187）
任务7.4　企业物流信息系统的应用………………………………（188）
　　【任务导入】……………………………………………………（188）
　　【任务布置】……………………………………………………（188）
　　【任务分析】……………………………………………………（189）
　　【相关知识】……………………………………………………（189）
　　【任务实施】……………………………………………………（191）
　　【实战演练】……………………………………………………（192）
项目小结………………………………………………………………（193）
项目测试………………………………………………………………（193）
任务实训………………………………………………………………（194）
活页笔记………………………………………………………………（196）

参考文献 …………………………………………………………（197）

项目 1

认知生产企业物流

【知识目标】
1. 理解企业物流的含义及目标；
2. 了解国内物流业的发展阶段及存在的问题；
3. 掌握企业物流体系的 5 个子系统；
4. 掌握企业常见的物流活动；
5. 理解物流合理化的内涵。

【技能目标】
1. 识别生产企业常见的物流活动；
2. 能画出企业物流的子系统示意图。

【职业素养目标】
1. 让学生正确认识物流在社会经济发展中的作用；
2. 培养学生对企业物流合理化的逻辑认知能力；
3. 培养学生的语言表达能力。

【德育目标】
1. 引导学生认识我国在物流领域获得的巨大进步，激发学生的爱国情怀；
2. 激励学生努力学习，为我国物流业的发展尽应有之力；
3. 激发学生的求知欲，让他们有能力辨识生产生活中合理与不合理的物流现象。

【思政之窗】
　　本项目介绍了我国在生产制造领域取得的巨大成就。认识到"中国制造"的优势，感受到"中国创造"的意义后，学生可以激发出自豪感和自信心。学习本项目后，学生对生产企业物流有了基本的认识，更加深入了解生产企业物流的特点，能研判生产企业物流的未来的发展趋势，树立服务国家生产物流产业的人生目标。另外，本项目还引入我国在高端制造领域取得的突破性成就，这样可以增强学生的自信，以及对国家的认同感和归属感，帮助学生树立爱国主义情怀，引导学生学好理论知识和职业技能。

任务 1.1　初识生产企业物流

【任务导入】

长安民生物流 RDC 仓库

在重庆市两江新区的长安民生物流 RDC 仓库现场，长安民生物流投入使用 AGV 小车（仓储搬运机器人）61 辆，打造了亚洲地区首个汽车无人仓库，面积约 6 500 平方米，每天搬运零部件 2 万箱。在仓库内，AGV 小车进行零件搬运，并使用视频扫描技术对零部件进行清点。若需要将零部件运送至主机厂，则先使用无人堆高车（即无人叉车）将零部件搬运至无人驾驶配送车上，运送至主机厂，再通过无人拖车直接运送至生产线旁。

那么，什么是生产企业物流呢？生产企业物流包括哪些类型呢？

【任务布置】

京东物流是中国领先的技术驱动的供应链解决方案及物流服务商。请同学们思考，京东物流属于生产企业物流吗？为什么？

【任务分析】

本次任务需要对生产企业物流的概念及类型形成较为理性的认识，只有这样才能更好地界定京东物流的类型。

【相关知识】

1.1.1　相关概念

1. 什么是物流

根据《物流术语》（GB/T18354—2006），物流是物品从供应地到接收地的实体流动过程，根据实际需要，将运输、储存、装卸、搬运、包装、流通加工、配送、回收、信息处理等基本功能实施有机的结合。

2. 什么是企业物流

《物流术语》中将"企业物流"定义为：货主企业在生产经营活动中所发生的物流活动。也就是说，企业物流就是物料进入企业管理现场以后的流通过程。

1.1.2　生产企业物流

生产企业物流可以理解为从采购企业生产所需的原材料到生产出合格产品，并送达到客户或销售商手中的物资流动过程。生产企业物流一般分为企业内部物流和企业外部物流两部分。

1. 企业内部物流

企业内部物流主要是指企业在组织生产的过程中，对产品或在制品生产加工时产生的验收、入库、搬运、仓储、保管、分拣、组配、配送等实体流动过程。某汽车生产企业物流现场如图 1-1 所示。

图 1-1　某汽车生产企业物流现场

企业内部物流是企业生产能够正常运行的保障，其流程如图 1-2 所示。企业对内部物流不断进行更新、改造，保证物料准时、保质、保量、配送到位，既满足了企业的生产需求，又促进了企业生产工艺及工序的科学化和高效率。

铸造、锻造、冲压、仓储 → 加工车间 → 装配车间 → 涂装包装车间 → 成品仓储保管 → 分拣、配送

图 1-2　企业内部物流流程

2. 企业外部物流

企业外部物流是指在企业生产活动中，零部件供应商、原材料及产品销售等企业生产外部实体流动的过程，其流程如图 1-3 所示。一般地，企业外部物流一般更多体现在采购物流及销售物流中。企业外部物流所面对的是企业客户及供应商，因此更应注重其物料的输送性及可协调性。

供应商、原材料 → 生产企业 → 销售商、用户

图 1-3　企业外部物流流程

【任务实施】

调研一家生产企业，阐述其涉及的企业内部物流环节、具体工作内容，以及外部物流环节和具体工作内容，并填入表 1-1 中。

表 1-1　企业物流工作汇总

物流环节	具体工作内容	备注
内部物流		
外部物流		

【实战演练】

一瓶洗发水

从超市的货架上随手拿一瓶洗发水，你能想到这瓶洗发水从走下流水线到被你拿到手中，究竟被多少辆货车运转到多少个物流配送中心吗？它历经了多少人的手才被送上货架？要经过多少道工序才变成你看到的样子？更重要的是，需要怎样做才能够更经济地将这瓶洗发水送到超市？

思考：
请大家思考文中的问题，并分组讨论。

任务 1.2　解读生产企业物流目标

【任务导入】

像送鲜花一样送啤酒

像送鲜花一样送啤酒，这是青岛啤酒的经营理念。

在这一理念的引导下，青岛啤酒引入了销售物流管理信息系统，建立起销售公司与各销售分公司的物流、资金流、信息流合理、顺畅的物流管理信息系统。

这个系统对企业的发货方式、仓储管理、运输环节进行了全面改造，有效提高了产品周转速度。青岛啤酒招商物流靠物流高效的运转提高配送及运输的准确率，在恰当的时间将啤酒送到恰当的地点和恰当的人手中，从而保障啤酒的新鲜。

为青岛啤酒的创新管理模式点赞！

那么，生产企业物流系统的目标是什么呢？

【任务布置】

请思考：青岛啤酒物流系统的目标是什么？为什么？

【任务分析】

本次任务需要对生产企业物流的目标形成清晰的认识，并进行归纳总结。

【相关知识】

生产企业物流是伴随原料、辅料及外购件进入生产过程，经过加工或装配活动，直到产成品或半成品入库而发生的物流活动。当企业的生产计划确定之后，物流管理的目标就是根据生产计划做好物料的供应、仓储、配送等工作，保证各个工序能够按计划开始其作业活动。具体而言，物流管理的目标主要有以下三方面内容。

1.2.1 保证生产的顺利进行

常言道"兵马未动，粮草先行"，可见"粮草"是十分重要的。企业生产也是如此，此时的"粮草"就是原材料和供应商的配件、辅料等。生产企业接收订单以后，制订生产计划，然后针对企业的生产计划制订原材料和配件的采购供应计划，因为不同品种、数量、用途的原材料所需的采购时间、供应商不同，所以企业要保证采购物料的顺利到位，只有明确标准的物料供应流程，使物料从采购到应用得到有效控制，才能确保企业生产顺利进行。

1.2.2 降低企业成本，提高企业整体效率

影响企业生产成本的因素很多，如人工成本、原材料成本、加工成本、管理成本等。产品市场的竞争，促使企业要不断努力降低生产成本，而物流成本是近几年新提出的成本核算内容，其可降低的成本比例和可挖掘的潜力很大。在物流成本降低上下功夫，可以使企业生产事半功倍，促进企业积极思考和创新，从而获得更大的利润；实施准时化精益生产，利用物流可以使企业在生产过程中各部门、各单位的工作更加协调，使企业的整体效率提高，使企业对市场的反应时间缩短，更有利于占有市场。

1.2.3 实现企业物流系统化、规范化

企业生产重要的是有计划性和可控性，只有这样企业才能有序生产。但是，企业往往在生产过程中经常出现生产计划部门与生产控制部门、采购部门、供应部门、配

送部门等不协调,原材料到货时间滞后,供应产品质量不合格等现象,造成企业生产计划一日三变,无法正常实施,最后延迟交货,出现客户索赔现象,增加了企业的成本,使企业丢失了市场。企业生产计划及物流计划应同时进行,其流程应不断改善和优化,确保物流满足生产需求。在编制企业生产计划以及物料采购计划的同时,应大力推行准时化生产的思维与方法,使企业的生产有章可循,能够顺利进行,使员工各尽其责。良好的生产物流时序计划可以使企业在生产过程中实现标准化和准时化,促进企业在生产过程中不断完善和创新,减少企业在生产环节中的浪费,从而降低企业的运营成本。

【任务实施】

(1) 学生阅读以下案例,填写表1-2。
(2) 按组讨论该企业的物流目标和物流财务指标分别是什么?
(3) 指导教师抽查学生作业,进行总结、点评。

表1-2 海尔集团的物流目标

海尔物流目标	
海尔物流财务指标	

海尔集团的物流目标

海尔集团将物流分以下几个阶段。首先,在组织阶段就进行调整,实施供应链一体化管理,在集团内部把材料的采购、成品配送全部交给物流推进本部,不存在内部的协调及内部不配合的问题,相当于集团把整个供应链交给物流推进本部进行优化。从运作情况看,物流的指标较为理想。

海尔物流本部的目标包括以下两个。

一是对市场的响应速度。供应链主要是看对市场的响应速度,其主要依据是,按订单生产,海尔是在国际市场拓展过程中逐渐进行优化的。因为国外的生产全是按订单需求生产,非常严格。这就要求整体的供应链对市场要具有足够的反应速度。

二是物流成本的问题。对物流成本的理解,我们认为,主要是降低整体供应链的成本,而且很大一部分应该是通过供应链整合优化来减少不良的损失。当然,通过降低运输成本,也可以降低仓储成本,还可以通过提高效率来减少人工费用。

整合物流之后能够使费用得到很大优化。因为在企业内部物流的体制、物流的模型都是比较成熟的,包括生产的配送、JIT配送,这些都是非常成功的模式。但是,有一个非常重要的前提,分供方需要具有良好的素质。如果做不到这一点,即使有再好的信息系统,再好物流配送体系,如果分供方的素质跟不上,经常送丢货或者送的货是不合格的,就不得不进行查收检验。而检验期需要几天,因此不可能加快物流的周转速度，也就无法实现 JIT 配送。整个集团整合以后，马上可以进行网络优化，处理好相关工作。

【实战演练】

"玻璃大王"——曹德旺

曹德旺涉足汽车玻璃领域，完全出于偶然。

1984 年 6 月，曹德旺去武夷山玩的时候，把拐杖当扁担挑东西。上车时，驾驶员突然让他小心一点，"车玻璃不要给我碰了。万一破了，你可赔不起。"曹德旺心想，不可能啊，没有人比我更懂玻璃，我是做玻璃的，还会赔不起？

他回去后，到汽车修理店调查了一圈，发现给汽车换一块日本产的前挡玻璃，竟然需要 6 000~8 000 元。曹德旺当时就觉得离谱。

他算了一笔账，1 平方米的玻璃的制作成本仅为几元，经过加工，一块玻璃最多也就 20 元的成本。既然有那么多汽车需要玻璃，如果能生产出来，一块卖几百元，不仅可以取代日本进口汽车玻璃，让老百姓得到实惠，还能赚到钱。曹德旺陷入了思考：没有人做，我来做！我要为中国做自己的汽车玻璃，让所有中国人都能用得上、用得开心、用得安心。

就是从这一想法出发，曹德旺为福耀找到了企业新的目标和方向——转型投产汽车玻璃，他把汽车玻璃的价格从每块 8 000 元一块降到了 2 000 元，彻底结束了中国汽车玻璃完全依赖进口的历史。

现在世界上很多品牌的汽车（包括劳斯莱斯、奔驰、宝马等）用福耀玻璃。

思考：

请大家思考曹德旺成功的方法，并分组讨论。

任务 1.3　生产企业物流的构成

【任务导入】

利用牛奶取货方式，降低库存成本

上海通用有四种车型，不包括其中的一种刚刚上市的车型，另三种车型零部件总量有 5 400 多种。上海通用在国内外拥有 180 家供应商，还有北美和巴西两大进口零部件基地。那么，上海通用是怎样提高供应链效率、减少新产品的导入和上市时间并降低库存成本的呢？为了把库存赶出自己的供应链，上海通用的部分零件会根据生产的要求，在指定的时间直接送到生产线上去生产。这样，因为不进入原材料库，保持了很低的库存，省去了大量的资金占用。对于有些用量很少的零部件，为了不浪费运输车辆的运能，充分节约运输成本，上海通用使用了叫作"牛奶圈"的小技巧：每天早晨，配货车从厂家出发，到第一个供应商那里装上原材料，然后到第二家、第三家，依次类推，直到装上所有原材料再返回。这样做的好处是省去了供应商空车返回的费用。

思考：

请问"牛奶圈"的小技巧是什么？

【任务布置】

上海通用是我国汽车生产行业的佼佼者。请同学们思考，上海通用的生产经营具体涉及哪些物流活动？

【任务分析】

本任务需要对生产企业物流活动的构成进行分析，然后归纳和总结其包含的物流环节。

【相关知识】

企业生产系统活动的基本结构是投入—转换—产出。企业投入的是输入物流，或称内向物流、采购（供应）物流；转换的是企业内生产物流，或称企业内转换物流；产出的是企业输出物流，或称外向物流、销售（分销）物流；对于废弃物回收、包装材料回收、退货等活动，称作回收物流。生产企业物流的构成如图1-4所示。

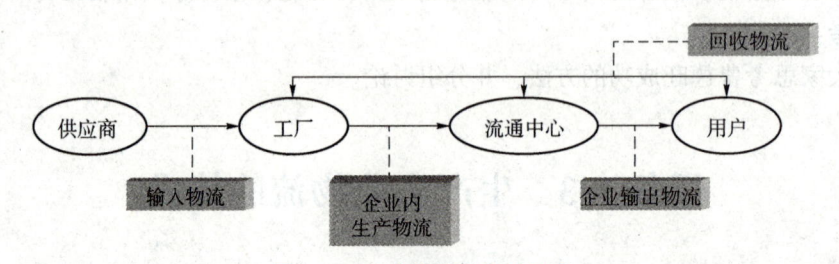

图1-4 生产企业物流的构成

1.3.1 采购物流

采购物流是指企业根据生产所需的物料（零部件、辅料）进行采购、运输、装卸搬运的管理过程。

企业为保证生产的正常运行，需要不间断地进行物料（零部件、辅料）的采购供应。

1.3.2 销售物流

企业生产出来的产品在通过销售商进行销售或自销、直销时，在供方与需方之间的实体流动过程即为销售物流。

销售物流伴随产品销售的全过程，包括产品的包装、配送、售后服务等一系列流程。

1.3.3　生产物流

生产物流是指企业在生产、制造产品时，原材料、零部件在生产工艺及生产计划的需要下，为了满足生产制造产品而进行的物品流动。

1.3.4　回收物流

回收物流是指企业生产的产品在出现质量问题时，企业针对产品而进行的召回、返修、退货及调换等一系列物流活动，还包括对企业生产制造过程中的包装材料的回收利用。回收物流包括不合格品、残次品、返修品的回收，以及产品包装物、可再利用的原材料的回收。

1.3.5　废弃物物流

在企业生产制造过程中，伴随着产品的制造、加工，会出现一些不可再利用的废弃物，如工业废水、废酸、废油料、废品等。企业废弃物的回收处理工作非常重要，体现了企业对环境和对社会的责任。企业应针对废弃物进行专门管理。

【任务实施】

请思考生产企业物流活动包含哪些环节及内容，将其填入表1-3中。

表1-3　生产企业的物流环节及其工作内容

物流环节	工作内容	备注

【实战演练】

购买啤酒与供应链

以到酒类专卖店购买啤酒为例说明。当然，购买啤酒不囿于附近的酒类专卖店，也可在超市、便利店、折扣店等处购买。陈列于各种零售店内的啤酒，在消费者拿到手之前要经过怎样的途径才能到达的呢？啤酒制造商生产啤酒前，首先要采购大麦、啤酒花等原材料，并进行酿造。为了保持鲜度，需快速通过各种流通渠道将啤酒运送到零售商店。小规模的酒类专卖店通过批发商进货，大型连锁零售商则不通过批发商，而是直接从制造商处进货。一般而言，某一商品从生产厂地到达消费者手中，有如下的厂商及相关人员依次参与：①供货商（进货处）；②制造商；③批发商（专业物流）；④零售商；⑤消费者。我们将这些与供货密切相关的各相关企业和人员（利害相关者）的衔接（连锁）称为供应链。

思考：

啤酒从生产工厂到达消费者手中，需要哪些主体参与？

任务 1.4 生产企业常见物流活动

【任务导入】

赤湾港的散装化肥的流通加工

赤湾港是中国重要的进口散装化肥灌包港口和集散地之一，每年处理进口化肥灌包量均在 100 万吨以上。赤湾港涉及了对化肥多品种、多形式的港口物流拓展，涵盖了散装灌包、进口保税、国际中转、水路铁路公路配送等多项服务。

赤湾港从国外进口化肥的装运采用散装方式，到达港口以后，通过门式起重机的抓斗将货卸到漏斗里，通过漏斗输送到灌包房，其中设有散货灌包机。接下来，利用灌包机将散装化肥灌成规格为每包 50 千克的袋装肥料，然后再销售。

思考：

从国外进口的化肥在赤湾港需经历哪些物流操作活动才能进入市场销售？

【任务布置】

上海通用是我国汽车生产领域中的佼佼者。请同学们思考，上海通用的物流活动涉及哪些内容？

【任务分析】

本次任务需要归纳生产企业常见的物流作业活动，并分析各项活动的具体工作内容。

【相关知识】

生产企业常见的物流活动大致包括物料的采购、装卸搬运、运输、理货（验收、入库）、掏箱和拆（开）捆、仓储保管、分拣和加工、配送。

1.4.1 采购

为保证生产的正常运行，要不断输送原材料、零部件、辅料等进入企业。对于物料采购活动狭义的理解是指企业购买物品，通过物品在市场的交换，从而获得有用资源。采购工作是企业与社会的衔接点，而采购部门采购的原材料品种、数量来源于生产计划的需求。采购部门在负责物料采购的同时，对供应商的管理、市场信息的收集也对企业生产发挥着重要作用。采购部门在企业组织机构中相对独立，但是与企业生产系统、财务系统、技术系统及市场管理都有密切联系。采购计划来源于企业生产计划的需求，采购资金需要财务部门的支持，而采购原材料的品种、型号，质量的优劣需要技术部门的支持。采购活动可以说是企业降低成本的第一要素，对企业而言至关重要。常见的采购方式有零散采购、大批量采购、招标采购、议价采购等。

1.4.2 装卸搬运

装卸搬运是企业完成采购活动后的第一项物流具体活动，如图1-5所示。装卸是指物料在空间垂直距离的移动，搬运是指物料在空间的水平位移。它们同时存在、同时发生，在实际工作过程中难以分开。

图 1-5 装卸搬运

装卸搬运在企业生产活动中的工作量占相当大的比例，约占物流工作总量的三分之一。装卸搬运是一种劳动密集型活动，内容相对简单，相比生产技能而言技术性较弱。装卸搬运工作正逐步从纯人工作业发展向半机械化、机械化，乃至自动化的方向发展。

在生产物流作业中，装卸搬运能产生空间效用及时间效用。装卸搬运在企业生产中不能创造价值，却是企业生产以及企业生产物流中必不可少的工作环节。在实际工作中，要尽量减少不必要的装卸搬运过程，也要提高装卸搬运的技术含量，使其提高效率。

1.4.3 运输

企业生产物流运输专指物料的载运与输送，它是指以在不同地域间改变物料空间位置为目的的工作活动，属于较大范围的位移活动，注重的是运输效率（关键要素是时间、速度、运输量）。随着技术的发展，运输形式逐步多样化，工作效率也大幅提高。

如图1-6所示，物流运输有五种方式：①铁路运输；②公路运输；③水路运输；④航空运输；⑤管道运输。

图1-6 运输方式

1.4.4 理货（验收、入库）

理货作业是物流人员根据采购部订单，对物料进行验收、入库的作业过程。生产企业的理货作业是生产企业物流（内物流）的开始，其工作流程必须标准化。理货作业是物流进入企业的第一项实际工作，对理货作业的要求必须严格。

理货作业需要应用很多表格，需要理货人员进行逐项填写。理货作业各项表格的填写必须认真、清晰，验收物料时应仔细认真，不管在物料的质量、数量、验收时间上，都要认真按照订单的要求接收，避免出现差错。

由于企业采购的物料来自不同的厂家、地点，到货时间也各不相同，使理货作业相对复杂和烦琐。理货作业是企业生产物流的第一道作业环节，其质量、效率对企业生产的影响非常大。

从事理货工作的员工必须具备多种技能，如计算机的应用、货物（物料）的识别、叉车的驾驶、货物码垛知识等。

1.4.5 掏箱和拆（开）捆

生产企业所需的物料通过采购活动进入企业的库房及现场时，由于物料从不同的厂家、地点采购而来，其配送到达的形式也各不相同。物料有通过铁路运送而至，有通过公路运行而至，但大多数生产企业的物料都是以集装箱包装形式运送到生产企业现场，因此，在物料验收和理货的同时，伴随着的物流活动就是集装箱的掏箱、拆（开）捆工作。

1. 掏箱

掏箱就是将商品、配件、物料从集装箱中逐件进行卸货、搬运、验收的工作活动。掏箱验收工作必须有企业物流人员、供应商、第三方物流人员同时在场才可进行（长期供货时，供应商有时可以不参加）。

掏箱需按订单（交接单）进行逐项卸货验收，这是物料到达企业中的第一项工作，直接影响企业的日后生产。掏箱工作常用的设备包括液压式登车桥、叉车、计算机、物流中转箱等。掏箱主要包括人工和机械两种方式。体积小的盒式、箱式或重量轻的物料采用人工掏箱，如图1-7（a）所示。重量较重、体积较大或以托盘及工具转运箱、物料专用箱的装卸一般采用机械掏箱，如图1-7（b）所示。

(a)   (b)

图 1-7 掏箱

(a) 人工掏箱；(b) 机械掏箱

2. 拆（开）捆作业

拆（开）捆作业是将集装（整体包装、捆装）的物料进行分拆，使物料呈现独立体或基本部件的物流工作活动，如图1-8所示。

拆（开）捆作业是掏箱作业后的第一个物流工序，需要对物料的品种、数量、包装方式有充分了解。要使用专用场地，工作过程大部分时间是人工作业，将拆卸后的零部件进行分类、入库、上架后进行仓储保管。

拆（开）捆作业的主要对象是木制品包装、麻包、纸箱类包装，需要将物品的外包装（集装）拆开，使其内部的物料、零部件展露出来，以便物流人员进行后续工作。

图 1-8 拆（开）捆作业

1.4.6 仓储保管

仓储保管是确保企业生产与销售及售后服务质量的重要因素之一，也是生产企业物流中的一个十分重要的环节。仓储保管主要体现在物料、备件及成品的管理方面。

仓储的意义在于一是缓冲供应商与生产现场之间的时间差；二是缩小供应商与生产现场的地域距离差；三是消除生产不均衡带来的计划变更因素；四是调剂供应商及生产现场产品品种、数量的不均衡生产；五是保证企业生产交货期。

物料的保管是指物料在仓库中的一系列的维护、盘点、存放等物流活动。企业采购的物料（零部件）进入库房后，针对几十种、几百种、上千种物料需要进行科学合理的保养与管理。物料在库存当中要有一系列的保管制度来进行管理。物料保管规则有：保质、保量，确保物料没有损失；物料分类、分区保管，确保物料不出现混料；保证物料先进先出原则；针对不同物料采用不同的保管方法；定时、定期对物料进行盘点，确保库存量科学、合理。

1.4.7 分拣和加工

生产物料根据生产计划的要求，从采购、验收到进入企业的仓储基地或直接进入生产现场，以满足生产的需求。进入仓储中心（库房）的物料需要进行分类、分区保管，物料在仓储中心储存一段时间后，需要按生产计划需求，采用先进先出的原则对物料进行分拣、加工和组配。

1. 分拣

物料的分拣是根据生产计划的需求而进行的，是企业生产前物流的一部分。企业在生产制造产品过程中，使用的零部件、标准件种类繁多，使得仓储、保管、分拣工作繁杂。由于每种产成品使用的零部件、标准件各不相同，企业在混流生产过程中，可以使用一条组装线组装多种不同型号的产品，因此生产前的分拣工作非常重要。

分拣工作需要根据生产节拍及生产计划，准时将组装线上需要的零部件、标准件拣选出来，其节拍应与产品组装的节拍一致。若拣选速度过快，则会使制品、零部件、标准件在组装线堆积，零部件停滞，生产现场混乱；若拣选速度过慢，则会导致零部件、标准件供应不上，造成企业产品组装线停产，不能按时交货，也将给企业带来损失。因此，物料的分拣工作必须在企业生产管理过程中得到高度重视。

生产前物流的分拣方法大体可分为摘果式分拣和播种式分拣，企业应根据具体的生产需求选择分拣方法。

（1）摘果式分拣。顾名思义，摘果式分拣就是像在果园中摘取果实一样去拣选物品，如图1-9所示。具体的操作方法是操作者在物料架（堆、垛）中穿梭行走，按照拣选单据的内容，拣选需要的物品。操作者每天拣选的物品可以是同一种物品，也可以是不同的物品。制造业中的分拣，由于产品固定，每天拣选的物品基本不变。

（2）播种式分拣。顾名思义，播种式分拣就是像在田野中进行播种一样去拣选物品，如图1-10所示。具体的操作方法是操作者将大宗货物集中起来，用叉车、运输机械、料箱等将其从货位中取出，然后根据各拣选单据的需求分别放在不同的周转箱中，以满足生产需求。

图 1-9 摘果式分拣

图 1-10 播种式分拣

目前，大型企业的仓库（第三方物流仓库）采用自动化分拣系统和半自动化分拣系统进行分拣作业。在制造业中多采用电子标签、手持条码机与人工拣选相结合的方法来提高劳动效率。电子标签货架主要是货架与计算机系统相连，配套使用，在拣选物料时可以提高分拣效率，同时分拣的质量也可以得到保障。

2. 加工

物料加工是根据生产计划的要求，按照使用材料的调料单将物料调出仓储中心，然后根据不同的要求进行初加工，如汽车覆盖件、焊装件所用的原材料为板材，而企业从轧钢厂采购的板材料为卷料，在冲压工序之前，需将薄板卷材根据生产工艺的要求用剪板机剪裁成固定的板材。这样的工作过程称为物料的产前加工。

在企业生产制造过程中，零部件、标准件种类繁多，其中相当一部分零配件是协作厂家进行加工生产的。

1.4.8 配送

配送是企业物流中的重中之重，是企业物流的核心业务。物料从采购开始，到生产结束，无时无刻不依赖物料的准时配送到达。

物料的配送是指将物料分拣后，针对企业不同的岗位（工序）需求，进行最终送达的物流活动。实现准确的物料配送，需要物流、信息流及严格的生产计划的配合，需要企业不断地改善、完善物流过程，才能使配送满足生产的需求。生产企业现场物料的配送有以下两种形式。

（1）先按节拍直达配送仓储中心（库房），根据生产计划，针对组装线的需求，再将分拣的物料（零部件）放置在专业物料箱中，然后根据不同的时间顺序，将物料送达需要的岗位（工序）。

（2）批量配送零部件供应商在某一时间段内，针对生产需求，每天将物料（零部件）成批次送达生产现场的物流方式。

【任务实施】

请同学们对比摘果式分拣和播种式分拣，将其各自的优点、缺点和适用范围填入表1-4中。

表1-4　摘果式分拣和播种式分拣对比

拣货方式	优点	缺点	适用范围
摘果式分拣			
播种式分拣			

【实战演练】

三联零环节物流

三联物流描摹的是这样一幅图画：王先生想买冰箱，于是他来到住所附近的一家三联家电连锁店，这个以陈列各类家电产品为主要销售的连锁店更像现在的汽车展示厅，在销售人员的帮助下，王先生大致了解了各种品牌冰箱的性价比，打算购买A厂家生产的冰箱B。王先生下的订单通过这家连锁店的信息采集系统迅速传送到三联家电总部的ERP系统中，并通过系统接口自动传达到厂家的信息系统。冰箱B在生产完成后，由专业物流配送人员根据订单上的地址送到王先生家。这是基于异常通畅信息流的过程，其中物流所涉及的环节减到了最少，三联称其为零环节物流。与之相比，传统的物流过程是复杂的，产品从下线到工厂的仓库、大区的中转仓库、各地分公司的仓库，甚至在供应商内部还要经过几个物流环节，然后到分销零售的配送中心、再到门店的仓库，可能还要再经过安装服务机构，才能到消费者手中。也就是说，每件产品从下线到最终售出的过程中，至少在5~6个仓库中停留，经历10次以上的装卸，而每次装卸的费用都超过1元。零环节意味着高效率和低成本，三联物流中心总经理高金玲表示，在成本方面，三联物流的物流费用率可以达到0.5%，而国内百货业的物流费用率通常为3%~40%。

思考：

为什么三联物流能将物流费用率控制在0.5%，而国内百货业的物流费用率通常为3%~40%。

任务 1.5　生产企业物流合理化

【任务导入】

北京某汽车制造厂自动化仓库案例

20世纪70年代，北京某汽车制造厂建造了一座高层货架仓库（即自动化仓库）作为中间仓库，存放装配汽车所需的各种零配件。该厂所需的零配件大多数是由其协作单位生产，然后运至自动化仓库。该厂是我国第一批发展自动化仓库的企业之一。

该仓库结构分高库和整理室两部分，高库是采用固定式高层货架与巷道堆垛机结构，从整理室到高库之间设有辊式输送机。当入库的货物包装规格不符合托盘或标准货箱时，则还需要对货物的包装进行重新整理，这项工作在整理室进行。由于当时各种备品的包装没有规格化，整理所需的工作量相当大。

【任务布置】

高层货架仓库（即自动化仓库）有利于采用机械设备，提高物流操作效率，是物流行业未来的发展趋势。请同学们思考，在物流作业中，除高层货架仓库外，还可采取哪些措施来提高物流企业效率？

【任务分析】

本任务需要对生产企业常见的物流合理化措施进行了归纳，请分析不同措施的具体适用范围。

【相关知识】

物流合理化是指根据物流活动的客观规律，产、供、运、销各部门共同采取有效措施，以最低的物流成本达到客户满意的服务水平，如图1-11所示。

图1-11　物流合理化

1.5.1 物流合理化的内容

物流合理化通常包括局部合理化和整体合理化两个方面。

（1）局部合理化指物流系统中各子系统内物流过程合理化，如运输、包装、装卸搬运、仓储、信息处理、流通加工等各项物流功能分别实现合理化。物流过程局部合理化是物流合理化的初级阶段，也是不可或缺的环节和基础。

（2）整体合理化是寻求物流系统整体合理优化。因为各物流子系统之间在服务水平要求、物流技术和经营成本等方面存在差异与矛盾，必须从物流大系统的角度来选择合理化的途径。

1.5.2 物流合理化的途径

在众多物流环节的具体运作中，实现物流合理化的途径主要有以下几种。

1. 加强物流计划性

做好物流计划是实现物流合理化的首要条件，也是提高物流服务质量的重要标志。特别要考虑我国交通运输条件，根据购销业务的商流计划，及时、合理地制订物流计划，妥善安排货物储存和运输。按照客户要求的时间、地点，有计划地、如期地把原材料运到工厂，把商品运到商店或消费者手中。

2. 组织物流直达化

物流企业在组织货物调运时，应尽量减少中间环节，特别是物流过程中的运输、储存环节，把货物由生产厂（地）直接运送到销地或用户，既可以加快货物运送时间，又可以降低物流成本。直达供应或直达运输，是我国物资、商业部门组织物流合理化的主要形式。

3. 组织物流短距化

无论是生产物流还是销售物流，在组织物流业务活动时，对一般普通的大宗物资或商品，应采取就近、分片供应和调运的办法，使运输里程最近。即确定适当的供应、销售区域，选择合理的运输路线、最短的运送距离，制订最优的物流合理化方案，从而降低物流成本。

4. 组织物资调运钟摆式运输

按物流合理化的要求在组织货物调运时，应强调组织往复、回程货源，避免发生非满载和空车行程，亦称钟摆式运输。例如，商业部门在组织物流业务时，把工业品从城市运往农村，再把农副产品从农村运进城市，供居民使用。再如，各大城市之间的定向、定时的往复运输，由专人或专门机构来组织回程货源，也是运输钟摆化、合理化的一种有效形式。

5. 组织货物调运集中化

物流企业在组织货物配送时，把几个货主的多种商品，凡是发往同一地区、同一方向的，在物流计划的基础上，集零为整，采取混装形式，进行集中运送，从而提高车船的装载率、节省运费。

6. 物流企业社会化

在当前社会形势下，物流企业必须加强横向经济联系，打破部门、地区的限制，面向社会服务，谋求社会整体的物流合理化，提高综合经济效益。

7. 实现物流标准化

在物流作业过程和装载器具等方面全面推行物流标准化，有利于合理的物流衔接和现代化管理。

8. 提高物流服务质量

物流企业属于第三产业的范畴，是经营服务型且以服务为主的企业，因此提高职工素质，制订服务规范，做到保管安全、运送及时、收费合理、信用可靠、服务热情等，为社会提供高标准的服务水平，既是物流企业的服务宗旨，也是扩大业务范围，发展物流企业，实现物流合理化的基础和保障。

【任务实施】

（1）组织和引导学生思考物流运输合理化的定义。
（2）学生在教师的指导下完成表1-5的填写。
（3）教师对物流运输合理化的含义和有效措施进行点评。

表1-5 物流运输合理化

物流运输合理化的含义	
物流运输合理化的有效措施	

【实战演练】

像送鲜花一样送啤酒

"像送鲜花一样送啤酒，把最新鲜的啤酒以最快的速度、最低的成本给消费者品尝"，青岛啤酒人如是说。为了这一目标，青岛啤酒股份有限公司与某公司共同出资组建了青岛啤酒招商物流有限公司，双方开始了物流领域的全面合作。自从合作以来，青岛啤酒运往外地的速度比以往提高30%，使距离生产厂内300千米区域以内的消费者都能喝到当天的啤酒，使300千米以外区域的消费者也能喝到出厂1天的啤酒，而大家原来喝到青岛啤酒需要3天左右。

思考：
青岛啤酒是怎样实现把最新鲜的啤酒以最快的速度、最低的成本送达消费者手中的？

项目小结

本项目主要讲述了学习物流管理的重要意义和目标；讲述了生产企业物流的构成、特点；详细讲解了生产企业物流的工作内容以及工作流程；讲述了生产企业物流与商业流通物流的不同点以及生产物流的合理化途径。

学习本项目后，学生应能够对生产企业物流的工作过程进行陈述；并能够掌握生产企业物流的基础知识和工作内容。

项目测试

1. 企业物流是所有（　　）在企业内部流动的过程。
   A. 生产要素　　　　　　　　　　B. 原材料、半成品、制成品
   C. 物料运行程序　　　　　　　　D. B 和 C
2. 生产物流存在于（　　）类型企业中。
   A. 流通　　　B. 加工　　　C. 制造　　　D. 资源
3. 生产物流控制的核心是（　　）。
   A. 在制品　　　B. 过程　　　C. 进度　　　D. 偏差
4. （　　）是指将经济活动中失去原有使用价值的物品，根据实际需要进行收集、分类、加工、包装、存储等，并分送到专门处理场所的物流活动。
   A. 生产物流　　　B. 回收物物流　　　C. 销售物流　　　D. 废弃物物流
5. 生产企业物流一般分为企业内部物流和（　　）两部分。
   A. 企业采购物流　　　　　　　　B. 装卸搬运
   C. 企业回收物流　　　　　　　　D. 企业外部物流
6. （　　）是企业在生产经营过程中，为了满足生产、基础建设对原材料、材料设备、备件的需求，将定期或不定期地发生的采购行为，即商品从卖方转移到买方场所进行的所有活动。
   A. 采购项目　　　　　　　　　　B. 采购物流
   C. 生产物流　　　　　　　　　　D. 销售物流

任务实训

一、实训目的

将身边的企业作为研究对象，联系课上所学理论，采用实地考察跟踪其物流全过程的方法，对该企业发展现状进行初步了解。培养实际调研能力，尝试检验所学知识，并从实际中进一步学习了解物流的内涵与外延。

二、实训方式

采用实地调研的方式，如可面对面的访谈了解、过程跟踪调查和侧面行为观察的方式。全组成员合理分工，每人负责不同侧面的内容，协同合作，集体讨论分析，并写出实训报告。

三、实训时间

××××年×月×日—×月×日

四、实训地点

××省××市

五、实训步骤

1. 前期准备工作

（1）×月×日 14:00 在××教室参加本专业认知实训动员大会。

（2）×月×日 15:00 召开小组会议，商讨实训方式、调查对象，拟订实训计划。

（3）×月×日下午通过登录网站，查阅报纸、杂志等方式寻找调查对象，并争取专业物流公司或单位的支持和协助。

（4）准备校徽、红帽子、数码相机、笔记本等实训所需物品。

2. 开展实训活动

（1）×月×日，走访××物流行业协会。

（2）×月×日，参观、调查××企业，了解其物流过程。

六、撰写实训报告

要求条理清晰，格式规范、统一，不少于 1 000 字。

活页笔记

学习过程：

重难点记录：

学习体会及收获：

项目 2

生产企业物流管理组织

【知识目标】
1. 了解企业组织结构建立的原则及依据；
2. 掌握几种典型的企业组织机构类型；
3. 掌握物流经理的岗位职责和素质要求；
4. 了解物流人员的基本素质、招聘程序、测评方法和培训工作；
5. 了解物流人员的培训内容及培训方法。

【技能目标】
1. 能根据实际状况建立企业物流管理组织；
2. 做好物流人员的应聘准备工作。

【职业素养目标】
1. 让学生正确认识物流企业管理组织；
2. 培养学生认识各物流岗位职责。

【德育目标】
1. 培养学生树立现代企业管理意识；
2. 培养学生尊重组织、敬畏组织的观念。

> 【思政之窗】
> 通过对生产企业管理组织的学习，学生可以了解生产企业组织结构，认识相关岗位设置，明确自身在企业中适合的岗位。本项目结合企业轮岗制度，让学生认识团队沟通、强化团队执行力的重要性，养成换位思考的习惯和团队协作精神。另外，本项目还结合企业招聘、考核内容，让学生养成竞争意识、危机意识，让学生除了拥有一定的专业技术特长之外，还具备组织管理能力、沟通交际能力、团队合作能力。

任务 2.1 生产企业组织机构设置

【任务导入】

2022 年 1 月 17 日，海尔集团举行了创新年会，董事局主席、首席执行官周云杰发表了题为《执一不失，开创未来》的演讲，宣布海尔集团董事局成立五大委员会，分别为战略与投资委员会、科学与技术委员会、薪酬与提名委员会、审计与风控委员会，以及人单合一引领委员会，以发展应变局、开新局，打造物联网时代引领的创新生态。

为海尔集团点赞！

【任务布置】

某五金企业是一家民营企业，随着企业规模不断壮大，原来的管理模式已经不能适应企业发展的需要了，因此，企业负责人王某正考虑改组企业，建立现代化的管理机构。请你为该企业重新设计组织架构。

【任务分析】

本次任务需要对生产企业组织结构设置进行分析，明确不同组织结构类型的优缺点。

【相关知识】

2.1.1　企业物流组织机构设置的形式

结合生产经营特点，企业物流组织的机构设置可划分为以下三种形式。

（1）独立设置一个生产物流管理中心。由独立的生产物流管理中心完全独立承担企业生产物流的计划、控制、协调及核算等全部职能。这种组织设置形式适用于生产系统的完整性、系统性较强，生产单位相对单一，生产流程比较简单，生产组织的分支机构较少，企业的规模和物流量较大的企业。

（2）将物流职能分散在各生产经营单位。由多职能部门或生产单位成立的物流管理小组承担本部门物流管理职能。这种组织设置形式一般适用于规模较小的企业，特别是生产相对比较分散，进行统一生产管理和统一物流管理有困难的企业。

（3）将物流职能分散到各生产经营单位，并在企业设立一个总的物流管理部门。分散在各生产经营单位的物流小组相当于这个物流管理部门的分支派生机构，可以实行垂直领导和管理，也可以实行"条块"结合的管理模式。这种组织设置模式适用于企业规模较大，且生产经营相对比较分散，进行统一生产管理有困难的企业。

2.1.2　常见的企业组织机构类型

企业组织机构的具体形式，长期以来多采用以下五种基本类型。

1. 直线型

任务的分工促使直线型组织结构出现，它是最早出现的最为简单的组织形式。这种组织结构按照功能来划分模块，它的缺点在于信息传达的渠道不够通畅，沟通成本较高。因为直线型组织的企业员工经常各自为政，每个人都只关心自己职责范围内的事情，很难达成共识、一起为共同目标努力。这种组织形式的优点是每个岗位的人对自身的业务都比较专精。因此，直线型组织结构要求职员高度职业化，物流经理主要管理运输部、仓储搬运部、包装部、客户服务部，如图 2-1 所示。

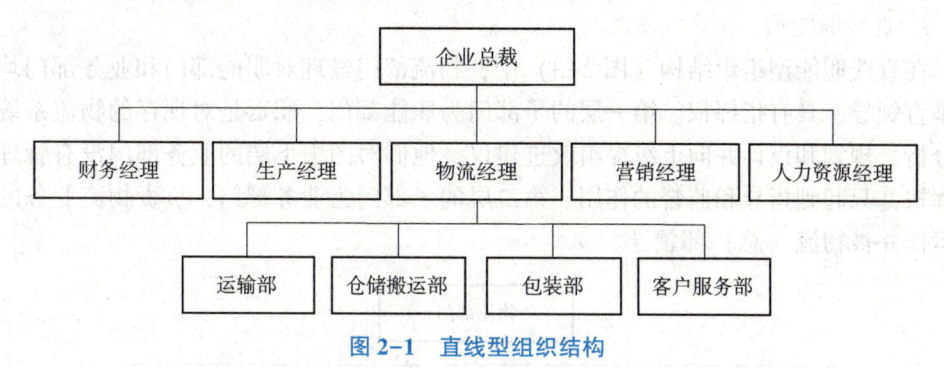

图 2-1 直线型组织结构

直线型组织结构是一种按基本职能组织物流管理部门的组织形式。在这种组织结构中，物流管理各个要素与其他的职能部门处于并列的地位。在解决企业冲突时，物流经理可以和其他各部门经理平等磋商，共同为企业总体目标服务。

直线型组织结构的优点体现在物流经理全权负责所有的物流活动，相互牵制、相互推诿的现象不再出现，效率高、职权明晰；不足之处在于物流经理的决策风险较大。当物流活动对于经营较为重要时，企业一般会采取直线型组织结构。

2. 职能型

在职能型组织结构中，物流部门在企业中只作为顾问，主要管理规划、分析、协调物流工程，并形成对决策的建议，对各部门的物流活动起指导作用，但物流活动的具体运作管理仍由各自所属的原部门负责，物流部门无权管理，如图 2-2 所示。

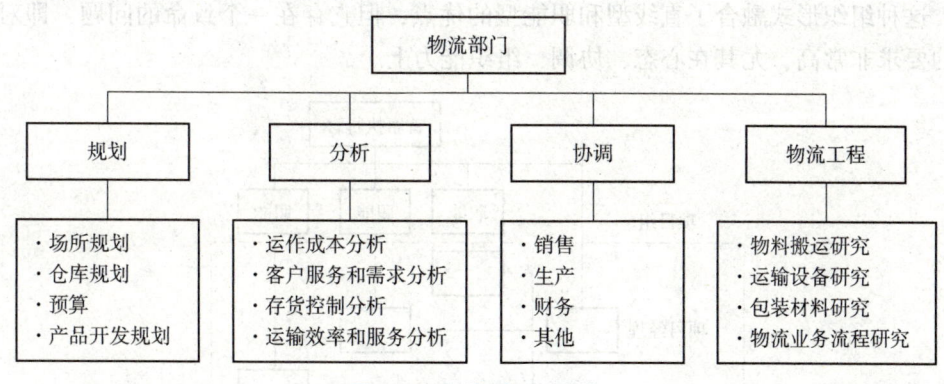

图 2-2 职能型组织结构

其中，规划包括场所规划、仓库规划、预算、产品开发规划；分析包括运作成本分析、客户服务和需求分析、存货控制分析、运输效率和服务分析；协调包括销售、生产、财务和其他；物流工程包括物料搬运研究、运输设备研究、包装材料研究、物流业务流程研究。

职能型组织结构是物流整体功能最弱的物流组织结构。

职能型组织结构的优点是能在较短时间内，使企业经营顺利采用新的物流管理手段；缺点是物流部门对具体的物流活动没有管理权和指挥权，物流活动仍分散在各个部门，所以仍会出现物流效率低下、资源浪费，以及职权不明等情况。

职能型组织结构常被那些刚开始实施综合物流管理的企业所采用。

3. 直线职能型

在直线职能型组织结构（图2-3）中，物流部门经理对职能部门和业务部门均实行垂直领导，具有指挥权。第一层的子部门为职能部门，职责是对现存的物流系统进行分析、规划和设计并向上级提出改进建议，他们对图中下层的业务部门没有管理和指挥权，只起到指导和监督的作用。第二层的子部门为业务部门，负责物流业务的日常运作并被物流（总）部领导。

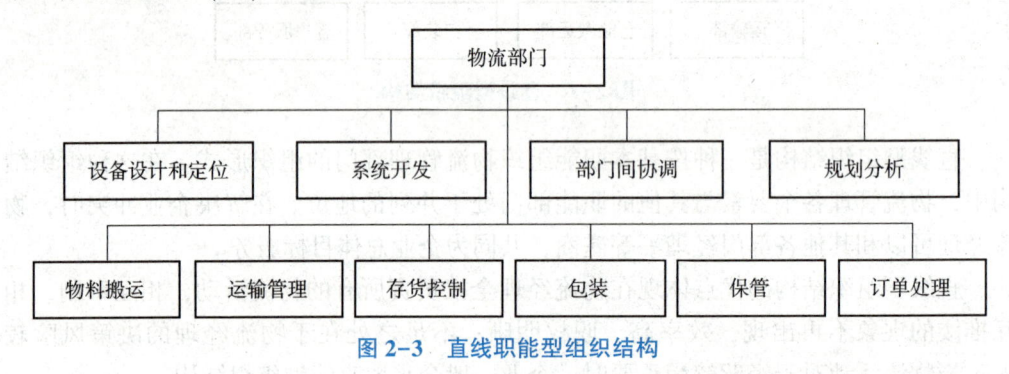

图 2-3　直线职能型组织结构

4. 矩阵型

矩阵型组织结构（图2-4）是一种流行的组织形式，它与传统理念有很大的区别，某个职位不只有一个主管，而是有多个主管。假设某员工直接隶属于某个部门（如人力资源部）；同时，这位员工又参与项目A，这就要求他要向两个主管汇报工作。这种组织形式融合了直线型和职能型的优点，但它存在一个致命的问题，即对员工的要求非常高，尤其在心态、协调、组织能力上。

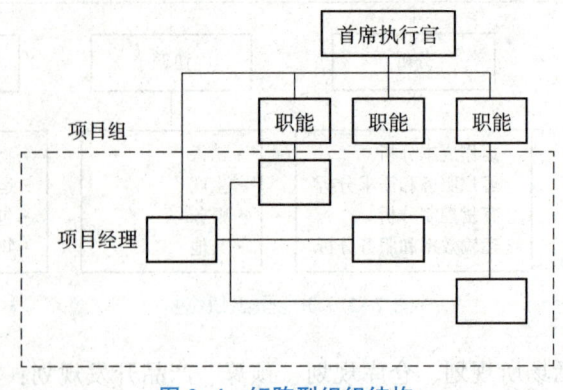

图 2-4　矩阵型组织结构

5. 事业部型

事业部型组织结构（图2-5）是按产品或服务类别划分为多个类似分公司的事业

部单位,实行独立核算。事业部实际上是实行一种分权式的管理制度,即分级核算盈亏、分级管理。第三方物流的事业部相当于多个物流子公司,负责不同类型的物流业务。

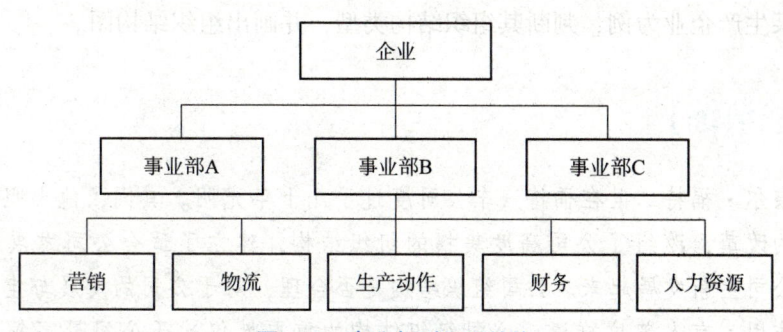

图 2-5 事业部型组织结构

事业部型组织结构的优点是各事业部按物流服务类别划分,这有利于充分发挥第三方物流的专业优势,提高物流服务的质量;各事业部采取独立核算制,使各部门的经营情况一目了然,便于分配工作;各事业部由于权力下放,分工明确,形成了一种责任经营制,有利于锻炼和培养出精通物流经营管理的人员,有利于发挥个人的才能和创造性。该结构的缺点是存在诸如管理费用高和综合能力差等问题,容易产生本位主义和分散倾向。

2.1.3 企业物流管理机构的职能

企业物流管理机构的职能十分明确。一般来说,物流部门是从全局出发对整个企业的物流活动进行管理的机构,它将分散在各个部门的物流业务进行统一协调管理。因此,将分散的物流任务系统化的机构就是物流部门。具体来说,物流部门的职能大体包括以下几个方面。

1. 计划职能

(1) 规划和改进企业物流系统。
(2) 制订和完善物流业务管理规程。
(3) 根据企业总目标的要求,制订部门经营目标和物流计划。
(4) 为实现企业物流经营目标制订相应的策略等。

2. 协调职能

(1) 促进其他部门之间的联系,调整物流活动的各项安排。
(2) 发展、巩固与其他企业及客户之间的长期友好合作关系。

3. 业务营运职能

(1) 组织本部门各业务环节有效进行日常业务活动。
(2) 评价物流工作计划和任务执行情况。

4. 教育培训职能

定期组织物流员工的培训,提升员工的综合素质。

【任务实施】

请以某生产企业为例,判断其组织结构类型,并画出组织结构图。

【实战演练】

埃德奈尔·福特二世在福特汽车公司度过了几十年光阴。其间,他大胆开展企业组织结构的改革,改组了公司高度集权的组织结构,建立了适合公司发展的组织结构,使得公司重新发展起来。公司组织结构是否合理,对于公司的发展与生存起着至关重要的作用,有人曾这样说,公司组织结构的重要性仅次于公司最高领导人的选择。对于各层管理人员来说,在一个结构设计良好的公司中工作,不仅能保持较高的效率,还能充分展示个人才能;而在一个结构紊乱、职责不明的公司工作,其工作绩效就很难保持在较佳的状态,往往变成由于职责不清,管理人员无所适从,对公司产生失望乃至不满情绪,最终导致效率低下。

思考:

请问,建立适当的组织结构对公司发展有何重要意义?

任务 2.2 生产企业物流岗位设置

【任务导入】

联合设备公司

联合设备公司主要生产管道和设备,其年销售额约为 8 000 万美元。这家公司日前设立了一个分拨部以解决物流问题。尽管新部门的成立降低了运输成本,给准时送货带来了积极影响,但是仍然存在不少问题,比如,公司里大多与物料流动有关的职能部门认为,分拨部只对改善产成品的分拨系统有兴趣,分拨经理也对无权控制成品库存心存不满,而生产副总裁负责企业库存管理,也不打算放弃对成品库存的控制。

【任务布置】

大三下学期刚开学,某物流专业毕业班同学都为找工作而忙碌,看着班上其他同学整装待发,小王很是着急,他不清楚物流公司有哪些适合自己的岗位,也不知道应该与什么部门对接。请帮助小王同学解决他的就业困惑。

【任务分析】

本次任务需要认识物流企业（或企业物流部门）岗位设置，并明确不同岗位的具体工作内容。

【相关知识】

物流组织结构没有固定统一的模式，但总体来看，不同企业的设置大致相仿。下面以某企业物流中心组织结构设置为例介绍相关情况，物流中心下辖物流项目和分拨中心，根据物流中心的作业环节，设置物流中心经理、副经理（兼 B 库[①]库管）、调度、仓库主管、信息员、库管员、装卸工、交接员、制票员、核算员、送货员、维修工、驾驶员等业务岗位。

2.2.1 岗位职责

1. 物流中心经理岗位职责

（1）负责组织学习、贯彻公司各种文件精神，落实分公司及总公司的各项规章制度并执行管理流程。

（2）对分拨中心的经营管理过程和经营结果负责。

（3）对分拨中心的运作流程进行制订、修改、监控管理和完善等。

（4）负责分拨中心供应商渠道建设及供应商考核管理等。

（5）负责分拨中心各种成本、费用管理与控制。

（6）负责协助分公司财务人员处理往来账款的对账与结算管理工作，切实做好往来账款的风险监控管理。

（7）负责分拨中心自有资产、资金及客户资产的安全监督管理，确保账实相符。

（8）负责分拨中心人员日常行政管理、绩效考核、培训管理等工作。

（9）完成领导交办的其他工作。

2. 副经理（兼 B 库库管）岗位职责

（1）负责协助物流中心经理组织学习、贯彻公司各种文件精神，落实分公司及总公司的各项规章制度并执行管理流程。

（2）负责分拨中心 B 库中转货物的进出管理。

（3）负责分拨中心所有设备资源的管理（含叉车、称重仪、打包机、汽车等）、检验、维修保养、缴费等。

（4）负责分拨中心仓库防火、防盗、防水工作和卫生工作的检查和督导，确保分拨中心仓库的安全，创造良好的仓储环境。

（5）完成领导交办的其他工作。

[①] B 库特指区域保存库。

3. 副经理（配送）岗位职责

(1) 负责协助物流中心经理组织学习、贯彻公司各种文件精神，落实分公司和总公司的各种规章制度和管理流程。

(2) 负责驾驶员、送货员、维修工的日常行政管理、绩效考核、培训管理工作。

(3) 负责分公司自有车辆的日常检查和维修。

(4) 负责公路干线车辆油费、过路费等运行费用的控制。

(5) 完成领导交办的其他工作。

4. 调度岗位职责

(1) 负责协助物流中心经理组织学习、贯彻公司各种文件精神，落实分公司和总公司的各项规章制度。

(2) 负责配送人员的日常行政管理、绩效考核、培训管理工作。

(3) 负责组织编制、实施配送作业流程、操作规范及各项管理规章制度。

(4) 每天在系统中接受客户指令，收集发运订单信息，内容包含装货地点、型号、数量、送货地点、联系人和电话。

(5) 根据分公司现有运力资源和运输方式决策发运类型，通知配送副经理及时调配车辆，在公司运力资源不足的情况下选择安全可靠、信誉好的社会资源。

(6) 根据货物型号和车辆装载方式现场指导拼载作业，使车辆利用率最合理。

(7) 按照分公司调度总室要求及时上报信息和报表（运输组织方案、公路干线/支线车辆运行情况、装载信息的通报与协调等）。

(8) 对分公司自有车辆和外包分拨商的运作质量进行监督和考核。

(9) 负责督促核算员每月准确、及时、完整地提供运作报表给物流中心经理和分公司相关部门；同时做好回单管理、与客户对账工作，保证费用的及时清算。

(10) 对配送过程中的异常问题进行协调和处理。

(11) 完成领导交办的其他工作。

5. 仓库主管岗位职责

(1) 负责组织编制、实施仓库作业流程、操作规范及各项管理规章制度。

(2) 制订仓库盘点计划，组织实施仓库月度盘点，对盘点差异进行处理。

(3) 负责组织仓储运作流程再造，完善仓储管理制度，以满足仓储业务需求，组织实施物流仓库绩效管理工作。

(4) 负责分拨中心仓库防火、防盗、防水工作和卫生工作的检查和督导，确保分拨中心仓库的安全，创造良好的仓储环境。

(5) 负责编制仓库各项应急预案的组织实施。

(6) 负责对装卸团队的监督和考核。

(7) 完成领导交办的其他工作。

6. 库管员岗位职责

(1) 根据信息员确认的出入库定单信息，制订货物出入库计划，组织装卸工准备货物出入库。

(2) 负责货物出入库安全检查，确保出入库货物包装完好，做好货物交接工作，对不合格品进行处理。

（3）负责按仓库盘点计划对仓库进行定期盘点。
（4）负责仓库防火、防盗、防水检查和预防工作。
（5）负责库房环境管理工作。
（6）负责具体组织实施各项仓库应急预案。
（7）做好理货员、叉车驾驶员和装卸工的日常管理工作，监督并检查其作业质量和安全状况，并对相关人员进行教育培训与考核。
（8）完成领导交办的其他工作。

7. 信息员岗位职责

（1）负责接收并确认客户的货物出入库信息，利用信息系统进行相应的单据处理。
（2）负责保管客户各种仓库作业原始单据，按月装订，存档备查。
（3）负责制作各种业务数据报表，同时做好业务单据和报表的装订、保管和管理。
（4）协助分公司财务人员做好每月业务数据的核对工作，确保客户各项费用的清算。
（5）负责货物条码信息的导入和上传工作。
（6）协助分公司信息中心做好信息网络的维护工作，以确保仓库业务信息的安全。
（7）负责指导仓库管理员和理货员使用各种信息设备，做好货物信息的采集监督工作，确保信息采集正确无误。
（8）负责协助分公司做好仓库各种信息系统设备的维护保养工作，确保各种设备的使用安全。
（9）完成领导交办的其他工作。

8. 装卸工岗位职责

（1）根据库管员的工作安排，做好货物装卸、堆码工作，确保货物正确堆放。
（2）协助库管员和理货员做好货物的入库、出库、盘点、库存管理等工作。
（3）协助库管员做好库房设施设备维护和保养工作。
（4）协助库管员做好消防、安全和环境管理工作。
（5）完成领导交办的其他工作。

9. 核算员岗位职责

（1）每日将发车信息（包括单号、收货人、体积、收入等）归纳成表。
（2）每日根据反馈的异常信息，如车辆故障、道路信息、卸货异常等，及时报调度妥善处理，加强与收货方沟通，避免拒收、驾驶员把货拉走等现象出现，将运输风险降到最低。
（3）将客户回单进行分类审核并整理，挑出不合格的回单，按回单管理办法补齐；出现货物短少、破损的确认该情况的责任方归属，提交分公司财务作相应扣款处理。按规定时间向客户移交回单，还要做好交接记录存档。
（4）维护与客户的关系，确保收货的及时性。
（5）根据公司回单返回期限（10天），结合回单返回的具体情况（时效、清洁、签章齐全性)，制订考核标准，促进回单收集速度，保障回单质量。

(6) 负责及时处理和维护系统。

(7) 每月初将上月所发生的配送费用进行汇总，交由配送调度确认、中心经理审核后，递送客户物流处进行月度配送确认。

(8) 负责定期与公司财务人员核对每月的配送费用，核对无误后由分公司财务人员开具发票，寄到××电器总部结算费用。

(9) 完成领导交办的其他工作。

10. 信息（分拨中心）岗位职责

(1) 负责做好信息录入、单证制作、信息传输等工作，确保各项信息的完整、准确。

(2) 正确保养和维护部门内相关信息设备，及时完成信息系统升级更新工作。

(3) 按公司、分公司规定，正确请领、保管、使用、交接各种票据。

(4) 完成领导交办的其他工作。

11. 驾驶员岗位职责

(1) 服从车辆调度工作安排，出车前应认真检查各种证件、备品和工具是否带全。

(2) 出车前，应认真检查车况，做好相关记录，严禁疲劳驾驶或带病出车。

(3) 在运输途中，遵守交通规则和操作流程，做好车辆运行途中的安全检查，填写车辆运行状态记录。

(4) 在运输途中，应定时定点与物流中心值班人员通报运行情况，及时向到达机构预报到达时间。

(5) 负责监督装车、清点交接和单据传递工作。

(6) 完成领导交办的其他工作。

12. 交接员（分拨中心）岗位职责

(1) 服从货物调度员工作安排。

(2) 严格遵循"货动有交接，交接有手续"的交接原则。

(3) 贯彻执行货物交接办法，认真核对交接单和货物，做好货物交接工作，严禁信用交接。

(4) 交接时发现货物异常情况应及时上报货物调度员。

(5) 做好日常交接单据的整理、装订、保管、上报工作。

13. 库管员（分拨中心）岗位职责

(1) 负责分拨中心仓库的货物保管工作。

(2) 正确办理货物出入库手续，做好货物出入库台账登记工作。

(3) 监督装卸工严格按规定堆码货物，轻拿轻放。

(4) 定时完成货物的日常盘点工作，发现问题应及时汇报。

(5) 负责仓库及设施的日常维护，保持库内清洁，做好入库货物的防火、防盗、防湿损、防鼠疫、防污染等工作，确保货物安全。

14. 制票员岗位职责

(1) 沟通及协调；运力运量汇总及数据分析。

(2) 监控自动调度系统，并且检查收到的信息量，对错误调度信息进行手工调整。

(3) 重新分配不能发出的调度信息。

(4) 接收运输计划并安排驾驶员完成运输作业。

(5) 按时做好车辆跟踪表，发送给各节点岗位。

(6) 完成当月驾驶员考勤、绩效考核等统计数据。

(7) 完成车辆维修保养统计数据并提出改进方案降低成本。

(8) 根据订单情况组织发货、入库、盘点、结算。

15. 送货员岗位职责

(1) 送货、退货前清点产品数量，送到目的地与负责接受人进行数据交接，相互签名确认，单据交给办公室。

(2) 点货时车间产品装箱不能重叠，搬货前将多余的面包箱放回固定的位置，送回来的箱子统一放置指定地点。

(3) 协助驾驶员清洁车辆，确保其干净、整洁。

(4) 及时按照仓库发货员的指令搬货上车，确保各店的产品及时配送；应主动搬货卸货。

(5) 按照产品要求与特性，做好产品的防护与安全。

(6) 主动、及时回收各店的纸箱、塑料桶，做好数据交接工作，待回收后统一放置于公司规定的地方。

(7) 按照标准要求装卸货；搬货到店内，要小心店内设备，货架产品，防止发生碰撞。

(8) 服从驾驶员的调配和安排，对车辆进行出入登记，待每趟车送货完成后，要在"产品送达通知单"上签字。

(9) 完成领导交办的其他工作。

16. 维修工岗位职责

(1) 根据前台和车间主任的安排，认真、仔细地完成车辆的维修工作。

(2) 负责在维修过程中对客户车辆采取有效的防护措施。

(3) 负责按维修工单项目进行操作，在维修过程所出现的问题及时向前台汇报。

(4) 对每个维修项目必须自检，待合格后才可进行下一道工序，不断提高专业技术，保证维修质量。

(5) 耐心、周到、热情地解答客户相关疑问，提高服务质量。

(6) 仔细、妥善地使用和保管工具设备和资料。

【任务实施】

请以某生产企业为例，将你希望从事的工作岗位（至少选3个）填入表2-1，并填写相应的工作职责。

表 2-1 希望从事的工作岗位及职责

岗位	工作职责	备注

【实战演练】

某企业根据生产经营需要，决定招聘 A、B、C、D 四种职位所需要的人员，经过各种测试，选拔出六位应聘者，各应聘者综合测试得分见表 2-2。

表 2-2 各应聘者综合测试得分

职位	小张	小王	小李	小赵	小刘	小许
A	4.5	2	4	2	3.5	2
B	3.5	3.5	3	2.5	3	1.5
C	3	3	3.5	3	2.5	1.5
D	4	2.5	2	2.5	2	1

（1）在人员录用中，有哪几种录用决策标准？请具体说明它们的特点。

（2）根据上述资料，采用不同的人员录用决策标准计算人员录用结果并说明哪一种决策标准更有效。

任务 2.3 物流管理人员的招聘

【任务导入】

某物流公司新任人力资源部部长 W 先生在一次研讨会上学到了一些他自认为不错的培训经验，回来后就兴致勃勃地向公司提交了一份全员培训计划书，要求对公司全体人员进行为期一周的脱产计算机培训，以提升全员的计算机操作水平。不久，该培训计划书获批准，公司还专门拨下十几万元的培训费。可一周的培训过后，大家对这次培训说三道四、议论纷纷，除办公室的几名文员和几名中层管理人员觉得有所收获外，其他员工要么觉得收效甚微，要么觉得学而无用，白费功夫。大多数人认为，十几万元的培训费只买来了一时的"轰动效应"。有的员工甚至认为，这次培训是新官上任点的一把火，是拿单位的钱往自己脸上贴金！听到种种议论的 W 先生则感到很委屈：在一个有着传统意识的国企给员工灌输一些新知识，为什么效果这么不理想？在当今社会，大家学些计算机知识应该是很有用的，为什么自己的安排不受欢迎呢？他百思不得其解。

请分析：

（1）导致这次培训失败的主要原因是什么？

（2）企业应当如何把员工培训落到实处？

【任务布置】

小 A 同学明天将要参加一场招聘，但他不知道用人单位的招聘程序，以及在面试过程中需要注意哪些事项。请帮助小 A 同学解决他的困惑。

【任务分析】

本任务需要认识物流企业（或企业物流部门）招聘员工的程序、方法，明确员工考核规则。

【相关知识】

在物流管理和业务活动中，如果没有一支高素质的物流业务队伍，企业是不可能取得良好的物流管理效果的。因此，选拔物流人员的目的是保证物流管理部门能够拥有一批高水平、高素质的从业人员，以推动和保障物流管理的各项工作顺利进行。

2.3.1 招聘物流人员

1. 招聘物流人员的程序

（1）确定物流人员招聘原则。招聘原则包括公开公正、公平竞争、择优录取、效率优先、双向选择原则等。

（2）制订物流人员招聘计划。招聘计划的内容通常包括招聘人数、招聘标准及预算等。

（3）制订物流人员的招聘策略。招聘策略包括招聘地点的选择、招聘渠道和招聘时间的确定、招聘的广告宣传等。其中，对于招聘的渠道要着重考虑，即在原则上，关键业务岗位的物流人员应尽可能从本企业内选拔，这是由企业物流管理本身的特点决定的。因为各企业的生产方式、产品决策、技术选择、设施设备布置、工作流程规则等的差别是很大的，熟悉和了解本企业的生产环境、管理环境和生产程序规则是做好生产物流管理工作的重要前提。

（4）分析职务内容，确定对物流人员的基本要求。一般来讲，企业物流管理部门的员工应符合两个方面的基本要求：一是对企业物流从业人员的基本技能要求，其中包括生产管理的基本知识、对产品的熟悉和了解程度、对生产的技术过程及加工顺序的了解程度，此外还必须具有一定的管理科学知识及技能；二是对企业物流从业人员的基本素质要求，包括对工作认真负责、思维敏捷、行动迅速、诚实可靠、遵守程序和规则、服从工作安排、良好的团队意识、较强的自我控制能力、受人喜欢的个性以及良好的生活习惯等。

（5）确定招聘方法，进行人员测评。通过结构式面试、非结构式面试、压力面试等方式，在与应聘者面谈时观察和了解应聘者的特点、态度和潜能。另外，还可通过个性测试、特殊能力测验等方式进一步了解和判断应聘者的气质、思维敏捷性以及特殊才能等。

（6）聘用与试用。经过上述程序后，对于符合招聘要求的求职者，应做出聘用决策。

对试用合格者，试用期满便正式录用。与此同时，还要结合物流员工招聘的实际工作，进行有效评估。

2. 物流人员测评方法

物流人员测评方法的种类很多，常用的主要有以下几种。

（1）简历分析。企业在人员选拔过程中通常要求应聘者填写个人简历。简历的内容大体反映了应聘人员的个性、兴趣爱好、年龄、教育情况、婚姻情况、工作经历、工作表现、工作成就等基本情况，可以借助简历分析来进行测评。

（2）心理测试。心理测试是对人的气质、思维敏捷性、个性、特殊才能等进行判断，从而确定适应某种岗位的潜在能力。

心理测试的主要方法有以下几种：①魏氏成人智慧表法。由心理学家口头提问题，答案记在一张特殊测验表格上，它在管理能力的测试方面有良好的效果。此法适用于高层物流管理者的选拔。②知觉准确性测试法。一般设置两组大量且无序的符号，两组之间只有细微差别，要求被测者迅速识别这种差异。此法较适合于文书和分析人员。③美国加州心理量表测试法。要求被测者对描述典型行为模式的 480 个判断题做出回答，测试人的社会性、支配性、忍耐度、灵活性、自我控制等特征。④情景模拟测试法。模拟实际工作情境，观察被测者实际反应所表现出的个性特征。⑤投射测试法。让被测者对一些模棱两可的景物做出解释，从而反映出其真实的愿望和情感。

运用心理测试应注意的事项。运用心理测试法进行测评时，应注意以下内容：①测试工具及使用方法须由专家设计，否则较难保证其可信度。②测试一般作为参考，它对淘汰不合格者有效，对发现优秀人才未必有效。③为了尽量减少偏差，应避免测验项目模糊不清，便于被测者做出回答。④不应暴露测试的评价标准和确切目的，避免被测者做出伪装反应。

3. 胜任特征评价法

胜任特征评价法是一种新型的人力资源评价分析技术，最初兴起于 20 世纪 60 年代末至 70 年代初。胜任特征是指企业成员的动机、特质、自我形象、态度或价值观、某领域知识、认知或行为技能，以及任何可以被测量或计算，并能显著区分出其优劣的特征。胜任特征评价法是指通过对员工进行系统而全面的研究，对其外显特征和内隐特征进行综合评价，从而选出适合某一职位的理想人选。

员工个体所具有的胜任特征很多，但企业所需要的不一定是员工拥有的胜任特征，应根据岗位的要求和环境，明确能够保证员工胜任该岗位工作、确保其发挥最大潜能的胜任特征，并以此为标准来挑选员工。这就要运用胜任特征评价法提炼出能够对员工的工作有较强预测性的胜任特征，即员工的最佳胜任特征能力。胜任特征需要考虑以下因素。

(1) 个人胜任力：个人能做什么和为什么这么做。

(2) 岗位工作要求：个人在工作中被期望做什么。

(3) 组织环境：个人在组织管理中可以做什么。

岗位胜任力示意如图 2-6 所示。

以上三个因素的交集部分是员工最有效的工作行为或潜能发挥的最佳领域。当个人胜任力大于或等于这三个圆的交集时，员工才有可能胜任该岗位的工作。企业人力资源管理所要发掘的胜任能力模型就是个人胜任力与另外两个圆的交集部分，即能够保证员工有效完成工作的胜任特征模型。构建胜任特征评价法的基本原理是辨别优秀员工与一般员工在知识、技能、社会角色、自我认知、特质、动机等方面的差异，通过收集和分析数据来建立某岗位工作胜任特征模型构架，然后产生相应的具有可操作性的人力资源管理体系。

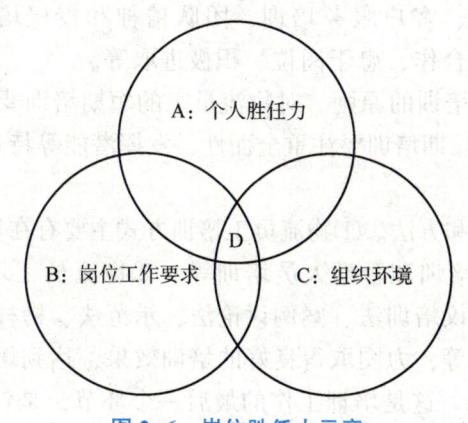

图 2-6 岗位胜任力示意

2.3.2 培训物流人员

企业培训员工的目的是提高员工工作技能、改善员工工作态度、挖掘员工潜力，以使员工更加适应企业物流管理工作岗位。

1. 培训的内容与目的

(1) 适应性培训。其主要培训内容是使新进物流公司的员工明确工作环境、工作程序和规则、管理要求及岗位职责要求等，以使物流从业人员可以尽快适应工作岗位，胜任企业物流管理工作。

(2) 提高性培训。其主要培训内容是物流管理的新知识和新方法、新的制度规定、新的管理知识和新的管理理念。其目的在于提高物流员工的工作技能和工作效率，增强物流员工适应变化的能力，改善物流管理工作方法提升服务质量，增强员工对物流管理的信心和工作激情，从而大大调动工作积极性，大幅提高物流管理的效率和企业的整体经济效益。

(3) 专题性培训。其是指针对企业物流管理中出现的新问题、新情况，对物流员工进行培训，目的在于让物流员工尽快掌握物流发展方面的新知识、新方法和新管理工具，寻求解决在物流管理中出现新问题的方案，从而提升物流管理工作的水平。

2. 培训工作的组织与实施

明确物流管理的培训目的之后，还必须有良好的培训工作组织与实施计划，主要包括以下内容。

（1）拟订物流员工培训计划。为了培养高素质、高能力的物流人才，在对员工培训需求进行分析的基础上，必须制订员工培训计划，包括长期、中期和短期的培训计划。物流员工培训计划的内容应包括培训目的、培训方针、培训范围、培训内容等。

在拟订培训计划时，确定培训内容十分重要。根据员工培训目标的不同选定不同的培训内容，主要包括以下四个方面：①知识培训，即经过培训后应掌握何种知识。②业务技能培训，即经过培训后应掌握何种能力，如了解物流工作的安全性、物流工作职责、物流工作重点、物流工作的知识和技巧等。③为特殊目的而进行的培训，如价值观的培养、客户服务培训、团队精神和授权培训等。④品质塑造培训，如吃苦耐劳、团结合作、忠于岗位、积极进取等。

（2）确定物流员工培训的原则。对物流员工的短期培训要突出实用性、灵活性、速成性的特点；中期、长期培训要注重全面性、发挥潜能等特点，并针对这些特点确定培训原则。

（3）选择培训方式和方法。①物流员工培训方式主要有在职培训、脱产培训、转岗培训、专业技术人员培训和管理人员培训等。②物流员工培训的方法应多样化，如讲授法、视听法、会议培训法、案例讨论法、示范法、榜样（模范）学习法、岗位转换、工作现场培训等，力图取得良好的培训效果，达到培训的目的。

（4）评价培训效果。这是培训工作的最后一个环节，是针对员工培训的最终结果而进行的。对物流员工培训工作的评价必须事先确定评价原则、评价内容、评价重点，再进行认真评价。

2.3.3 员工考核

1. 考核原则

（1）公开原则：考核指标的制订与调整，均需由被考核者与考核者共同参与协商完成，员工有知晓自己的详细考核结果的权利。

（2）客观原则：要做到"用事实说话"，对被考核者的任何评价都应有明确的评价标准与客观事实依据，考核要客观地反映实际情况，坚决避免印象偏差、亲近性、以偏概全等现象带来的误差。

（3）反馈原则：要将考核结果及时反馈给被考核者本人，肯定成绩，指出不足，并提出今后努力的方向。

（4）申诉原则：被考核者认为有失公正的地方，可以要求考核者进行必要的解释并可向人力资源部提出申诉。

（5）激励原则：各级主管要切实做到激励先进、鞭策落后和使优者多得，差者少得或不得，考核结果与员工薪酬、晋升、晋薪挂钩。

2. 绩效考核管理流程

绩效考核管理分为四步：制订绩效计划，绩效沟通，绩效考核与反馈，绩效诊断与提高。

（1）制订绩效计划。绩效计划是整个绩效管理流程中的第一个环节，管理者和被管理者之间需要在对被管理者绩效的期望问题上达成共识。在共识的基础上，被管理者对自己的工作目标做出承诺。管理者和被管理者共同的投入和参与是进行绩效管理的基础。

（2）绩效沟通。在此阶段，管理者应扮演辅导员和教练员的角色，以指导者和帮助者的姿态与员工保持积极的双向沟通，帮助员工厘清工作思路。在此环节，管理者所要做的一个重要工作就是观察和记录员工的绩效表现，形成员工业绩档案。

（3）绩效考核与反馈。在此阶段，管理者所扮演的角色主要是公证员，即本着公开、公平、公正的原则给被考核者评分，并进行反馈面谈，这样有助于员工全面了解自己的绩效状况。

（4）绩效诊断与提高。绩效诊断与提高有两个方面的含义，一是对公司所采用的绩效管理体系以及管理者的管理方式进行诊断，二是对员工本绩效周期内存在绩效不足进行诊断，然后得出结论，将其放到下一个 PDCA（计划—执行—检查—处理）循环里加以改进和提高。在绩效诊断与提高阶段，管理者所扮演的角色主要是诊断专家，工作内容是对自己以及员工在绩效管理各方面的工作进行诊断，找出问题，在下一个绩效周期内做出改进。

【任务实施】

现公司因业务发展，需招聘仓库主管 2 名，请你参照以下范文拟一篇招聘启事。

范文：

招聘启事

××有限公司是茶叶销售平台商，主要经营范围包括销售茶叶、茶盘、茶具、茶食品等。公司除提供较好的薪酬待遇外，也为公司员工提供持续的学习机会。本公司为了业务发展需要，现特招聘销售主管 3 名。

1. 主要岗位职责

（1）开拓区域市场、了解市场动态、制订并执行销售策略。

（2）做好销售人员指导和管理工作。

（3）区域市场客户的维护和服务。

（4）执行被批准的或上级下达的开发计划，定期做出开发报告。

2. 岗位要求

（1）大学专科以上学历，有茶叶行业 2 年从业经验并掌握相关知识，愿意在本行业长期发展的有志之士。

（2）具有较强的市场开拓能力，较强的谈判能力。

(3) 吃苦耐劳、责任心强，有较强的学习能力和团队合作精神。

具有一定的管理领导能力。公司提供良好的发展平台，有相关工作经验者优先。

福利待遇：基本工资+提成+奖金+保险

工作时间：周一至周五

联系人：王××

电话：130××××××××

【实战演练】

在员工试用期以不能胜任工作为由解除劳动合同

某公司招聘张经理为华东区的营销总监，并与其签订了3年的劳动合同，约定试用期为4个月。在张经理工作3个月后，公司单方面提出试用期解除劳动合同。张经理不服，找公司理论，公司告知其在试用期，单位可以随时提出解除劳动合同。张经理不满公司的说法，向当地劳动争议仲裁部门申请劳动仲裁。公司此时主张辞退张经理是因为其3个月来一直没有达到公司要求的营销业绩，因其试用期不能胜任工作而解除劳动合同，公司没有违反法律规定。张经理则认为，即便员工不能胜任工作，公司也不能随时解除劳动合同，应当提前30日通知并支付经济补偿金，况且公司根本就没有任何营销业绩考核制度，所以解除劳动合同的理由根本不成立。大家认为应该怎么认定呢？

思考：

企业应如何规避培训风险？

项目小结

本项目主要介绍了学习物流管理组织建立的原则、几种典型的物流管理组织机构类型；详细地讲解了物流人员的基本素质、招聘程序和测评方法；讲述了物流人员的培训方法和培训内容等知识。

学习本项目后，学生应能够对物流企业的组织结构有初步认识，对自己将来要从事的工作岗位有所了解。

项目测试

1. 以下（　　）不是物流组织的机构设置形式。

A. 独立设置一个生产物流管理中心

B. 将物流职能分散在各生产经营单位

C. 将物流职能设在总公司

D. 将物流职能分散到各生产经营单位，并在企业设立一个总的物流管理部门

2. 为提高物流人员的工作技能和工作效率，增强物流人员适应变化的能力，改善物流管理工作方法和服务质量等进行的培训属于（　　）。

A. 适应性培训　　　　　　　　B. 提高性培训
C. 专题性培训　　　　　　　　D. 特殊培训

3. （　　）不属于为特殊目的而进行的培训。

A. 价值观培训　　　　　　　　B. 客户服务培训
C. 物流业务知识培训　　　　　D. 团队精神培训

4. （　　）不是培训效果评价的内容。

A. 培训内容是否合理
B. 受训人是否学会了培训的知识与技能
C. 受训人是否产生了行为的变化
D. 受训人是否由培训项目引起业务结果的变化

5. 在企业中，只作为一种顾问或参谋的角色，负责整体物流的规划、分析、协调，提供决策性建议而不管理具体物流运作的物流组织结构属于（　　）的物流组织机构。

A. 直线型　　　　　　　　　　B. 矩阵型
C. 顾问直线型　　　　　　　　D. 顾问型

任务实训

一、实训目的

将身边的企业单位作为研究对象，结合课上所学理论，采用实地考察的方法，对企业组织结构和岗位设置进行初步了解。

二、实训方式

分组采用实地调研的方式，具体采用了面对面的访谈了解、过程跟踪调查和侧面行为观察的方式。全组成员合理分工，每人负责不同侧面的内容，协同合作，集体讨论分析，并写出实训报告。

三、实训时间

××××年×月×日—×月×日

四、实训地点

××省××市

五、实训步骤

1. 前期准备工作

（1）×月×日15:00召开小组会议，商讨实训方式、调查对象，并拟订实训计划。
（2）准备校徽、红帽子、数码相机、笔记本等实训所需物品。

2. 开展实训活动

到本地一家物流企业（或大型企业物流部门）进行现场考察，并完成以下任务。

任务1：画出企业组织机构图，描述该企业各个部门的职责。
任务2：写出企业有哪些岗位，以及每个岗位的职责。
任务3：画出企业的物流业务流程。

六、撰写实训报告

使用流程图、表格等表示，要求条理清晰，格式规范、统一，不少于1 000字。

项目 2 　生产企业物流管理组织

活页笔记

学习过程：

重难点记录：

学习体会及收获：

项目 3
计划管理

【知识目标】
1. 理解计划在企业管理中的地位和重要意义;
2. 了解影响计划部门设置的因素,掌握企业计划部门设置的原则,掌握计划岗位设置和相应的职责;
3. 了解计划管理的基本程序以及编制计划作业的原则;
4. 理解传统计划编制与现代计划编制的区别,掌握计划管理的发展趋势。

【技能目标】
1. 学会根据企业实际制订计划管理的基本程序;
2. 了解设置计划岗位及其相应的职责。

【职业素养目标】
1. 具备计划的编制能力;
2. 拥有完成管理计划的能力。

【德育目标】
1. 培养高尚的职业操守;
2. 培养较强的工作责任心和使命感。

【思政之窗】
　　学习本项目后,学生可以明白企业运行是有计划、有步骤进行的,能更加自觉服从工作安排。另外,本项目还可以培养学生养成做事之前先制订计划的好习惯,让他们充分认识自身在企业发展中扮演的角色,自觉将个人发展和集体的发展统一起来,要遵纪守法,爱岗敬业。

任务 3.1　销售计划

【任务导入】

销售旺季,销售不升反降

2021 年 4 月,八达岭饮料公司在江西省实现销售收入 400 万元。同年 5 月,该公司认为随着气温进一步升高，饮料市场全面进入旺季，经过权衡，将销售目标定为每月 600 万元。此销售目标一经公布和分解，基层销售人员一片哗然，因为他们心里都明白，4 月之所以完成了 400 万元的销售量，是因为具有良好的客情关系、"苦口婆心"地劝说压货甚至不惜动用公司促销、返利等资源才完成的。由于营销高层一再坚持，这多出的 200 万元任务就硬性地层层分解到了片区经理、营销人员和经销商身上。可是，半个月过去了，该公司收入仅有 100 多万元。这时，公司高层急忙派人下去调查，而反馈的结果是，过高的销售任务让营销人员和经销商喘不过气来，他们自认为再努力也完不成，于是消极怠工，个别区域甚至出现了与公司对抗的过激现象，整个营销团队丧失了应有的战斗力。再加上 5 月中旬以后阴雨连绵，该饮料公司在江西省的销售计划彻底落空。

思考：
如何才能制订合适的销售计划呢？

【任务布置】

格力是一家掌握先进技术的民族企业，以空调制造为核心业务，在空调销售方面，在世界范围内常年处于领先。请同学们思考，格力是怎么样制订空调销售计划的？

【任务分析】

本任务需要对企业销售计划的概念及体系形成较为理性的认识，只有这样才能帮助理解销售计划的制订。

【相关知识】

3.1.1　销售计划的概念

销售计划是指实现销售目标的一连串过程的安排，即依据销售预测和营销目标，设定销售目标，编制销售配额和销售预算。销售目标是销售人员能力的展现，销售配额是对销售人员的最低要求，而销售预算是对销售费用的限制。销售计划是销售策略的最终体现，而一份好的销售计划可以使企业有条不紊地顺利实现目标。

3.1.2　销售计划的体系

销售计划的体系可以帮助销售经理科学地制订销售计划（图 3-1），而企业销售计划体系应该包括以下几方面内容。

1. 确定销售目标

确定销售目标是指销售部门将上一计划期销售计划的执行情况、对现状的分析，以及对结果的预测三者结合起来，提出下一计划期的销售目标。

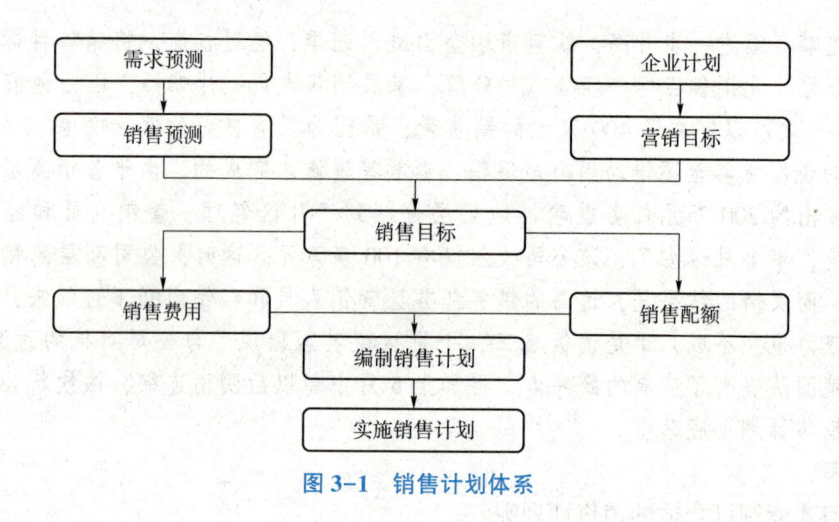

```
需求预测 → 销售预测
企业计划 → 营销目标
→ 销售目标 →
销售费用 ← → 销售配额
编制销售计划
实施销售计划
```

图 3-1　销售计划体系

2. 制订销售配额

销售配额是企业确定的销售组织或销售人员在一定时期内必须完成的销售任务指标。制定销售配额时，应该以企业产品的销售区域、产品类型或客户类型等为基础，向销售组织或销售人员分配销售任务。

3. 编制销售预算

编制销售预算是企业对开展产品销售活动费用的规划，是企业进行产品销售活动投入资金的使用计划。根据销售目标值进行销售预算的编制，并根据销售目标值的配额来分配销售预算。

4. 实施销售计划

销售计划制订完成之后，执行人员应实施销售计划。在实施销售计划的过程中，管理人员应加强协调与控制，对销售计划中的有关指标和难点进行解释，使执行人员容易领会，以便于贯彻和执行。

3.1.3　销售计划的编制

销售计划的编制，是指企业在进行销售预测的基础上，制订销售目标、销售策略、激励措施和实施方案的过程。企业销售计划的编制应该由主管销售的领导负责，统筹协调。编制销售计划的步骤包括分析现状、确定目标、提出并确定销售策略和编制销售计划书。

1. 分析现状

编制销售计划的过程中，可以利用 SWOT 分析法，即从优势（Strength）、劣势（Weakness）、机会（Opportunity）和威胁（Threat）四个方面，对当前企业的市场状况、竞争对手及其产品、销售渠道和促销工作进行分析，并进行销售预测。

2. 确定目标

目标通常涉及企业的市场目标、现有市场份额和待开发市场规模等目标，以及销售额、利润等财务目标。

3. 提出并制订销售策略

确定目标后，企业销售部门要制订出若干可供选择的销售策略方案。销售策略方案包括产品策略、价格策略、渠道策略和促销策略，另外竞争策略和组织的销售能力也需要考虑。这里的销售策略是针对细分市场而言的，对每个销售群体都需要制订相应的销售策略。在全部销售策略方案制定完成后，需要对各个销售策略方案进行评价，从中选择最优方案。

4. 编制销售计划书

销售计划书是企业编制销售计划时形成的管理文书，企业的销售计划工作最终应该形成完善的销售计划书。销售计划书通常包括以下内容：（1）现状分析，包括企业目前所处经济、政治、法律和市场环境，竞争对手情况等信息的汇总，并进行SWOT分析；（2）销售目标及销售配额；（3）销售策略和行动计划，提供实现目标的战略和战术，一般用STAR模式，即策略（Strategy）、时间表（Timetable）、具体行动（Action）和相关资源（Resources）；（4）销售预算。

【任务实施】

请各位同学在练习册上画出销售计划的编制步骤流程图。

【实战演练】

秋天的橙子

秋天，橙子大量上市，在众多橙农竞争激烈的情况下，我们有什么方法让自家的橙子卖得更好？有什么方法让自家橙子的价格卖得更高？

思考：

请思考上文中的问题并分组讨论。

任务 3.2　主生产计划管理

【任务导入】

某 PCBA[①] 企业实现主生产计划排程案例

某 PCBA 企业的产品生产是典型的多品种、小批量、多变化的生产模式，其产品种类有1 000多种，每个月可以接到数百个生产订单。该企业的计划采用了计划部、生产管理部、车间调度三级模式。其中，计划、排程、下达、报工、调度基本使用人工、会议和纸质三种方式进行，而且由于调度工作异常繁重，对人的能力和经验的要求极高。当生产管理部将生产订单下达给每个车间以后，车间调度计划员根据车间原有计划执行情况、资源情况、关联车间的计划等进行详细的计划排程。由于各车间的计划有前后关联性，车间调度计划员根据需要进行沟通，对车间级计划进行排程和调

---

① 印刷电路板组装。

整。企业利用主生产计划排程的方式实现了生产线的混流生产，充分提高了设备利用率，节省了现有产品近 200 万元的开模成本和降低每年由于产品种类增加需要开模的费用。

那么，怎样才能制订好主生产计划呢？

【任务布置】

比亚迪汽车是世界新能源汽车领域里的佼佼者，在汽车动力电池方面有雄厚的技术实力，为了完成日益增长电池需求，编制生产计划必不可少。请同学们思考，比亚迪公司是如何制订主生产计划的？

【任务分析】

本次任务需要深入理解生产企业的生产计划，并初步掌握生产计划编制方法。

【相关知识】

3.2.1 主生产计划概述

主生产计划（Master Production Scheduling，MPS）是由主生产计划员负责制订的、确定每一具体的最终产品在每一具体时间段内出产数量的计划。这里的最终产品是指对于企业来说最终完成、要出厂的完成品，要具体到产品的品种和型号。主生产计划根据客户合同和市场预测把经营计划或生产大纲中的产品系列具体化，使之成为物料需求计划的主要依据，起到了从综合计划向具体计划过渡的承上启下的作用。主生产计划必须考虑客户订单和预测、未完成订单、可用物料的数量、现有能力、管理方针和目标等。因此，它是生产计划工作向后延伸的一项重要计划。

3.2.2 主生产计划的约束条件及编写步骤

编制主生产计划时要确定每一具体的最终产品在每一具体时间段内的生产数量。它需要满足以下两个约束条件。

（1）主生产计划所确定的生产总量必须等于总体计划确定的生产总量。该约束条件包括两个方面：①每个月某种产品各个型号的产量之和等于总体计划确定的该种产品的月生产总量；②总体计划所确定的某种产品在某时间段内的生产总量（也就是需求总量）应该以一种有效的方式分配在该时间段内的不同时间生产。

（2）在决定产品批量和生产时间时必须考虑资源的约束。与生产量有关的资源约束有若干种，例如设备能力、人员能力、库存能力（仓储空间的大小）、流动资金总量等。在制订主生产计划时，必须首先清楚地了解这些约束条件，根据轻重缓急来分配资源，将关键资源用于关键产品。

主生产计划的编制可分为以下几个步骤进行。

1. 产品资料的准备

产品需求是主生产计划的主要依据,因此,编制工作的第一步是准备产品需求资料。不同生产类型的企业,需求资料的来源往往不同。对大量大批生产企业,一般根据历史资料产生未来的产品需求量;对单件小批生产类型的企业,则根据积累的用户订货,或通过走访用户产生的预计订货量来确定产品需求量。对成批生产企业则从用户订货和预测两方面来确定需求量。

2. 制订主生产计划草案

主生产计划是一种指导生产用的计划,不是销售用的计划,故在编制计划时应考虑以下几个问题。

(1) 现有库存量能满足的部分不列入计划。
(2) 选择适当的批量和间隔期,以保证生产的经济性。
(3) 检查负荷量是否存在急剧的波动性,是否超过或低于实有的生产能力。
(4) 某些需求过于笼统,应将它们具体化为产品的品种、型号和规格。

3. 检查生产能力能否满足需要

应先计算产品任务在各能力单位的负荷分布。先按产品结构层次分解出每层物料(部件、零部件、毛坯等)包含的项目和它们的计划交库时间,再按零部件的工艺路线和劳动定额资料计算它们在各能力组的负荷量,然后按时间周期(月)汇总成产品负荷分布图,如图3-2所示。

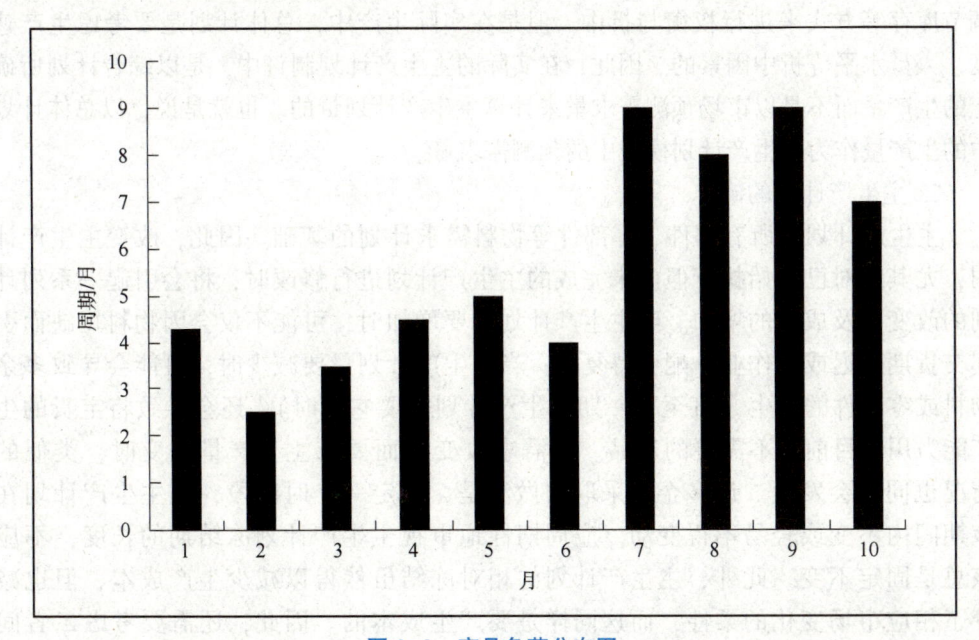

图3-2 产品负荷分布图

将各种产品的负荷分布图叠加起来,就可得到整个计划的生产能力需要量分布情况,从中可以清楚地看出哪些时期负荷过重和哪些时期负荷不足,然后进行调整,从而得到一个合理可行的计划。

3.2.3　主生产计划的编制原则

编制主生产计划应遵循以下原则。

（1）各种产品的生产时间和生产数量应首先保证已有订货合同的要求。在安排生产产品的顺序上，要分清轻重缓急。先安排重点客户订货、出口产品等任务，再安排其他的一般性任务。

（2）多品种生产的企业，要做到产品品种的合理搭配。这样既可以尽量减少各计划周期（季、月）的生产品种；又能使各车间在各周期的设备和人力的负荷方面比较均衡。

（3）新产品试制任务应在全年内均匀分摊，避免生产技术准备工作忙闲不均。

（4）要使原材料、外构件、外协件的供应时间和数量与主生产计划的安排协调一致。

（5）要注意跨年度计划之间的衔接。例如，在安排年初出产的产品时，应考虑上一年度的产品在制情况；而在安排第四季度出产的产品时，则要为下一年度的产品出产做好准备。

3.2.4　主生产计划的编制技巧

1. 主生产计划与总体计划的联系

在主生产计划的基本模型中，并未考虑利用生产速度的改变、人员水平的变动或调节库存等方式来进行权衡与折中。但是在实际生产中，总体计划是要考虑生产速度、人员水平等折中因素的。因此，在实际的主生产计划制订中，是以综合计划所确定的生产量而不是以市场预测需求量来计算主生产计划量的。也就是说，以总体计划中的生产量作为主生产计划模型中的预测需求量。

2. 主生产计划的确定

主生产计划是所有部件、零部件等物料需求计划的基础。因此，改变主生产计划，尤其是对已开始执行但尚未完成的主生产计划进行修改时，将会引起一系列计划的改变以及成本的增加。当主生产计划量要增加时，可能不仅会因物料短缺而引起交货期延迟或使作业分配变得复杂；当主生产计划量要减少时，可能会导致多余物料或零部件的产生（直至下一期主生产计划需要它们时），还会导致将宝贵的生产能力用于目前并不需要的产品。当需求改变从而要求主生产量改变时，类似的情况也同样会发生。许多企业采取的做法是，设定一个时间段，使主生产计划在该期间内不变或轻易不得变动。应周期性地审视主生产计划冻结期的长度，不应该总是固定不变。此外，主生产计划的相对冻结虽然得以减少生产成本，但也减少了相应市场变化的柔性，而这同样是要产生成本的。因此，还需要考虑二者间的平衡。

3. 不同生产类型中的主生产计划的变型

主生产计划是要确定每一具体的最终产品在每一具体时间段内的生产数量。其中的最终产品是指对于企业来说，最终完成的要出厂的产品。但实际上，这主要是针对大多数备货生产型的企业而言。在这类企业中，虽然可能需要用到多种原材料和零部件，但最终产品的种类一般较少，且大都是标准产品，市场需求的可靠性也较高。因此，通常将最终产品预先生产出来放置于仓库，以便随时交货。

另外，随着市场需求的日益多样化，企业要生产的最终产品的"变型产品"是很多的。所谓变型产品，往往是若干标准模块的不同组合。例如，以汽车生产为例，传统的汽车生产是大批量备货生产类型，但在今天，一个汽车装配厂每天所生产的汽车可以说几乎每辆都是不一样的，因为不同客户对汽车的车身颜色、驱动系统、方向盘、座椅、音响、空调系统等不同部件有不同要求，可以自由选择，最终产品的装配是根据客户的需求来决定的，汽车的基本型号也是由若干不同部件组合成的。

还有很多采取定制生产类型的企业，如特殊医疗器械、模具等生产企业，当最终产品和主要的部件、组件都是客户定制的特殊产品时，这种情况下所需的主要原材料和基本零部件的数量可能要比批量生产的常规产品所耗费的材料多得多。在这种情况下，主生产计划可能是以具体主要原材料和基本零部件为对象来制订的。

【任务实施】

通常来讲，每位工人每天 8 小时，每周工作 5 天，每位工人每小时在每台机器上可生产 2 件产品。请同学们根据这个规则完善表 3-1。

表 3-1 生产计划分配表

项目	1周	2周	3周	4周	5周	6周	7周
订单量/台	800	1 600	3 200	600	8 000	400	6 400
需要工人数/人							
需要机器数/台							

【实战演练】

丰田汽车的生产计划

丰田汽车 2022 年 3 月的单月生产计划为在全球生产约 95 万辆新车。据相关信息显示，丰田原计划考虑通过增加产能来抵消此前减产带来的影响，不过由于芯片短缺在经过数次调整计划后，以 2022 年 3 月单月生产 87 万辆汽车作为参考，最终确认了这个生产计划，具体为：在 14 家工厂的 28 条生产线中，有 2 家工厂的 3 条生产线临时停产，涉及多款车型，最长停产时间为 13 天。

思考：

哪些因素会影响生产计划的制订？

任务 3.3　物料需求计划

【任务导入】

制药企业的物料需求计划

先泰药业是华北制药集团的子公司之一，以半合成青霉素原料药为主导产品，是国内最大、最重要的半合成青霉素系列抗生素原料制造基地之一。近年来，其产品阿莫西林占据国内 1/3 的市场份额，产品远销欧洲、美国、东南亚等多个国家和地区。先泰公司通过对神州数码易飞 ERP 系统的不断摸索、开发与深挖，显著提升了管理效果和经济效益，库存下降 20%~30%。合理使用 ERP 系统，使企业的库存投资减少 40%~50%，库存周转率提高约 50%，延期交货现象减少 50%。当库存减少且稳定，企业的服务水平就随之提高了。与此同时，将准时交货率平均提高 55%，将误期率平均降低 35%，从而大大提升了企业的信誉。采购人员有了及时准确的生产计划信息，能够集中精力进行价值分析、货源选择，研究谈判策略并了解生产问题，从而缩短了采购时间，节省了采购费用，采购提前期缩短 50%。由于物料需求透明度提高，计划也改进了，物料输送能够及时准确，大大减少了生产线上的停工待料现象。由于库存费用的下降、劳动力的节约，以及人员和采购费用节省，产品总成本降低原先的 12%。

请问物料需求计划是什么？

【任务布置】

从先泰药业的案例可以看出，物料需求计划对于提高企业效益的作用很大，那么应该怎样制订物料需求计划呢？

【任务分析】

本任务需要对生产企业物料需求的构成进行分析，然后归纳并总结出物料需求计划的步骤。

【相关知识】

3.3.1　物料需求计划的产生与发展

物料需求计划（Materials Requirement Planning，MRP）起源于 20 世纪 60 年代的美国，最初是针对当时制造企业生产管理中存在的普遍问题以及传统库存控制方法的不足而提出的一种库存管理技术。认识 MRP 产生的背景，首先应该从库存控制中的订货点法开始。

1. 订货点法的局限性

订货点法即定量订货库存控制方法，通常的做法是根据历史记录来推测未来的需求，根据物料的需求来确定订货点和订货批量，进而事先将产品生产出来存放于仓库，一旦有客户提出订货需求，可以即刻交付客户的订单。订货点法适用于具有独立需求特点（即外生需求）的物料。然而，在实际生产中，不仅要解决满足外生需求库存的控制问题，而且要满足相关需求特点（即内生需求）的库存控制要求。另外，即使是独立需求的库存控制，也有面临需求波动性的问题。在这种情况下，使用订货点法来处理制造过程中的某些物料便暴露出一些明显的缺陷。

（1）盲目性。由于需求的不均匀以及对需求的情况不了解，企业不得不保持一个较大数量的安全库存。这样盲目地维持一定量的库存会造成资金积压。例如，对某种零部件的需求情况见表 3-2。按经济订货批量（EOQ）公式，可以计算出经济订货批量，以 50 件为例进行说明。对于情况 1，第 1 周仅需 20 件，若一次订 50 件，则余下的 30 件还需存放 1 周，且不能满足第 3 周订 40 件的需求。因此，在第 3 周前又要提出数量为 50 件的订货，到第 3 周消耗掉 40 件后，剩余的 40 件将存放 7 周。对于情况 2，剩余的 30 件存放了 9 周，而且不能满足第 10 周订 40 件的需求。靠经常维持库存来保证需求，是由于对需求数量及时间的不了解所致。显然，这样的盲目性造成了生产和物流过程中的极大浪费。

表 3-2 对某种零部件的需求情况

周次 情况	1	2	3	4	5	6	7	8	9	10
1	20	0	40	0	0	0	0	0	0	0
2	20	0	0	0	0	0	0	0	0	40

（2）高库存与低服务水平。用订货点法会造成高库存与低服务水平。由于对需求的情况不了解，只能靠维持高库存来提高服务水平，这样会造成很大浪费。传统的订货点法使得低库存与高服务水平两者不可兼得。服务水平越高则库存越高，从理论上讲，当服务水平接近 100%时，库存量必然趋于无穷大。

（3）形成"块状"需求。采用订货点法的条件是需求均匀。但是，在制造过程中形成的需求一般都是非均匀的：不需要的时候为零，一旦需要就是批量。采用订货点法加剧了需求的不均匀性。

制造业产品的生产过程是从原材料到产成品的一系列加工和装配过程。从库存系统的角度看，可以按生产过程的逆过程将其视为从成品到原材料的订货过程（这里的订货就是两个生产阶段之间的生产指令），如图 3-3 所示。要装配产品，必须向零部件生产阶段发出订货，提出需要什么样的零部件，需要多少，何时需要；同样，要加工零部件，必须向毛坯生产阶段发出订货，提出需要什么样的毛坯，需要多少，何时需要等，应一直追溯到原材料供应阶段。这样，前后相邻的两个生产阶段就成了供需关系。于是，传统上，人们就仿照独立需求库存管理的方法，用订货点法来组织产品生产。然而，实践证明，用订货点法来处理相关需求问题存在着很大的局限性，以致影响企业的经济效益。

图 3-3　产品生产装配过程

例如，一个机床制造厂生产某种型号车床的经济批量是 100 台，市场对该产品的需求均匀。这种型号的车床由数百种零部件装配而成，现只考虑最终产品（车床）和其中一种零部件——丝杠的库存变化情况。当按计划开始装配 100 台车床时（如图 3-4 中的 A 点所示），要向提供丝杠的零部件库发出订货，从中提取 100 根丝杠（一台车床需要一根丝杠），丝杠的库存量立刻下降，如图 3-4 所示。假设提取 100 根丝杠后，丝杠的库存降到订货点以下，于是就发出生产丝杠的指令，经过一定时间的生产后补充库存（如图 3-4 中的 B 点所示）。此时应注意，直到下一批车床装配工作开始之前，不会再有对丝杠的需求，因此，从 B 点到 C 点的这段时间丝杠的库存量是不变的，这就是人们常说的用订货点法处理相关需求时出现的"块状"需求。可以设想一下，如果这段时间比较长，丝杠占用的流动资金、库存空间及所引起的其他费用支出也会相应增加，从而给企业带来较大的损失。为什么会出现"块状"需求呢？参看图 3-5：独立需求是相对平稳的，而相关需求则是"跳跃"式的。在没有需求发生时，库存着成批零部件，一旦有需求发生，库存陡然下降，使需求图形出现"块状"。由此可以看出，在产品的需求率为均匀的条件下，由于采用订货点法，对零部件和原材料的需求率不均匀，呈"块状"。"块状"需求与"锯齿状"需求相比，平均库存水平几乎提高一倍，因此会占用更多的资金。

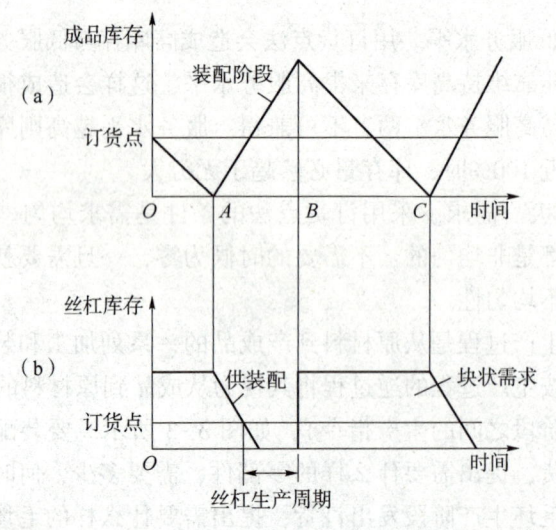

图 3-4　产品和零部件的库存变化关系

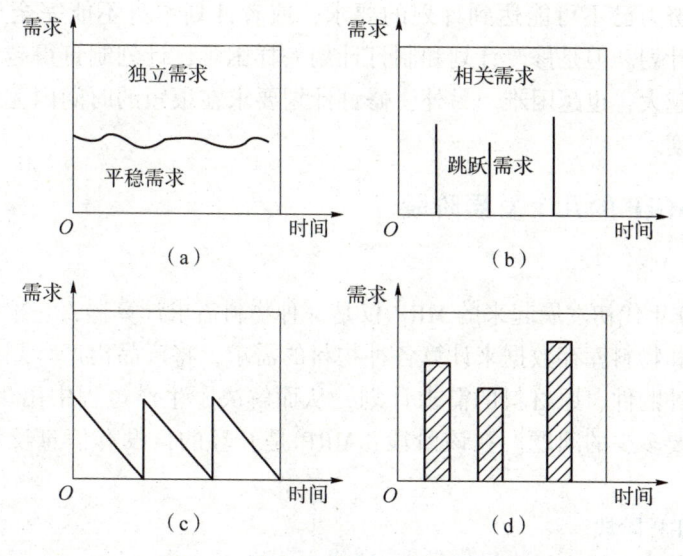

图 3-5 独立需求和相关需求的比较

能不能消除"块状"需求呢？理论上说是可以的。如果对相关需求的物品（如丝杠）不按订货点来发出生产指令，而是在装配工作开始的那一时刻，根据丝杠的加工周期反推出其投入生产时间，在装配工作开始时准时供货，就可以避免出现"块状"需求。

一般产品都是由成百上千种零部件组成的，如果用人工计算每种零部件的需求量和需求时间，就要消耗大量的人力，因此在实用中受到了一定的限制。美国曾经有一个企业曾采用这种方法计算，只能一个季度计算一次零部件的需求量，远远无法满足管理上的要求。随着计算机在企业管理中普遍应用，人们研究出了基于计算机的 MRP 系统，解决了这一问题。

3.3.2 MRP 的产生

要根据产品需求来确定其组成物料的需求数量和需求时间是非常复杂的，必须知道相关的各种数据，如销售计划或客户订单情况、物料的现有库存、各种产品的组成结构、材料消耗定额、自制零部件的生产周期、外购件和原材料的采购周期等。这些数据必须是准确的、及时的，能动态反映实际情况。由于现代工业产品的结构极其复杂，一台产品常常由成千上万种零部件构成，用人工方法不可能在短期内确定如此众多的零部件及相应的制造资源的数量和时间。在使用计算机以前，人们用手工计算的方法计算各种零部件的需求数量和时间，一般需要 6~13 周。这种编制生产作业计划的方式被称为"季度订货系统"。这样制订出的计划只能每季度更新一次，计划不详细且不够精准，应变性很差。

由于企业处于不断变化的环境之中，实际情况必然偏离计划的要求，其原因可能是对产品的需求预测不准确，引起产品的交货时间和交货数量的改变；也可能是外协件、外购件和原材料的供应不及时；还可能是其他一些偶然因素，如废品、设备故障、工人缺勤等，使生产不能按计划进行。当计划与实际执行情况已经出现了较大偏差，通过主观努力已不可能达到计划的要求，或者计划本身不能完全反映市场需求时，必须修改计划。但是修改计划和制订计划一样困难，计划制订得越细致，修改计划的工作量就越大，也越困难。另外，修订计划要求在很短的时间内完成，否则将跟不上变化的速度。

3.3.3 MRP 的几个发展阶段

1. MRP 阶段

20世纪60年代初发展起来的 MRP 仅是一种物料需求计算器，它根据对产品的需求、产品结构和物料库存数据来计算各种物料的需求，将产品出产计划变成零部件投入出产计划和外购件、原材料的需求计划，从而解决了生产过程中出现的需要什么、何时需要、需要多少的问题。在该阶段，MRP 是开环的，没有信息反馈，也谈不上控制。

2. 闭环 MRP 阶段

初期 MRP 将企业的生产能力视为无限，所以，并不能保证精心编制出的生产计划是实际可行的，它还有一些遗留问题没有解决。

(1) 企业是否有足够的能力在计划期内生产或采购所需数量的各种物料？
(2) 计划下达到车间和供应部门后，如果不能按预定的日程进行，应如何处理？
(3) 如果主生产计划要进行调整，MRP 如何适应其调整？

因此，为了解决上述问题，就必须考虑以下功能。

(1) 在正式下达 MRP 编制的计划前，必须对其所需的能力进行平衡。
(2) MRP 编制的计划下达后，必须对计划的执行情况进行控制，这就要求需从供应商和生产现场取得信息反馈。
(3) 当计划编制依据发生变化时，应及时调整计划。

20世纪70年代初期推出的闭环 MRP 在原 MRP 的基础上增加了以下功能：

(1) 编制能力需求计划。
(2) 建立了信息反馈机制，使计划部门能及时从供应商、车间作业现场、库房管理员、计划员那里了解计划的实际执行情况。
(3) 计划调整功能。

闭环 MRP 的"闭环"有双重含义。一方面，它不单纯考虑物料需求计划，还将与之有关的能力需求、车间生产作业计划和采购等方面考虑进去，使整个问题形成"闭环"；另一方面，从控制论的角度来说，计划制订与实施之后，需要取得反馈信息，以便修改计划与实行控制，这样又形成"闭环"。闭环 MRP 基本上可以保证计划的有效性，使 MRP 真正成为一种计划与控制系统。

3. MRP Ⅱ 阶段

MRP Ⅱ 于20世纪80年代初开始发展，它是对制造业企业的生产资源进行有效计划的一整套生产经营管理计划体系，是一种计划主导型的管理模式。其核心思想是把生产活动与财务活动联系到一起，实现财务信息与物流信息的集成，从而将闭环 MRP 与企业经营计划联系起来，使企业各个部门有了一个统一可靠的计划控制工具。MRP Ⅱ 是企业级的集成系统，它包括整个生产经营活动：销售、生产、生产作业计划与控制、库存、采购供应、财务会计、工程管理等。

4. ERP 阶段

进入20世纪90年代，MRPⅡ蓬勃发展，其应用领域也从离散型制造业向流程式制造业拓展，不仅应用于汽车、电子等行业，也应用于化工、食品等行业；不仅适用于多品种中小批量生产，也适用于大量大批生产。MRPⅡ的优点在多品种、中小批量生产的加工装配式企业得到了最有效的发挥。随着信息技术的发展，MRPⅡ系统的功能也在不断地增强、完善与扩大，向企业资源计划发展。

3.3.4 MRP 的基本原理

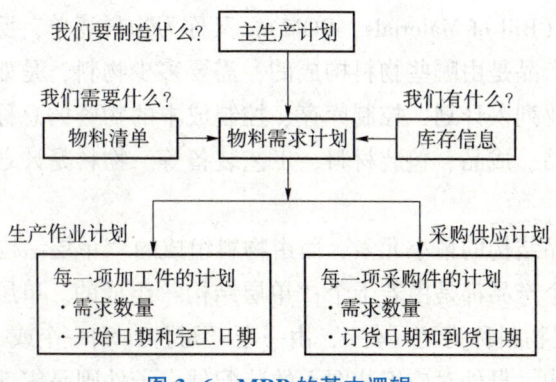

1. MRP 的基本逻辑

MRP 的基本逻辑就是由产品的交货期展开成零部件的生产进度日程与原材料、外购件的需求数量和需求日期，即将主生产计划转换成物料需求表，并为编制能力需求计划提供信息。其主要功能和运算依据见表 3-3。

表 3-3 MRP 的主要功能和运算依据

处理问题	所需信息
（1）生产什么？生产多少？	（1）切实可行的主生产计划（MPS）
（2）要用到什么？	（2）准确的物料清单（BOM 表）
（3）已具备什么？	（3）准确的物料库存数据
（4）还缺什么？何时需要？	（4）MRP 的计算结果（生产计划和采购计划）

MRP 的基本逻辑如图 3-6 所示。

图 3-6 MRP 的基本逻辑

2. MRP 的主要输入信息

从图 3-6 可以看出，MRP 的主要输入有 3 个部分：主生产计划、产品结构文件和库存状态文件。

（1）主生产计划。

主生产计划（Master Production Schedule，MPS）是 MRP 的主要输入，它是 MRP 运行的驱动源。以表 3-4 所示主生产计划为例进行说明。表中产品 A 的计划出产量：

第5周10台，第8周15台；产品B的计划产量：第4周13台，第7周12台；配件C的计划产量：第1至第9周每周生产10件。

表3-4 主生产计划

周次	1	2	3	4	5	6	7	8	9
产品A/台	—	—	—	—	10	—	—	15	—
产品B/台	—	—	—	13	—	—	12	—	—
配件C/台	10	10	10	10	10	10	10	10	10

MPS的计划对象是企业向外界提供的信息，它们具有独立需求的特征，具体包括：①最终产品项，即一台完整的产品；②独立需求的备品、配件，既可以是一个完整的部件，也可以是零部件；③MPS中规定的出产数量一般为净需要量，即需生产的数量。

MPS的计划期通常应不短于最长的产品生产周期，计划期设定的长一些，可以提高计划的预见性。MPS的计划时段通常为周，如果再细分，可以为天，甚至为小时。时段长度可以任意设定，而且一个MPS中允许采用变长时段，与传统采用的产品出产进度计划类似，但两者在计划的时间单位上略有不同，前者为周，后者为月。所以，在实际应用中应将以月为单位的产品出产计划调整为以周为单位的主生产计划。MPS的滚动期应该与MRP的运行周期一致，若MRP每周运行一次，则MPS每周更新一次。

（2）产品结构文件。

产品结构文件（Bill of Materials，BOM），又称为物料清单，反映了产品的组成与结构信息，说明了产品是由哪些物料构成的，需要多少物料，是如何制造出来的。这里，物料是指凡是要列入计划、控制库存、控制成本的物资的总称，包括原材料、毛坯、配套件、半成品、成品、包装材料、工艺装备等。物料是计划的对象、库存的对象和成本的对象。

物料是组成产品结构的最小元素，而由物料组成的"单层结构"则是产品结构的基本单元，任何一个产品都是由若干个"单层结构"组成的。单层结构中的上层物料称为"母件"，下层物料称为"子件"，由一个"母件"和一个或一个以上的"子件"即组成一个单层结构。母件对应组装图上的装配件，子件则是零部件明细表中的许多零部件和部件。母件与子件的关系既可以是一对一，也可以是一对多。只要众多子件中有品种或数量的差异，就认为是另一个不同的单层结构，是不同的母件。本书将所有物料（包括产品在内）统称为"元件"。

在MRP系统中，对每个单层结构只需建立一次，就可以在所有产品中共享使用。建立物料清单是从建立一个个反映"单层结构"的单层物料单开始的，系统会根据单层结构中母件与子件的相互关系，自动逐层地把所有相关的单层结构串起来，形成一个完整的产品结构。

产品结构层次的多少随产品的不同而不同，层次越多，管理和计划就越复杂。例如，在汽车制造厂，如果制造汽车所需的所有零部件都自制，产品结构的层次就会很多，而且很复杂；如果所需的零部件都是外购外协，汽车厂只是负责总装，则产品结构就相对简单，是一种"扁平的结构"。如果企业生产的众多产品是由一定数量的"单层结构"配置而成，即用少量的标准"单层结构"组成性能多样的各种产品或产品系列，就属于产品的标准化和系列化的情况。

使用系统提供的反查物料清单的功能可以查询每一个物料用在哪些单层结构上，每一个单层结构又是用在哪些产品上。如果有许多产品都使用相同的单层结构，说明产品零部件设计的通用性很好。因此，物料清单对产品设计的标准化和系列化工作能够提供有用的信息。

产品结构文件不只是所有元件的清单，还反映了产品项目的结构层次以及制成最终产品的各个阶段的顺序。BOM 表是 MRP 计算的又一依据，利用它可以准确地计算相关需求的信息。其中所包含的物料可分成两类：一类是自制项目，另一类是采购项目（包括所有的原材料、外购件和外协件）。MRP 展开后，自制项目的物料需求计划便形成相应的生产作业计划，采购项目的物料需求计划形成相应的采购供应计划。

在产品结构文件中，各个元件处于不同的层次。每个层次表示制造最终产品的一个阶段。通常，最高层为第 0 层，代表最终产品项；第 1 层代表组成最终产品项的元件；第 2 层为组成第一层元件的元件……以此类推。最低层为零部件和原材料。由于各种产品的结构复杂程度不同，产品结构层次数也不同。下面以图 3-7 所示的三抽屉文件柜和图 3-8 所示的产品结构树为例来形象地说明产品结构文件。

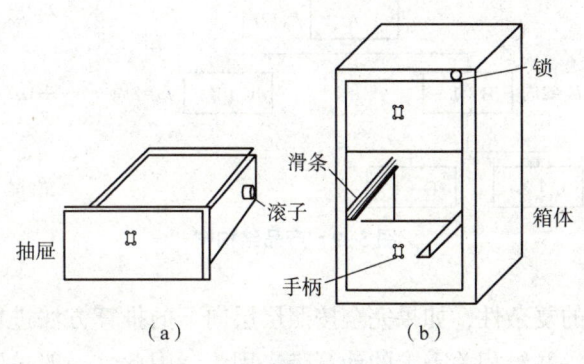

图 3-7 三抽屉文件柜的组成

三抽屉文件柜由 1 个箱体、1 把锁和 3 个抽屉组成，而箱体又由 1 个箱外壳和 6 根滑条（每个抽屉需 2 根滑条）装配而成；每个抽屉又由 1 个抽屉体、1 个手柄和 2 个滚子组成；锁为外购件。为了简单起见，将各种具体产品及其构成部分用英文字母代表，并将产品及其元件之间的关系用树形图表示出来，称为"产品结构树"，如图 3-8 所示。将产品结构树转换成规范的数据文件格式就成为产品结构文件。

在图 3-8 中，单位 A 产品（文件柜）由 1 个 B 部件（箱体）、3 个 C 组件（抽屉）和 1 个 D 零部件（锁）构成；B 部件由 1 个 E 部件（箱外壳）和 6 个 F 部件

(滑条)构成;C组件由1个G零部件(抽屉体)、1个H零部件(手柄)和2个M零部件(滚子)构成;每个E零部件要消耗20 kg钢材J,每个G零部件要消耗5 kg钢材K。图3-9中方框里字母后括号中的数字表示单位上层元件包含的该元件的数量,如B(1)表示1个A中包含1个B,J(20 kg)表示1个E零部件要消耗20 kg材料J。

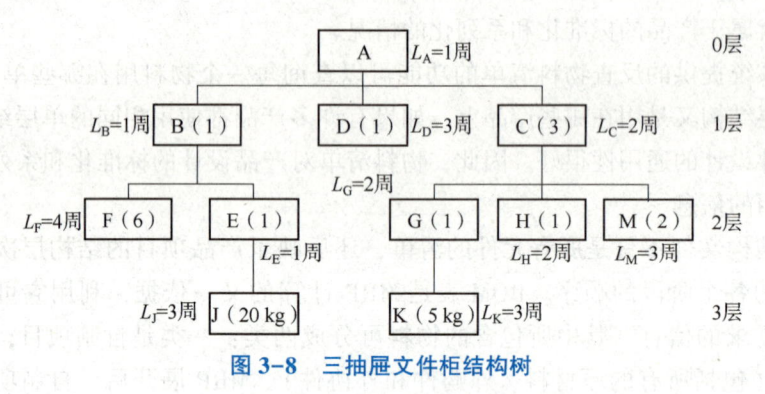

图3-8 三抽屉文件柜结构树

图3-10中 L 表示加工、装配或采购所花的时间,称为提前期(Leadtime)。它相当于通常所说的加工周期、装配周期或订货周期。如 $L_S=1$ 周,说明产品A从开始装配到完成装配需要1周时间;$L_C=2$ 周,说明零部件G从开始加工到完成加工需要2周时间;$L_K=3$ 周,说明采购钢材K从订货到到货需要3周。

实际产品对应有多种多样的产品结构树,同一零部件分布在同一产品结构树的不同层次上,如图3-9所示。

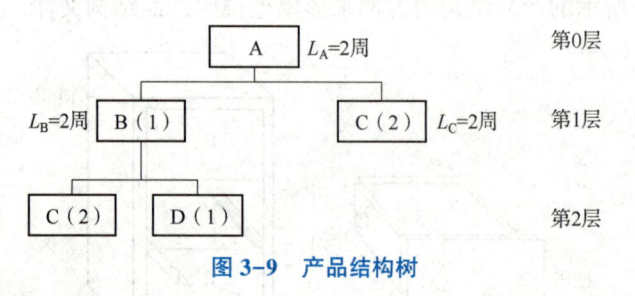

图3-9 产品结构树

由于产品结构的复杂性,如果完全按照层层向下的推算方法进行分解,就会产生不合理的计算结果,并给相关需求的计算带来困难,因此,一般采用低层码技术来解决。低层码(Lowlevelcode)是指在所有产品结构树的所有层次中,位置最低的层次码称为该零部件的低层码。如在图3-9中,零部件C的低层码为2。通常,低层码由计算机软件系统自动计算和维护。

(3) 库存状态文件。

库存状态文件保存了每一种物料的有关数据,MRP系统关于订什么、订多少、何时发出订货等重要信息,都存储在库存状态文件中。产品结构文件是相对稳定的,而库存状态文件却处于不断变动之中。MRP每重新运行一次,它就发生一次大的变化。

部件 C 的库存状态文件记录见表 3-5。其中，对于时间的规定如下：现有数为周末时间数量，其余 4 项均为一周开始的数量。数据项可以作更细的划分，如预计到货量可以细分成不同的来源，而现有数可以按不同的库房列出。

表 3-5　库存状态文件记录

部件 C $L_T=2$ 周	周次									
	1	2	3	4	5	6	7	8	9	10
总需求量	—	—	—	—	300	—	—	300	—	300
预计到货量	—	400	—	—	—	—	—	—	—	—
现有数（现有库存）	20	420	420	420	120	120	120	−180	−180	−480
净需求量								180		300
计划发出订货量	—	—	—	—	—	180	—	300	—	—

对表 3-5 的有关说明如下。

①总需求量：由上层元件的计划发出订货量决定的。此处，对部件 C 的总需求量在第 5 周、第 8 周和第 10 周各为 300 件。

②预计到货量：在将来某个时间段某项目的入库量。它来源于正在执行中的采购订单或生产订单。此处，部件 C 将在第 2 周预计到货 400 件。

③现有数（现有库存）：相应时间的当前库存量。它是仓库中实际存放的可用库存量。在制订计划的时候，部件 C 的现有库存量为 20 件，到第 2 周，因为预计到货 400 件，所以现有数为 420 件。到第 5 周用去 300 件，现有数为 120 件。到第 8 周，需用 300 件，现有数已不足以支付，将欠 180 件。因此，现有数将为负值，此时需要发出订货。

④净需求量：当现有数和预计到货量不能满足总需求量时，就会产生净需求量。如第 8 周对部件 C 的净需求量为 180 件，第 10 周净需求量为 300 件。

⑤计划发出订货量：为保证对零部件的需求而必须投入生产的物料数量。计划发出订货既要考虑提前期，又要考虑安全库存量、批量规则和损耗情况。如第 8 周需要 180 件部件 C，提前期为 2 周，则第 6 周必须开始制造 180 件部件 C。

上述库存状态数据可以分成两类：一类为库存数据，另一类为需求数据。预计到货量、已分配量和现有数为库存数据，这些数据要经过检查才能进入系统；总需求量、净需求量和计划发出订货量为需求数据，由系统计算得出。

【任务实施】

通常来讲，一辆汽车有 4 条轮胎，其订货提前期为 1 周。根据此规则完善表 3-6 内采购量。

表 3-6　采购表　　　　　　　　　　　　　　　　　　　单位：条

	1周	2周	3周	4周	5周	6周	7周	8周
订单量	—	300	400	—	600	—	500	—
期初库存	140	—	—	—	—	—	—	—
安全库存	100	—	—	—	—	—	—	—
需求量	—	—	—	—	—	—	—	—

【实战演练】

MRP 应用的五个阶段

自18世纪以来，手工业作坊向工厂生产的方向迅速发展，出现了制造业。随之而来，所有企业几乎无一例外地追求着基本相似的运营目标，即在给定资金、设备、人力的前提下，追求尽可能大的有效产出；或在市场容量的限制下，追求尽可能少的人力、物力投入；或寻求最佳的投入/产出比。就其外延而言，为追求利润；就其内涵而言，为追求企业资源的合理有效的利用。到了信息时代，MRP 应运而生，并经历了五个阶段：（1）20世纪40年代的库存控制订货点法；（2）20世纪60年代的时段式 MRP；（3）20世纪70年代的闭环 MRP；（4）20世纪80年代发展起来的MRP Ⅱ；（5）20世纪90年代出现的 ERP。

思考：

请同学们想一想，促进 ERP 阶段发展的关键因素有哪些？

任务 3.4　采购计划管理

【任务导入】

药企如何编制采购计划

编制药品采购计划的依据是本单位的临床用药需求，本单位临床用药目录内的品种均应纳入药品采购计划。药品采购计划还应当具有前瞻性，需充分考虑采购周期内可能发生的新的临床用药需求。一般情况下，应将本单位临床用药目录没有包括，但采购周期内可能会用于临床的医疗保险基本用药和新药纳入采购计划。

《采购工作规范》第十一条规定，医疗机构在提交采购计划的同时，应提交采购计划内所有药品的相关历史资料，这是招标人应当履行的职责。《采购工作规范》第十二条规定，禁止医疗机构提供虚假的药品采购历史资料，医疗机构提供的药品采购历史资料，一般应包括该品种上年同期的全部实际采购记录，如规格、数量、价款等。如果同一通用名称的药品同时采购了多种不同商品名称的品种，则应分别按商品名称提供规格、数量和价款。经办机构在编制药品需求一览表时，需要把不同商品名称的品种的历史采购记录按通用名称汇总后公布（对医疗机构有品牌要求的品种除外）。但在提供参考标的时，仍要按照商品名称进行统计汇总。

【任务布置】

从《采购工作规范》中可以看出，采购计划管理对于提高企业采购效率作用很大，那么应该怎样制订采购计划呢？

【任务分析】

本任务需要对企业采购计划的构成进行分析，归纳总结出其包含的注意环节。

【相关知识】

3.4.1 采购作业流程的含义

采购作业流程是实施采购工作的具体过程，是采购活动具体执行的标准。对制造企业来说，采购作业流程通常是指有制造需求的厂家选择和购买生产所需的各种原材料、零部件等物料的全过程。在这个过程中，作为制造业的购买方，首先，要寻找相应的供应商，调查其产品在数量、质量、价格、信誉等方面是否满足购买要求；其次，在选定了供应商后，要以订单方式传递详细的购买计划和需求信息给供应商，并商定结款方式，以便供应商能够准确地按照客户要求进行生产和供货；最后，要定期对采购物料的管理工作进行评价，寻求提高效率的采购流程。因此，采购作业流程是覆盖从采购计划的制订、供应商的认证、合同签订与执行，到供应商的评审监控的全部过程。其流程如图3-10所示。

采购需求 → 采购认证 → 采购订单 → 采购验收 → 采购评价

图3-10 采购作业流程

3.4.2 采购计划流程的内容

由于采购的来源、方式以及采购对象的不同，采购作业流程会在作业细节上有所差异，但都遵循一个共同的模式。一个完整的采购流程主要由以下10个步骤组成。

1. 确认需求

任何采购都产生于企业内某个部门的需求，企业业务人员应该清楚本部门准确的需求情况，即需要什么、需要多少、何时需要等一些基本信息。因此可以认为，确认需求的过程就是采购部门在收到采购请求后，制订采购计划的过程。

2. 需求说明

如果不了解使用部门到底需要什么，采购部门不可能进行采购。出于这个目的，在确认需求后，还需要对需求的细节（如品质、包装、售后服务、运输及验收方式等）加以详细说明。为了使需求说明准确，避免产生误解，用来描述物品和服务需求细节的概念（如名称、规格、型号）应该统一，制订合适的名词手册这一工作就显得非常重要。确保词汇统一性的一个很有效的方法是采购部门保留一份文件，列出经常购买的物品名称。如果采购工作人员对于需要采购的产品不熟悉，或者觉得需求细节的描述不够准确，都应该向请购部门及相关人员咨询，确保采购的物料和需求物料之间的一致性。

3. 选择供应商

根据需求说明，在原有供应商中选择业绩良好的厂商，通知其招标或以登报公告等方式公开招标。采购活动中很重要的一项任务就是选择供应商，如果供应商选择不当，影响的不仅仅是效益，还关系到产品的质量保障、生产的顺利进行、企业的形象和声誉等重大问题。

4. 合适的价格

确定可能的供应商后，要进行价格谈判，决定合适的价格。企业一般是使用招投标方式来帮助确定价格的，但也不是所有的采购活动都通过招投标来进行，如果不通过招投标的方式，通常通过先查看供应商的价格表，再以谈判的方式确定价格。

5. 订单安排

价格谈妥后，应办理订货签约手续。订单和合约均属于具有法律效力的书面文件，对买卖双方的要求、权利及义务必须予以说明。通常来说，公司一般都有拟好的订单，不允许出现没有订单直接采购的行为。至于选用哪方准备的文书，则取决于供求双方实力的强弱和所购物料的特点。

6. 订单追踪与催货

签约订货之后，为求销售厂商的如期、如质、如量交货，应根据规定，督促厂商按合约交货，并进行严格检验后再入库。一般来说，在订单发出的同时会确定相应的跟踪接触日期，在一些大型的企业，甚至设有专职的跟踪和催货人员。跟踪经常需要询问供应商的进度，一般可以通过电话、计算机等通信工具来完成，一旦发现问题，必须及时采取行动。对于特别重要的采购事项，必要时要到供应商处走访，此外，采购部门还负责就任何关于送货要求的改变与供应商进行协商。催货是对供应商施加压力，以使其履行最初所做出的发运承诺或加快延期货物的发运（在特殊情况下还包括提出提前发货的要求），如果供应商不能履行合约，企业就协商取消订单或终止以后可能的交易。

7. 核对发票

厂商交货验收合格后，应及时开票、及时付款。财务部门在接到付款请求后，应先经采购部门核对，确认无误后再办理付款手续。在实际工作中，发票的核对到底是供应部门的职责还是会计部门的职责仍然存在争议，但各企业无一例外要求先核实后付款。

8. 不符与退货处理

凡厂商所交货物与合约规定不符或验收不合格者，应根据合同规定退货。

9. 结案

不管是验收合格已经入库付款产品，还是验收不合格已经退货的产品，均需整理各项书面资料以报高层管理者或权责部门核阅批示，予以结案。

10. 记录与档案维护

凡经结案批示后的采购案，应分类编号登记入档，并妥善保管，以备后续选择供应商时参考或事后发生问题时备查。

3.4.3 采购订单操作步骤

1. 订单准备

订单合同是供求双方达成的文本性协议，具有法律约束力。订单处理人员在接到采购计划部门的订单计划之后，不能急于向供应商下达订单，而要先进行订单准备工作，订单准备工作的过程如图 3-11 所示。

图 3-11 订单准备工作的过程

（1）熟悉物料项目。

在遇到从没有采购过的物料项目时，对其采购环境不一定熟悉，需要花时间去了解物料项目的技术资料等。由于订单本身存在难易差异，所以，订单处理人员必须熟悉订单操作的物料项目。

（2）确认价格。

由于采购环境的变化，作为订单处理人员应对采购价格负责，不能把确定价格的责任全部归于认证人员，订单处理人员有权向采购环节价格最低的供应商下订单，以确保采购的最大利益。

（3）确认项目质量标准。

订单处理人员与供应商的联系最为紧密，对供应商的实力变化最为清楚，在确定以前使用的订单标准是否需要调整时，订单处理人员须发挥应有作用。

（4）确认项目需求量。

订单计划的需求量应该小于或等于采购环境订单容量，如果大于采购环境订单容量，应及时提醒认证人员扩充采购环节容量，以保证二者相匹配。

（5）制订订单说明书。

订单说明书的主要内容包括项目名称、确定的价格、确定的质量标准、确定的需求量、是否需要扩充采购环境容量等方面。此外，其还包括相关的图纸、技术规范、检验标准等。

2. 选择供应商

订单准备工作完成后，接下来的工作就是确定采购活动的供应商。选择和确定供应商的具体流程如下。

（1）查看采购环境。

在订单准备工作完成后，订单处理人员应查询采购环境信息系统，以寻找供应物料的供应商。对于小规模的采购，采购环境可能记录在认证报告文档上；对于大规模的采购，采购环境则使用信息系统来管理。一般来说，一项物料计划应有三家以上的供应商，在特殊情况下也会出现只有一家供应商的情况，即独家供应商。

（2）计算供应商容量。

应计算采购环境中供应商的容量，哪些是饱和容量，哪些是空余容量。若向一个已经饱和的供应商下单，最终会导致订单操作的失败。

（3）与供应商确认订单。

该步骤的目的是确定本次订单计划由哪家供应商供应。因为供应商各种相关情况的变化（如组织结构调整、新生产线投入使用、高层管理人员大量离职等）都会影响供应商的订单容量，而这种变化需要得到供应商的确认。

（4）发放订单说明书。

在与供应商确认订单之后，就可以向有意向的供应商发放相关技术资料。供应商在接到资料并对其进行分析后，可做出"接单"还是"不接单"的答复。

（5）确定物料供应商。

至此，订单处理人员可以决定在本次订单计划中所选中的供应商（既可以是一家也可以是多家），必要时还可以上报主管审批。

3. 签订订单

确定物料供应商后，按下来的工作就是与供应商签订正式采购订单。采购订单可能因为采购物料的特性、供应商的状况、企业管理结构的不同而不同，但在通常情况下，签订正式的采购订单都需要经过以下流程。

（1）制作采购订单。

若有采购信息系统，则可以直接生成订单，而在其他情况下，则需要订单制订者自行编排并打印。一般来说，企业都有固定的订单格式，而且这些格式都是供应商认可的，订单人员只需在标准合同中填写相关的参数及一些特殊的说明即可完成订单的制作。需要说明的是，价格及质量标准是认证人员在认证活动中的输出结果，已经存放在采购环境中，订单处理人员的操作对象是物料的下单数量及交货日期，在特殊情况下可以向认证人员建议修改价格和质量标准。

（2）审批采购订单。

主要审查事项为订单与采购环境中物料描述的符合性、订单与订单计划的符合性。审查主要是为了限制订单处理人员必须依照订单计划在采购环境中操作，所选供应商均为采购环境之内的合格供应商，价格也在允许的价格范围内。

（3）与供应商签订订单。

经过审批的订单（合同），即可传至供应商并签字。有四种签字方案：双方现场盖章签字；将印好的合同传真给供应商，并由供应商回传；使用电子邮件进行合同的签订，买方利用电子邮件向供应商发出订单，则表示订单已签订；建立专有的订单管理系统，完成订单信息在买卖双方的传递。

4. 订单的跟踪

（1）跟踪供应商工艺文件的准备。在生产加工工序中，首要的就是对供应商工艺文件进行跟踪，此项工作由订单处理人员来完成。如果工艺文件有问题，应及时要求供应商修改，并提醒供应商若不能保质保量的准时交货，则要按照合同条款进行赔偿。

（2）确认原材料的准备情况。只有备齐原材料，才可能执行工艺流程，订单处理人员应进行监督。

（3）监督加工进程的状态。订单处理人员为了保证货期、质量，必须对加工进行监督。

（4）跟踪组装调试检测过程的进展状态。

（5）确认包装入库。这是整个跟踪环节的结束点，订单处理人员可以向供应商了解物料最终完成的包装入库信息。在条件允许的情况下，可进行实地核查。

5. 物料检验

（1）确定检验日期：不同物料检验的要求不同，可按惯例确定检验日期及地点。

（2）通知检验人员。

（3）物料检验：对不同要求的物料，在检验时的标准可略有不同。

（4）处理检验问题：对于不同的检验问题，区别对待。例如，指明严重缺损的物料要求供应商换货；对于微缺陷物料，应与认证人员、质量人员、设计人员协商，确定是否可以代用等。

6. 物料接收

（1）与供应商确认物料检验日期。物料检验日期一定要协商好，因为供应商在未经许可的情况下把物料送来，会导致订单操作混乱。如订单处理人员未协商而突然要求供应商立即送货，会导致物料不能按期到货。

（2）与仓库的协调。必须事先与仓储部门协调，要防止仓库没有因接收计划而拒收。

（3）通知供应商送货。

（4）库房接收和物料入库。主要检查预到货清单信息是否完整、数量是否正确、检查送货单据及装箱单据、检查外包装、检查合同对应、卸货、清点物料、搬运入库、填写"物料入库单据"将物料入库信息录入存储信息系统中。只有检验合格的物料方可入库。

（5）检验中的问题处理。对出现问题的物料一定要进行相关的处理。

7. 付款操作

（1）查看物料检验入库信息。对于国内供应商的付款操作，一般是在物料检验完毕并已入库之后进行，对于国外供应商，付款操作则比较复杂。

（2）准备付款单。在准备付款单的同时，还要附带合同、物料检验单、物料入库单据、发票，并且注意以上单据中的合同编号、物料名称、单价、数量、供应商必须一致。

（3）主管审批。

（4）资金平衡。综合各种因素，以确定首先向谁付款，对于不能及时付款的物料，要征得供应商的同意。

（5）向供应商付款。

（6）供应商收款。当金额较大时，有必要在付款后向供应商做出收款提醒。

8. 供应评估

（1）制订供应评估计划。

（2）订单部门绩效评估。对组织效率等因素进行评估。

（3）订单角色绩效评估。主要针对供应及时状况、紧急订单的完成情况、订单处理人员个人情况进行评估，绩效突出的给予奖励。

（4）供应商供应绩效评估。针对供应商的供应质量、成本、供应及时性、服务性等因素进行评价。

（5）建议调整采购分配比例。订单步骤根据具体物料订单情况而定，订单环境、订单处理人员经验等方面的因素都会对订单操作产生影响。

【任务实施】

以某生产企业采购为例，完善表3-7的内容。

表3-7 生产企业采购分析

项目	组员观点	备注
采购需求		
价格比较		
供应商选择		

【实战演练】

采购中六大迫切需要解决的问题

1. 原料库存及采购需求管理弱：对原料库存尚未实现实时管理，迫切需要对原料实时库存进行掌握，按品类区分各原料的库存，以便准确合理地制订采购计划。

2. 采购价格把控力弱：对采购价格尚未实现实时管理，在原料采购过程中，须实时关注市场价格、供应方出口的实时价格，对价格变更的具体时间、金额要进行实时记录和共享，作为采购计划制订、供应商结算的重要依据。

3. 采购进度跟踪困难：对采购进度尚未实现实时管理，须对原料采购实时进度进行掌握。

4. 发货磅单管理难：对供应商发货磅单采用线下人工汇总的方式管理，磅单信息核对、校验工作滞后，存在风险。同时，人工汇总、校验核对工作量大，耗费人力。

5. 收货磅单无法实现同步：通过磅房系统对进厂货物进行称重管理，从磅房系统导出称重数据后,需要进行人工匹配、比对,以计算和统计货款、运费等。

6. 采购统计与结算效率低下：原料采购进行人工统计与结算,对发货磅单、收货磅单进行人工登记、汇总,人工汇总计算极容易出现差错,且耗时费力,效率很低。

思考：

了解上述六大迫切需要解决的问题后,你有何感想？

项目小结

本项目主要介绍了销售计划,主生产计划管理、物料需求计划和采购计划管理。

学习本项目后,学生应能对计划管理的工作流程有全面了解,还能够掌握其中的各种基础知识。

项目测试

一、单项选择题

1. 制订生产大纲需要多项输入,其中(   )输入来自企业外部。
   A. 现有库存水平　　　　　　　　B. 原材料供应能力
   C. 现有员工数量　　　　　　　　D. 现有设备能力
   E. 员工技术水平

2. 加工装配式生产能力的计量方式有(   )。
   A. 具体产品　　　　　　　　　　B. 代表产品
   C. 假定产品　　　　　　　　　　D. 设备组生产能力

3. 以下各项中,(   )是产品出产计划的输入。
   A. 库存状态文件　　　　　　　　B. 生产计划大纲
   C. 产品结构文件　　　　　　　　D. 车间生产作业计划

4. 制订生产大纲时,(   )在实际生产中是应用最多的。
   A. 线性决策法则　　　　　　　　B. 线性规划
   C. 反复试验法　　　　　　　　　D. 模拟法

5. 生产计划中的产值指标包括(   )。
   A. 商品产值　　B. 总产值　　　C. 净产值　　　　D. 年产值

6. 调整能力的办法有(   )。
   A. 改变劳动力数量　　　　　　　B. 忙时加班加点,闲时培训
   C. 利用库存调节　　　　　　　　D. 转包

7. 签订订单的第一步是(   )。
   A. 制作采购订单　　　　　　　　B. 审批采购订单
   C. 与供应商签订采购订单　　　　D. 其他

二、计算分析题

1. 某企业拥有 10 米宽的薄膜生产线一条，该生产线年设计生产能力为 3 万吨。由于该生产线中的设备尚处于磨合期，企业管理者决定先试生产一种厚度为 20 微米、密度为每立方米 0.9 吨的薄膜，且将其实际运行速度设置为每分钟 150 米。请问该生产线的小时生产能力和日生产能力分别是多少？若该生产线每月生产 30 天，每年生产 340 天，则该生产线的月生产能力和年生产能力又各为多少？（每天按 24 小时计算）

2. 某企业拥有某薄膜生产线 5 条，其中有 2 条每年可生产 1 万吨的生产线，2 条每年可生产 1.5 万吨的生产线，1 条每年可生产 3 万吨的生产线，则该企业的年设计生产能力是多少？

3. 某罐装啤酒生产线的生产节拍为 2 秒，问该生产线每小时和每月生产能力各为多少？如果某企业拥有 5 条这样的生产线，则该企业的年生产能力为多少？（每天按 16 小时计算，每月按 28 天计算，每年按 320 天计算）

4. 某工序共有 5 台相同车床。现已知该工序实行两班制生产，每班工作 7.5 小时，单件产品台时定额为 0.5 小时，求该工序的日生产能力。如果该企业全年工作日为 250 天，设备计划修理时间占有效工时的 10%，求该工序的年生产能力。

5. 某设备组共有 30 台车床，其中 10 台车床的单件工时定额为 10 分钟，10 台车床的单件工时定额为 20 分钟，10 台车床的单件工时定额为 30 分钟。若实行两班工作制，每班工作时间为 7 小时，每月有效工作日为 25 天。问该设备组月生产能力为多少？

6. 某车间车床组共有车床 6 台，加工甲、乙、丙 3 种产品。据了解，甲、乙、丙 3 种产品的单位台时定额依次分别为 100 小时、50 小时和 150 小时，其年计划产量依次分别为 100 台、80 台和 60 台。请问，该车床组年计划生产能力为多少？若每台车床的全年有效工作时间为 5 000 小时，请问，该车床组的生产能力是否还有余量？

7. 某装配车间的生产面积为 10 000 平方米，日工作时间为 10 小时，单位产品占用装配面积为 50 平方米，单位产品生产工时为 20 分钟，求该装配车间的日生产能力。

任务实训

一、实训目的

1. 知识目标

掌握采购需求调查的基本方法，熟悉采购计划编制流程和物流需求计划。

2. 能力目标

能够运用正确的方法编制物流需求计划。

二、实训要求

每名同学复习相关内容并上交一份实训报告。

三、实训内容

实训任务 1：

某厂商收到两份产品 A 的订单，其中一份要求提供产品 A 100 个，要求本年度第 4 周生产完毕；另一份要求提供产品 A 150 个，要求本年度第 8 周开始配送。

每个产品 A 包括 4 个部件 B 和 2 个框架 C。

部件 B 是工厂自制的，制作过程耗时 1 周；框架 C 需要订购，订货提前期是 2 周，组装产品 A 需要 1 周，部件 B 现有库存为 70 个。

请完成下列任务：

（1）作出 BOM 结构图。

（2）制作物料需求计划。

实训任务 2：

某厂生产产品 X，产品 X 的需求量见表 3-8，已知安全库存为 3 件，批量为 25 件，投入提前期为 1 周，期初库存为 8 件，期初计划到货为 20 件。

生产 1 件产品 X 需要 2 个部件 Y，已知部件 Y 每周作为备件外售需要量为 4 件，安全库存为 12 件，批量为 60 件，投入提前期为 1 周，期初库存为 18 件，计划本年度第 1 周入库 50 件。

试用 MRP 方法编制产品 X 和部件 Y 的生产作业计划。

表 3-8　产品 X 的需求量

产品 X 的时间/周	1	2	3	4	5	6	7	8
需求量/件	14	16	10	14	15	16	13	15

四、撰写实训报告

要求条理清晰，格式规范、统一，不少于 1 000 字。

活页笔记

学习过程：

重难点记录：

学习体会及收获：

项目 4
供应物流

【知识目标】
1. 理解供应物流的含义及目标；
2. 掌握供应物流的基本流程；
3. 掌握供应物流的四种模式；
4. 掌握供应物流常见的物流活动；
5. 了解供应物流未来的发展趋势。

【技能目标】
1. 识别生产企业常见的供应物流活动；
2. 能分析不同的供应物流方式的优缺点和适用范围。

【职业素质目标】
1. 培养学生正确认识供应物流在生产企业中的作用；
2. 培养学生进行企业物流合理化的能力；
3. 培养学生分析、概括与总结的能力；
4. 培养学生的责任感和使命感。

【德育目标】
1. 引导学生科学认识我国物流与欧美发达国家物流的差距，激发学生的爱国主义情怀；
2. 培养学生的团队合作精神；
3. 引导学生弘扬节约、勤俭的传统美德。

【思政之窗】
　　通过对供应物流的学习，学生认识到物资供应对保障经济稳定、健康发展的重要意义，以及对保障人民群众生命财产和身体健康的重要作用。本项目介绍了采购工作的重要性和特殊性，可以培养学生正确的采购职业观，即"廉洁采购""科学采购""创新采购"。另外，本项目还以潜移默化的方式引导学生守诚信、讲仁爱、重发展，成为独具匠心的物流采购人。

任务 4.1　供应物流认知

【任务导入】

哈雷与本田摩托车生产物流过程的比较

　　1982年，美国哈雷摩托车的主管前往日本本田摩托车设在俄亥俄州的工厂访问。当时本田在美国重型摩托车市场拥有40%的占有率，是哈雷最强劲的对手。哈雷本想学习本田的科技，结果却让他们大吃一惊，因为哈雷在整个制造过程中使用计算机管理，但他们在本田工厂内却看不到计算机、机器人和任何特别的作业系统。本田摩托车只有5%会在生产线末端被剔出，而哈雷摩托车剔出率却达60%，光是因为缺乏零件而被剔出的就比本田摩托车的总退件率高好几倍。那么，问题出在哪里呢？哈雷摩托车的管理者们经过苦心研究，对比了二者的生产过程和物流过程，终于发现问题出在供应物流上。

　　哈雷的零配件供应流程是生产—储存—装配，而本田的零配件供应流程则是生产—装配，哈雷的零配件供应商一年只生产几次，每次生产一大批，大量零配件库存积压在哈雷的仓库里，许多零件因为库存时间过长，等到送上生产线时已经生锈，有时只是规格上的小修正就使零件变成废弃品。而本田的供应商每天只生产少量所需零件，实施准时制生产和供应，既节省了仓储空间，又简化了整个作业流程。

　　哈雷找出问题之后，潜心改进物流过程，使其在美国重型摩托车市场的占有率从23%增长到46%，销售额也达到了空前的1 770万美元，而实现这个目标仅用了5年。哈雷发现除与竞争性供应链比较外，还可以与非竞争性供应链，即与其他行业供应链比较，方法与之相同。

思考：

请分析哈雷在供应物流方面做了哪些改进？

【任务布置】

　　现代物流最大的经济意义在于它的低成本，为此必须建立一整套科学的供应物流体系。请思考什么是供应物流？它由哪些环节组成？

【任务分析】

　　本任务需要同学们理解供应物流的概念和内涵，了解企业供应物流的具体组成。

【相关知识】

4.1.1 供应物流认知

供应物流是指企业提供原材料、零部件或其他物品时,物品在提供者与需求者之间的实体流动,包括原材料等一切生产物资的采购、进货运输、仓储、库存管理、用料管理和供应管理,也称为原材料采购物流。图4-1所示为汽车企业供应物流。

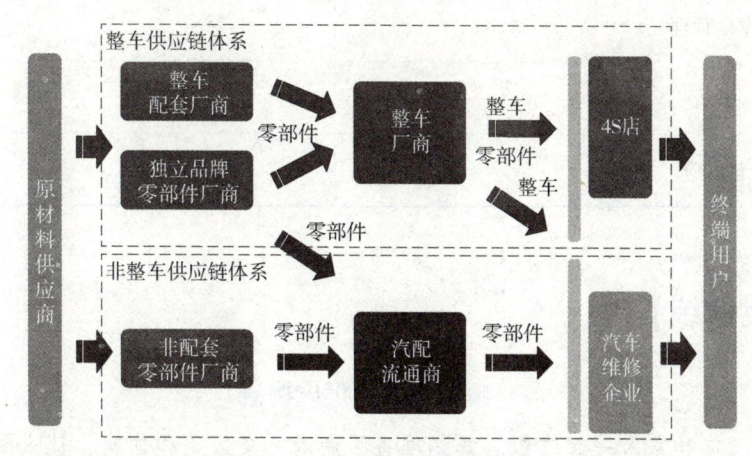

图 4-1 汽车企业供应物流

供应物流是生产物流系统中独立性较强的子系统,与生产系统、财务系统等企业内部各部门以及企业外部的资源市场、运输部门有密切的联系,对企业生产的正常、高效率进行发挥着保障作用。企业供应物流不仅要实现保证供应的目标,而且要在低成本、少消耗、高可靠性的限制条件下来组织供应物流活动,因此,实现难度很大。

4.1.2 企业供应物流的组成

企业供应物流由以下几部分组成。

(1) 采购。采购工作是供应物流与社会物流的衔接点,是根据生产企业生产—供应—采购计划来进行原材料外购的作业层,负责市场资源、供货厂家、市场变化等信息的采集和反馈。

(2) 仓储、库存管理。仓储管理工作是供应物流的转换点,负责生产物料的接货和发货,以及物料保管工作;库存管理工作是供应物流的重要部分,根据企业生产计划制订供应和采购计划,并负责制订库存控制,执行计划并反馈修改。

(3) 装卸、搬运。装卸、搬运工作是原材料接货、发货、堆码时进行的操作。虽然装卸、搬运是随着运输和保管而产生的作业,却是衔接供应物流中其他活动的重要组成部分。

(4) 生产资料供应。供应工作是供应物流与生产物流的衔接点,是根据供应计划—消耗定额进行生产资料供给的作业层,负责原材料消耗的控制。

【任务实施】

请以某生产企业为例，阐述企业供应物流各环节的具体工作，并填入表4-1中。

表4-1　某企业供应物流工作汇总

供应物流各环节	具体工作	备注
采购		
仓库、库存管理		
装卸、搬运		
生产资料供应		

【实战演练】

一顿年夜饭的供应物流

春节时，你和家人一起吃饭。妈妈准备了满满一桌饭菜和饮料，让人胃口大开。

思考：

请大家想一想，饭菜和饮料都是经过哪些环节后才摆放到你家桌子上的？请分组讨论。

任务 4.2　采购管理

【任务导入】

俄亥俄工具公司供应商选择案例

俄亥俄工具公司开发出一种新机器，该机器的性能比市场上同类型的所有机器都要好。预计机器投产后，年销售额约为20万美元。该机器竞争上的最大优点是其有一个独特的凸轮部件，从而使操作者能够快速调整好设备。

为了实现机器设计方案的优势，每台机器需要的两个凸轮的制造公差要求很小，因此，采用实心棒料加工该零件有诸多困难，可能的加工方法限定了铸件的类型。从技术上考虑，需要通过机械加工来提供所需要的表面，但面临着加工困难的问题。生产该零件的另一个方法是粉末冶金。

一、候选的供应商

从许多家粉末冶金的供应商中，俄亥俄工具公司确定了3个可能的供应商，分别是供应商 A、供应商 B 和供应商 C。

1. 供应商 A

供应商 A 的报价见表 4-2。供应商 A 距公司 1 000 英里（1 英里≈1.609 千米），是粉末冶金领域的巨头之一。俄亥俄工具公司于 2020 年向该供应商采购过另一产品的零件，但该供应商不能按协商的进度交货。供应商 A 经长途电话多次催促其按期交货，但直到采购经理亲自去该厂催货，零件还是晚了 3 个月才到货。由于该零件交货延误，产品的其他零件也不得不搁置，一些工人也被暂时解雇。此外，该延误致使俄亥俄工具公司向客户支付了一笔违约金，这也是不小的损失。

表 4-2 供应商 A 的报价

数量/件	单价/美元
5 000	0.186
10 000	0.185
20 000	0.144

注：模具成本 1 968 美元，交货期约 10 周，具体时间取决于作业排序。以上报价不包括每件为 0.012 美元的运输成本，也不包括俄亥俄工具公司对凸轮的每件约 0.05 美元的机加工成本。A 供应商离俄亥俄工具公司 1 000 英里。

2. 供应商 B

供应商 B 距俄亥俄工具公司 300 英里，是粉末冶金领域的新手。公司经理入职公司时间不长，但曾在一家老公司积累了丰富的经验。俄亥俄工具公司过去与供应商 B 合作得很愉快。供应商 B 建议放宽几个尺寸的公差要求，因为其工人不能按指定的公差加工。俄亥俄工具公司不同意。于是供应商 B 表示退出报价。

考虑到供应商 B 的供货情况一直很好，俄亥俄工具公司的采购经理觉得有必要再次争取供应商 B 的报价。因此，采购经理亲临该厂讨论这一问题，并且了解到该厂能够进一步提高中心孔的精度。这样几乎可以保证凸轮外径表面的累积误差满足指定公差的要求。工程部同意相应修改零件图，允许凸轮表面适当放宽公差要求。在这个基础上，供应商 B 提出了报价，见表 4-3。

表 4-3 供应商 B 的报价

数量/件	单价/美元
5 000	0.5
10 000	0.4
20 000	0.32
50 000	0.275

注：模具成本 1 350 美元，交货期为 10~12 周。每件还需要运费 0.005 美元。

另外，该报价包含了对零件图的相应修改，也就是供应商 B 负责对零件的机械加工，加工成本已包含在报价中。

3. 供应商C

第三个供应商，即供应商C，俄亥俄工具公司以前没有与它做过生意，但这次也希望它就凸轮报价。供应商C是一个大型汽车公司的附属公司，在技术上有很好的声誉。该汽车公司正考虑在汽车生产线上采用几个粉末金属零件。供应商C对该工件的报价见表4-4。

表4-4 供应商C对该工作的报价

数量/件	单价/美元
5 000	0.186
10 000	0.185
20 000	0.183

注：模具成本890美元，交货期10周。

供应商C距俄亥俄工具公司900英里，每件需运费0.012美元。而且在供应商C的报价方案中，所交凸轮的一个表面有一处凸起，需要俄亥俄工具公司进行机械加工才能保证零件性能。尽管在这种情况下需要专业加工技术，但是，俄亥俄工具公司预计每批超过5 000件的时候，每件再花0.06美元就能去掉这个凸起。至此，报价全部收到，机器其他零件的制造也就有了保证，最终装配被安排在12周之后。

二、选择供应商的要求

选择供应商的一般要求是：信息共享、风险共担、利益"双赢"。制造商与供应商的良好合作关系应体现在以下几个方面。

（1）让供应商了解企业的生产过程，使供应商能清楚企业所需要的原材料、配件的规格、质量、数量、期限等。

（2）制造商提供总体的经营计划、经营策略等，使供应商了解企业的发展目标。

（3）供应商与企业之间要明确责任和利益，以保证团结一致，达到双赢的目的。

要实现供应商与制造商的战略合作关系，商业信誉是第一位的，但同时应把握好以下两个内容，即供应商能保证供应件的质量标准和低成本，以及制造商能保证对供应配件的稳定需求。

请采用合适的方法帮助俄亥俄工具公司选择供应商。

【任务布置】

①对比3个供应商的报价和相关条件，谈一谈你对价格、工艺、质量、信誉之间关系的想法。

②你对俄亥俄工具公司选择供应商B是如何认识的？你是否注意到信誉和运费在其中所起的作用？

③你是如何看待俄亥俄工具公司接受了供应商B降低加工标准的做法？

④企业间的交往、协作是企业发展与管理的一个趋势，这是一个选择供应商的典型案例。阅读后，你认为选择合作伙伴、供应商等应当有哪些基本标准？

【任务分析】

本次任务需要对生产企业供应物流的构成进行分析，归纳总结出其包含哪些环节。

【相关知识】

4.2.1 采购的概念

采购是指个人或单位在一定的条件下从供应市场获取产品或服务作为自己的资源，为满足自身需要或保证生产、经营活动正常开展的一项经营活动。

4.2.2 采购原则

在具体的采购实施中，应该遵循采购的四个基本原则，即成本效益原则、质量原则、进度配合原则、公平竞争原则。

1. 成本效益原则

采购成本一般占企业总成本的 60%~70%，甚至更高。采购部门在实际采购中要考虑帮助企业降低成本，同时还要保证企业效益的提高。

2. 质量原则

在实际采购中，不仅仅要看价格，还要考虑采购的原材料及零部件的质量，综合平衡各方面得失来做出最终选择。

3. 进度配合原则

在采购中要配合企业需要以及生产和销售的进度需求，保障企业产品的质量和供应，为企业赢得良好的口碑。

4. 公平竞争原则

企业在采购中应当遵循公平竞争原则，保证市场的公平、公开和公正。

4.2.3 采购流程

采购流程一般包括收集信息、询价、比价、议价、评估、供方选择、合同管理、进货检收和整理付款。

采购部门及相关人员应该事先制订合理的采购计划，调查当前市场行情，掌握影响成本的因素和事件。事中寻找多家合格厂商的报价，确定底价或预算，运用议价技巧。事后选择价格适当的厂商签订合同，利用数量或现金折扣。

采购流程如图 4-2 所示。

了解供应商的成本及价格等情况一般包括：供应商成本的高低、规格与品质、采购物料的供需关系、生产季节和采购时机、交货条件、付款条件。采购商品成本一般包括工程或制造的方法，所需的特殊工具、设备，直接和间接材料成本，直接和间接人工成本，制造费用或外包费用，营销费、税捐和利润等。

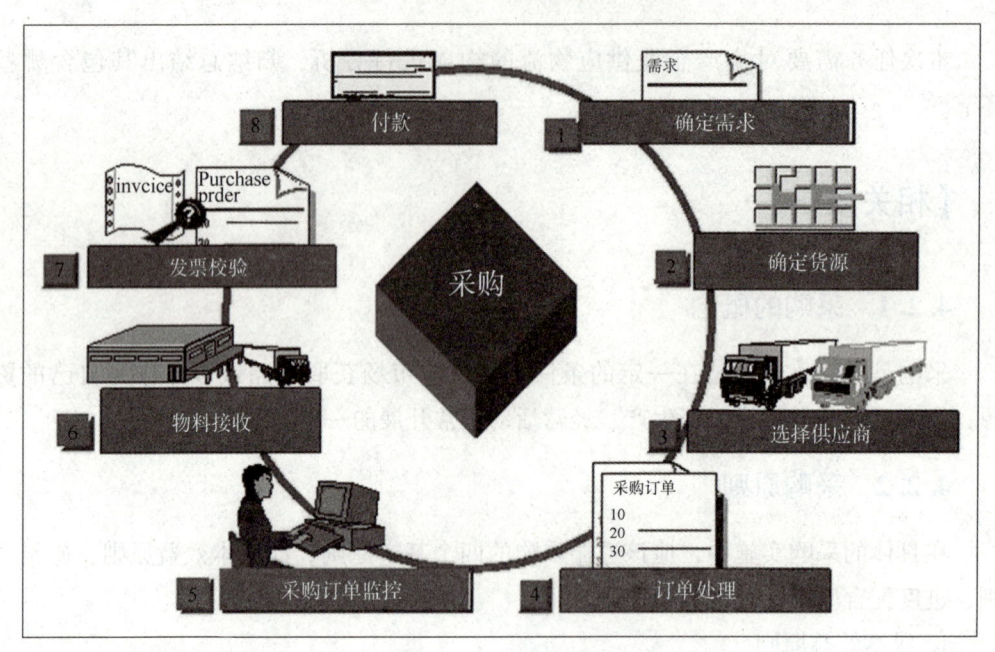

图 4-2 采购流程

采购员必须以企业的采购要求为依据，根据市场行情，分析物料的质量状况和价格变动情况，选择物美价廉的物料购买。

1. 询价

询价就是从可能的卖方那里获得谁有资格完成工作的信息，该过程的专业术语是供方资格确认。获取信息的渠道有招标公告、行业刊物、互联网等媒体、供应商目录、约定专家拟定可能的供应商名单等。通过询价获得供应商的投标建议书。为比价找到数据基础。

2. 比价

比价采购是指采购人员请多家厂商提供价格，然后比价，选定厂商并开展采购事项。

在市场经济中，企业为了降低成本，比价采购已是普遍采用的方法。实践证明，比价采购不仅有助于提高企业的市场竞争力，还保证原辅材料的产品质量，也有助于防止采购工作中可能出现的腐败。

3. 议价

议价采购是指采购人员与厂家谈判，待谈定价格后决定购货。

4. 评估

在采购过程中，最终选择供应商并不完全依据价格，而是要综合各方面因素，如产品或原材料质量、运输成本、交货时间、付款条件等。

5. 供方选择

该阶段根据既定的评价标准选择一个供应商。评价方法有以下几种。

（1）合同谈判：双方澄清见解，达成协议。这种方式也叫"议标"。
（2）加权方法：把定性数据量化，将人的偏见影响降至最低程度。这种方式也叫"综合评标法"。
（3）筛选方法：为一个或多个评价标准确定最低限度履行要求，如使用最"低价格法"。
（4）独立估算：采购组织自己编制"标底"，作为与卖方的建议比较的参考点。
在一般情况下，要求参与竞争的供应商不得低于3个。选定供方后，经谈判，买卖双方签订合同。

6. 合同管理

合同管理是确保买卖双方履行合同要求的过程，一般包括以下几个层次的集成和协调。
（1）授权供应商在适当的时间工作。
（2）监控供应商成本、进度计划和技术绩效。
（3）检查与核实分包商产品的质量。
（4）变更控制，应确保本次变更能被批准，还要保证所有应该知情的人员获知变更情况。
（5）根据合同条款，建立卖方执行进度和费用支付的联系。
（6）采购审计。
（7）正式验收与合同归档。

4.2.4　采购管理

采购管理是指对采购业务过程进行组织、实施与控制的过程。

采购是现代物流链中的一个基础环节，它的管理状况关系着整个物流链的进程。因此，做好企业的采购管理工作对整个企业的经营活动的进行至关重要。

采购管理主要包括三项工作：保障供应物流、供应链管理（主要是供应商管理）和信息管理。只有做好这三项工作，企业才能保证整体的顺利运营。

采购管理的具体工作可以分为以下内容。
（1）采购工作目标管理。
（2）采购管理系统。
（3）采购管理工作内容。
（4）标准采购作业程序。
（5）标准采购作业细则。
（6）公司采购规程。
（7）采购订单管理。
（8）采购合同管理。
（9）采购入库验收管理规定。

4.2.5　采购方式分类

企业常见的采购方式可以分为以下几类。

1. 集中采购

集中采购是指企业的采购部门进行统一采购。通常情况下，集中采购主要适用于大宗或批量物料，企业生产中关键的零部件、原料或其他战略资源，保密程度较高、需要定期采购的物料等。

采购人员在进行集中采购时需要注意的问题有：①由于集中采购的数量比较大，采购人员要对所需数量有精准把控，避免物料过多囤积，从而占压企业的资金；②集中采购的过程会比较长，手续相对繁多，可能会延迟物料的到位时间，为此，采购人员要密切关注物料使用部门的具体需求，避免出现物料到位不配套等情况。

2. 分散采购

分散采购是指由企业下属各单位，如各部门、分公司或子公司实施的满足自身生产所需而进行的采购。一般来说，分散采购适用于小批量，总支出费用较少，在费用、时间、效率、质量等方面优于集中采购的物料，以及下属各单位具有相应采购和检验能力的物料。

与集中采购相比，分散采购灵活机动，有利于企业下属各单位的按需供应，可以有效杜绝物料囤积的现象发生；同时，分散采购所需的时间较短，当生产计划与营销计划发生改变时，可以随时调整。在实际工作中，集中采购和分散采购通常会互相搭配，从而更好地发挥出采购的积极作用。

3. 直接采购

直接采购是指采购方直接向物料源头的生产厂家进行采购的方式。直接采购涉及的环节较少，手续简便，信息反馈快，有利于供需双方之间的直接交流以及售后服务的跟进。一般而言，直接采购适用于需方的采购量足够大，希望从供方处获得更为低廉的采购价格，需方配置了比较齐全的采购、储运、渠道与设施等，从而能够比较顺畅地与物料供方对接。

4. 间接采购

间接采购是指通过中间商进行采购的方式，主要包括委托流通型企业进行采购。一般来说，间接采购可以有效利用中间商的渠道、储运等优势，还可以避免需方在这些环节上的支出，这样可以在一定程度上减少费用、时间以及物料的非正常损失等。

在实际工作中，企业可以根据需要采取直接采购或间接采购，或者两者兼而有之，从而实现采购效益最大化。

5. 招标采购

招标采购是指采购方作为招标方，事先提出采购的条件和要求，邀请众多企业参加投标，然后由采购方按照规定的程序和标准一次性从中择优选择交易对象，并与中标的投标方签订协议的过程。一般来说，整个招标采购的过程要求公开、公正和公平。在现实生活中，招标采购不仅是政府采购中的一个重要方式，还是招标额较大的企业采购中的重要方式。

根据招标范围的不同，招标采购又可以分为竞争性招标采购和限制性招标采购。其中，竞争性招标采购主要是向整个社会公开招标，限制性招标采购是在选定的若干个供应商中招标。一个完整的招标采购作业程序主要由招标、开标、评标、决标、签约组成。

一般来说，招标方在与投标方签约后，会对供应商产生约束力，从而在很大程度上有助于确保材料按时到位，还有助于物料出现品质问题时及时解决。另外，招标采购所用的时间较长，对一些急需采购的物料不宜采用此方式。

6. 网上采购

网上采购是指以网络技术为基础，以电子商务软件为依据进行的采购。网上采购方便及时，信息量丰富，有助于采购方快速获得大量的供应信息，并可以一定程度上降低采购成本。此外，在网上采购时，采购方需要关注供应商的信誉和产品质量。

7. 现货采购

现货采购即通常所说的"一手交钱，一手交货"，供应商将物料交给采购方，采购方则依照协议将资金支付给供应商。在现货采购中，由于供需双方银货两清，对于采购方来说，有利于享受到供应商提供的优惠价格。不过，现货采购也会存在一定的问题，比如质量保障问题、价格波动问题等，对此，采购方要认真验货，一旦发现产品种类、规格、数量、包装等不符合规定，就要及时与供应商交涉。另外，在进行现货采购之前，采购方要进行充分的市场调查，对产品价格有比较全面的认识，从而防止供应商擅自抬高物价。

8. 远期合同采购

远期合同采购是指供需双方为稳定供需关系，通过签订供货合同，实现物料供应和资金结算，并通过法律约束和供需双方的信誉、能力来保证合同的顺利履行。远期合同采购的时效性较长，物料价格也比较稳定，交易过程透明有序，交易成本也相对较低且有保障；同时，采购方还要掌握供应商的履约能力，合约条款要准确无误、没有歧义。在实际应用中，远期合同采购主要适用于大宗或批量采购，采购长期需要的主要材料和关键零部件等，要明确供需双方共同认可的质量标准、验收方法等因素。

9. 采购外包

采购外包是企业在聚力自身核心竞争力的同时，将全部或部分的采购业务活动外包给专业采购服务供应商，专业采购供应商可以通过自身更专业的分析和市场信息捕捉能力，辅助企业管理人员进行总体成本控制，从而降低采购环节在企业运作中成本支出的过程。

采购外包有利于企业更加专注于自身的核心业务。对中小企业来说，采购外包可以降低采购成本，减少人员投入，减少固定投资，降低采购风险，提高采购效率。采购外包是中小企业降低成本的最佳方式。

采购外包对企业采购管理提出了新的挑战，企业需要转变传统的自理管理模式，提高柔性和市场响应能力，增加和外包供应商的信息联系与相互之间的合作，从而建立新的合作模式。

【任务实施】

请同学们思考生产企业供应物流中采购活动包含哪些环节及其工作内容，将其填入表4-5中。

表4-5 采购活动表

采购活动环节	具体工作内容	备注

【实战演练】

海尔采购

海尔采取的采购策略是利用全球化网络集中购买，这有助于以规模优势降低采购成本，还可以精简供应商队伍。

对于供应商的管理，海尔采用的是SBD模式，即共同发展供应业务。海尔有很多的产品设计方案直接交给厂商来做，很多零部件是由供应商提供未来两个月市场的产品预测，并将待开发产品形成图纸，这样一来供应商真正成了海尔的设计部和工厂，加快了开发速度。其与传统的企业与供应商关系的不同在于，从供需双方简单买卖关系，成功转型为战略合作伙伴关系，是一种共同发展的双赢策略。

网上采购平台的应用是海尔优化供应链环节的主要方法，其主要模块有：①网上订单管理平台。②网上支付平台。③网上招标竞价平台。④可在网上与供应商进行信息交流，从而实现信息共享，强化战略合作伙伴关系。

思考：

企业采取全球化网络需要具备哪些条件，集中采购有哪些优缺点，在什么情况下最适合使用集中采购的方式？

任务 4.3　供料管理

【任务导入】

通用公司照明产品分部

以前,通用公司生产照明产品分部采购代理需要每天浏览领料请求并处理报价,他们不仅要准备好零部件的工程图纸,还要准备报价表,这样发给供应商的信件才算齐备。简单地申请一次报价就要花几天时间,一个部门一个星期要进行 100~150 次这样的申请,企业把完成的申请寄给供应商。全球原料系统经理斯勒说过:"机器零部件单位中部分人一天工作基本上就是往信封里塞东西,一般地说,GE 照明产品分部的采购过程要花 22 天。"

后来,GE 创建了一个流水线式的采购系统,该系统把公司 55 个机器零部件供应商集成在一起,开始使用贸易伙伴网络(TPN)。分布在世界各地的原材料采购部门可以把各种采购信息放入 TPN,这样,原材料供应商就可以马上从网上看到这些领料请求,然后使用 TPN 给出初步报价。

GE 的领料部门使用的是 IBM 大型机订单系统。领料要求被抽取出来后,送入批处理过程,它会自动与存储在光盘机中的相对应的工程图纸匹配。接下来,与大型机相接的系统和图纸光盘机把申请的零部件的代码与 TIFF 格式的工程图相结合,并在通过格式转换后自动把该领料请求输入网络。零部件供应商在看到领料请求后,利用浏览器在 TPN 上输入报价单。

使用 TPN 后,几个 GE 公司的分公司的平均采购周期缩短了一半,使采购过程费用降低了 30%,而且由于联机报价降低了成本,原材料供应商也降低了原材料价格。

【任务布置】

GE 的物流采购活动涉及哪些内容?应该怎样才能有效节约采购供应时间,从而提高采购效率?

【任务分析】

本次任务需要对生产企业常见的物流采购作业活动进行归纳并分析各项活动的具体内容。

【相关知识】

首先,生产企业在考虑供料之前要考虑工厂布局和工艺流程设计两个问题。

工厂布局包括工厂布置和车间布置两大类问题。工厂布置和车间布置本身是物流的配置问题,具体来讲,就是机械装备、仓库、厂房等生产手段和实现生产手段的建筑设施的位置确定,而这也是影响和决定生产物流的关键因素。好的工厂布置和车间布置对物流至关重要。

工艺流程是技术加工过程、化学反应过程与物流过程的统一体。怎样实现内物流和生产工艺的高效衔接是汽车主机厂推进精益物流,降低生产成本的核心工作。

其次,生产企业采购管理要做好采购物流的准备工作,从而保证物料的充足供应。

最后,生产企业要保证生产现场的路径畅通与临时堆放位置的合理性。

4.3.1 供料工作流程

供料是供应物流与生产物流的衔接点。供料的工作流程由供料申请、领料、送料三部分组成,如图4-3所示。

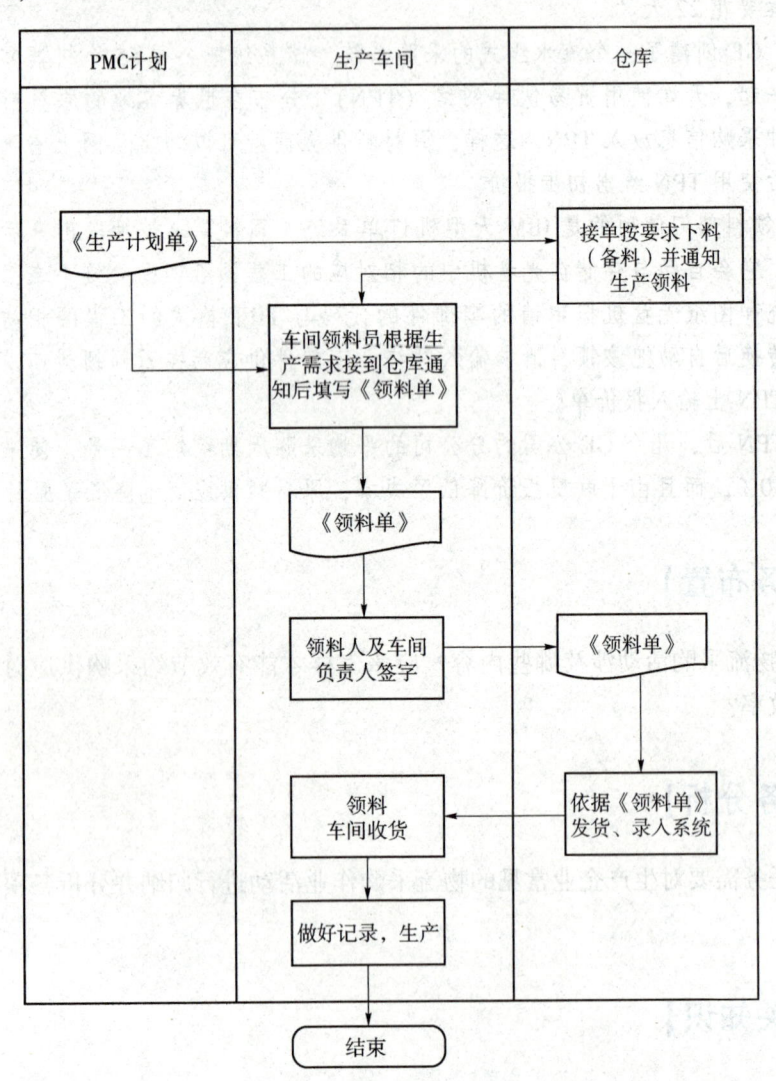

图4-3 供料的工作流程

1. 供料申请

供料申请是指根据材料供应计划、物资消耗定额、生产作业计划进行生产作业的活动组织。生产物流部门根据生产计划提出物料需求清单，并由物流人员根据物料需求清单的要求统一配送物料。

2. 领料

领料是指车间和其他用料部门派人到仓库领取各种物品。

3. 送料

送料是指由仓库保管员根据供料计划和供料进度，将事先配齐的各种物品送到车间和其他用料部门。

4.3.2 供料种类

供料在实际操作中一般分为定额供料、限额供料、非限额供料三种。

1. 定额供料

定额供料又称定额发料或定额领料，它是由企业供应物流管理部门根据物品消耗工艺定额向用料部门供料的方法。

2. 限额供料

限额供料又称限额发料或限额领料，即根据任务量多少、时间长短和物品的历史消耗统计资料，规定供料数量的限额。

（1）数量限额。

数量限额是指供应物流管理部门对所供物品的具体名称、规格、型号和数量的控制。

（2）金额限额。

金额限额是指供应物流管理部门对所供物品的具体名称、规格、型号和数量不加以控制，而只对金额加以控制。只要所供物品的金额不超过规定的金额，在一定范围内，领料人领取什么物品都可以。

3. 非限额供料

非限额供料是非计划内的供料，用料部门出现临时需用的物品，要求供应物流管理部门供料时，领料单须经过有关主管领导审批，并在领料单上签名，然后交供应物流管理部门的计划人员审核，待其同意并签名后，再到仓库去领料。仓库保管员按审批同意的数量供料。

4.3.3 供料方法

现场供料模式因各厂的生产模式和现场管理水平不同而各有不同，推动式生产和拉动式生产的要求是截然不同的。供料的主要模式有看板管理、叫料系统、计划供给等。

现场物料配送是生产物流部门根据生产计划提出物料需求清单，并由物流人员根据物料需求清单的要求统一配送物料的管理方式。

目前，制造企业现场物料配送主要有三种方式：计划配送、准时制（Just in Time, JIT）和准时化顺序供应（Just in Sequence, JIS）。其中，计划配送为推动式配送, JIT、

JIS 属于拉动式配送。

1. 计划配送

仓库计划人员根据企业生产计划部门发布的生产顺位计划和物料清单,计算出每种零部件的需要量及投入计划,依照计划发出配送指令。

计划配送方式较简便、易操作,但它只适用于大批量、品种单一、生产稳定的生产模式,如一些小零件;当面对小批量、多品种、生产易波动的生产模式时,很难制订出紧密、准确的生产作业计划,因此只能依靠增加车间库存来应对生产,其结果是车间库存居高不下,生产混乱,增加管理的难度。

2. JIT

JIT 的实质是保持物质流和信息流在生产中的同步,实现以恰当数量的物料,在恰当的时候进入恰当的地点,生产出恰当质量的产品。在现场物料配送环节,JIT 是指要将正确的物料以正确的数量在正确的时间送到正确的地点,它以生产为驱动,通过看板,采用拉动方式将物料配送与生产紧密衔接在一起,使车间库存大大减少,从而提高生产效率。企业 JIT 模型如图 4-4 所示。

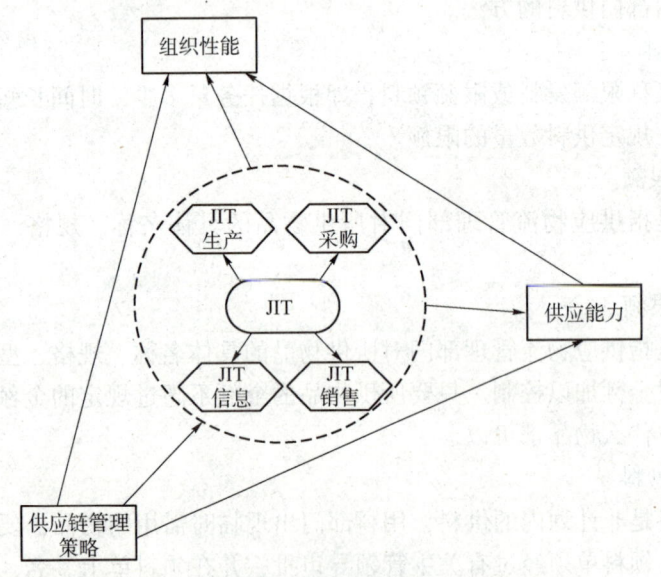

图 4-4 企业 JIT 模型

看板是 JIT 中独具特色的管理工具,是传递信号的工具,它可以是某种"板"、某种揭示牌、某张卡片,也可以是某种信号。看板的职能包括:①物料配送的作业指令。②防止过量配送。③进行"目视管理"的工具。

JIT 生产管理流程如图 4-5 所示。

JIT 配送的优点主要包括以下四个。

(1) 可以实现小批量、多频次的配送。

(2) 很好地适用于混流生产,物流运作不因生产的波动而受其影响。

(3) 减少线边库存。

(4) 利用目视化管理,有助于实现物流操作的标准化。

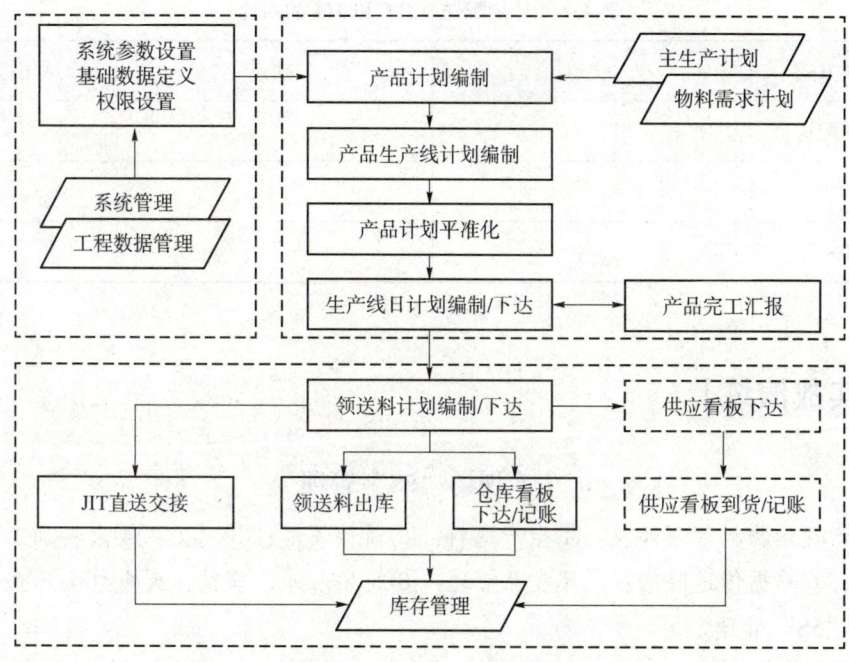

图 4-5 JIT 生产管理流程

3. JIS

JIS 在 JIT 的基础上发展而成，即将物料按照装配顺序排列好送到生产线。

JIS 的实施方式为：通过车间的排产计划，将实际的车辆上线信息与排序系统对接，通过系统排序计算后，产生 JIS 排序单。排序单严格按照车辆上线顺序将所需要的零部件进行排序，包括需求零部件的零件号、数量、装配线工位、供应商等。供应商在接收到排序信息后按照此单顺序将对应的零部件放入料车并配送到线边。

JIS 适用于以下几种情况。

①体积较大、对现场空间需求较大的零部件，如座椅等。

②派生件，即不是所用车型都使用的零部件，如保险杠等颜色件。

③贵重零部件。

作为 JIT 的一种特殊而极端的状态，JIS 对于库存的要求达到了极致，车间需要什么零部件，供应商就配送什么零部件。因此，JIS 对于供应商零部件质量、配送时间要求最高。

制造企业车间配送作业的核心目的在于：理顺企业内部物流秩序，便于生产计划的制订；缓解仓库与车间领退料之间的矛盾；降低车间库存成本；提高仓库管理质量；加强物料成本控制。

【任务实施】

请同学们对比计划配送、JIT 和 JIS，将各自的优点、缺点，以及适用范围列入表 4-6 中。

表 4-6　计划配送、JIT 和 JIS 的对比

供料方式	优点	缺点	适用范围
计划配送			
JIT			
JIS			

【实战演练】

生产现场"5S"管理

生产现场物料管理涉及：①生产退料；②辅料领用；③返工；④来料加工；⑤生产领料；⑥单据传送时间；⑦不良品管理；⑧成品入库。当前，大多数生产企业都采用现场"5S"管理。

"5S"是指整理（Seiri）、整顿（Seiton）、清扫（Seiso）、清洁（Seiketsu）、素养（Shitsuke）五个项目，因其罗马拼音和英语单词均是以"S"开头，所以简称"5S"。

"5S"管理起源于日本，是指在生产现场中对人员、机器、材料、方法等生产要素进行有效的管理，这是日本企业独特的一种管理办法。日本企业将"5S"作为管理工作的基础，在第二次世界大战后，其产品品质得以迅速提升，奠定了其经济大国的地位。而在丰田公司的倡导和推行下，"5S"在塑造企业形象、降低成本、准时交货、安全生产、高度的标准化、改善工作环境、现场改善等方面发挥了巨大作用，逐渐被各国所认识。随着世界经济的发展，"5S"已经成为工厂管理的一股新潮流。

思考：

为什么众多企业要进行"5S"管理，它有哪些优势？

项目小结

本项目主要介绍了企业中供料管理的重要意义、目标，生产企业供料物流的构成和特点，生产企业供料物流的工作内容和工作流程，生产企业供料物流的合理化管理等知识。

学习本项目后，学生应能够对生产企业供料物流的工作流程进行陈述（复述），还能够掌握企业供料物流的工作内容和基础知识。

项目测试

1. 企业物流发展战略规划应该服务于（　　）。
   A. 财务规划　　　　　　　　B. 人力资源规划
   C. 企业发展战略规划　　　　D. 市场营销规划
2. 采购原则不包括（　　）。
   A. 成本效益原则　　　　　　B. 质量原则
   C. 效益原则　　　　　　　　D. 公平竞争原则
3. 常见的采购方式不包括（　　）。
   A. 集中采购　　　　　　　　B. 招标采购
   C. 国际化采购　　　　　　　D. 分散采购
4. 企业的一种原材料的采购一般应该选择（　　）个供应商。
   A. 2~3　　　B. 5~7　　　C. 超过10　　　D. 1
5. 沃尔玛、家乐福属于（　　）的采购模式。
   A. 招标采购　　B. 网上采购　　C. 集中采购　　D. 分散采购
6. 供料方法不包括（　　）。
   A. 计划配送　　B. JIT　　　　C. ERP　　　　D. JIS
7. "5S"管理不包括（　　）。
   A. 整理　　　　B. 整顿　　　　C. 清洁
   D. 清扫　　　　E. 安全

任务实训

一、实训目的
(1) 掌握供应商的选择与评价的流程。
(2) 掌握供应商的选择指标。
(3) 理解供应商的选择方法。

二、实训组织
在教师的指导下，每组同学实地调查供应商企业，并通过互联网查找资料，集体讨论并分析，最终得出供应商选择的相关数据。

三、实训案例
大华公司拟开设一家超市，假设你是采购部成员，首先要调查供应商，并制作供应商管理卡片。

四、实训要求
(1) 对供应商的基本情况、产品、价格进行调查，而对于本地的供应商，要进行实地调查。

（2）根据调查结果制作供应商卡片。
（3）制订供应商考评指标，对每个供应商给出客观评价。
（4）学生讨论供应商考评结果并选择供应商。

五、实训内容

（1）以小组为单位，分工协作写出供应商选择方案，然后上交纸质文稿和电子稿各一份。
（2）本次实训成绩由个人表现、团队表现、实训成果等各项成绩汇总而成。

六、撰写实训报告

要求条理清晰，格式规范、统一，不少于1 000字。

活页笔记

学习过程：

重难点记录：

学习体会及收获：

项目 5

生产物流管理

【知识目标】

1. 了解企业生产物流的全过程；
2. 了解企业生产组织的流程；
3. 掌握生产物料配送的基本知识；
4. 掌握企业现场"5S"管理的方法；
5. 了解企业物流质量管理的方法。

【技能目标】

1. 识别生产企业物料配送活动；
2. 能画出企业生产物流的流程。

【职业素质目标】

1. 正确认识生产物流在对企业生产的作用；
2. 培养学生对企业物料配送合理化的逻辑思考能力；
3. 培养学生的语言表达能力；
4. 进行爱岗敬业的思政教育，对学生进行职业道德培养。

【德育目标】

1. 培养学生的团队合作精神；
2. 培养学生的民族自豪感和历史使命感。

【思政之窗】

通过对生产物流的学习，学生对生产企业物流组织有了初步认识，对常见的生产方式有更加深入的了解，还可以熟悉生产现场物流管理的常用方法和技术，引导学生树立服务生产物流行业的目标。本项目结合生产过程中物料拣选、打包、排序、投料等具体操作，突出培养学生求真务实、实践创新、精益求精的工匠精神；结合"5S"管理，让学生养成严谨、专注、追求卓越的优秀品质，使其成长为有担当的人才。

任务 5.1 生产物流认知

【任务导入】

丰田看板管理

丰田公司的看板管理是一种生产现场管理方法。它利用卡片作为传递作业指示的控制工具，将生产过程中传统的送料制改为取料制，以"看板"作为取货指令、运输指令、生产指令，进行现场生产控制。看板有助于实现整个生产过程的准时化、同步化和库存储备最小化（零库存）。

1. 原理

看板管理的基本原理如图 5-1 所示。

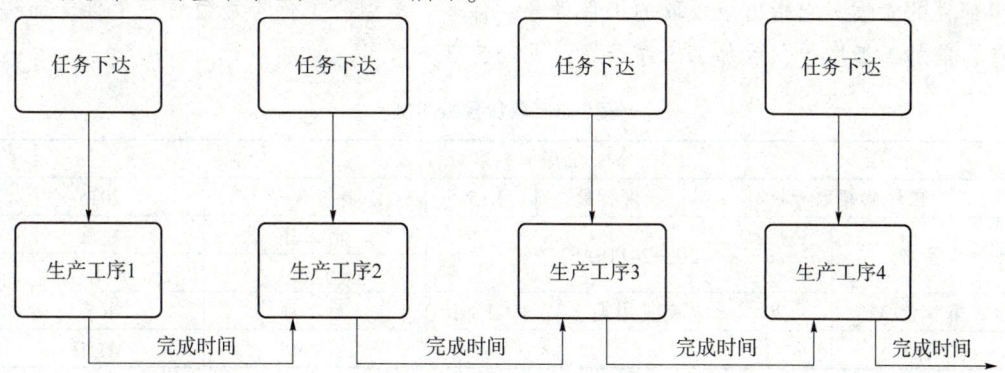

图 5-1 看板管理的基本原理

从图 5-1 中可以看出，看板管理是由代表客户需求的订单开始，根据订单按产品结构自上而下进行分解，得出完成订单所需的零部件数量。在生产过程中，看板起到指令的作用，通过看板的传递或运动来控制物流。

2. 形式

看板形式有很多。常见的有塑料夹内装着的卡片或类似的标识牌、存件箱上的标签、流水生产线上各种颜色的小球或信号灯、电视图像等。看板管理的分类见表 5-1。

表 5-1 看板管理的分类

序号	分类方式	大类	子类
1	必需的时间、必需的数量	生产指示看板	工序内看板、三角看板
		领取看板	工序间领取看板、材料领取看板、外协领取看板
		特殊用途看板	特急看板、临时看板、接受订货生产看板、连续看板、共用看板、标签
2	必需的产品	一般形式	卡片
		特殊形式	彩色乒乓球、容器、方格标识、信号灯、电子看板等

看板主要可以分为生产看板和取货看板两种类型。

(1) 生产看板。

生产看板是在工厂内指示某工序加工制造规定数量工件所用的看板,见表5-2。

表5-2 生产看板实例

工序内看板			
零件号	\multicolumn{3}{c	}{S×507688}
前工序	成型	后工序	组装
容量	4	看板发行张数	5
看板编号	3086	安全库存	3
车型	31—59SY	储位	M102

(2) 取货看板。

取货看板是后道工序的操作者按看板上所列件号、数量等信息,到前道工序领取零部件的看板。它指出应领取的工件件号、件名、类型、工件存放位置、工件背面编号、前加工工序号、后加工工序号等,见表5-3。

表5-3 取货看板实例

工序间领取看板					
工序间领取看板	\multicolumn{2}{c|}{}	发行数	15	看板代号	2015
品名	\multicolumn{2}{c	}{20—2411SASY}	前工序	冲压
			储位	3
箱容量/V	20	交货周期	1:1:1	后工序	组装
备注				储位	M150

3. 过程

丰田公司利用看板进行生产现场管理的过程如图5-2所示。

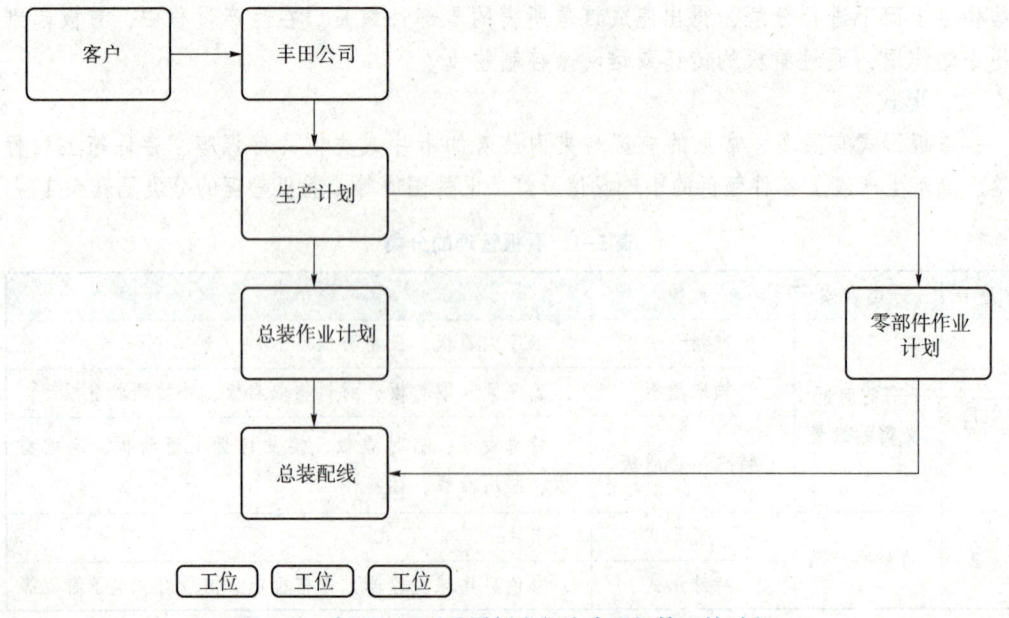

图5-2 丰田公司利用看板进行生产现场管理的过程

在图 5-2 中，总装配线上有许多工位，每个工位有相应的存料点。各加工线上有多个工序，每个工序附近有两个存料点，一个是进口存料点，另一个是出口存料点。

思考与启示：

（1）丰田看板方式的特点是在企业内部各工序之间，采用固定格式的卡片由下一个环节根据自己的生产节奏逆向向上一个环节提出供货要求，上一个环节则根据卡片上指定的供应数量、品种等即时组织供货。供方准时、同步向需求者供应货物，使工作流程顺畅，不会发生货物停滞与货物短缺的现象。

（2）丰田看板方式的应用，可以最大限度地减少库存，由于任何工作地只有凭看板才能从前道工序领取制件，以补充被后道工序取走后制件的短缺，这样，利用看板的周转传递，可使制件的占用降至最低，从而实现"零库存"。

（3）丰田看板方式强调的是各部门之间的协作与紧密配合，特别是前后道工序之间在时间与数量上的有效衔接，若缺少这一点，"看板"将无法正常运作。

【任务布置】

（1）看板管理和准时制在丰田公司已实践了几十年。如何借鉴看板方式，如何形成更有效的有中国特色的企业管理模式，是需要我们共同思考的问题。

（2）从微观操作的角度看，应当把形成看板管理的"适时、适量"理念同样作为实现我国物流现代化的基本观念。

（3）如何理解看板管理在我国物流业中的实用性？

（4）你认为我国的企业在管理过程中是否适宜推行看板管理？原因是什么？

【任务分析】

本任务需要学生对生产物流管理有较为全面的认识，通过回顾日本在 20 世纪 70 年代的快速发展，学习和借鉴日本在生产物流管理上的成功经验，从而提高我国企业生产物流管理水平。

【相关知识】

5.1.1 认识生产物流

1. 生产物流的概念

生产物流是指在生产工艺中的物流活动。一般是指原材料、外购件等投入生产后，经过下料、发料，运送到各加工点和存储点，以在制品的形态，从一个生产单位（仓库）流入另一个生产单位，按照规定的工艺过程进行加工、储存，借助一定的运输装置，在某个点内流转，又从某个点流出，始终体现着物料实物形态的流转过程。

这种物流活动是与整个生产工艺过程相伴的，实际上已经构成了生产工艺过程的一部分。

2. 认识生产物流

（1）生产物流是一种工艺过程性物流，一旦企业生产工艺、生产装备及生产流程确定，企业物流就成了一种稳定性的物流，物流是工艺流程的重要组成部分。由于这种稳定性，企业物流的可控性、计划性就很强，选择性及可变性很小。对物流的改进只能通过对工艺流程的优化，这与随机性很强的社会物流有很大的不同。

生产物流和生产流程同步，是从原材料购进开始直到产成品发送为止的全过程的物流活动。原材料、半成品等按照工艺流程在各个加工点之间不停顿地移动、转移，便形成了生产物流。它是制造产品的生产企业所特有的活动，如果生产中断，那么生产物流也就随之中断。生产物流的发展历经了人工物流、机械化物流、自动化物流、集成化物流、智能化物流五个阶段。

（2）生产物流是企业物流的关键环节，从物流的范围分析，企业生产系统中物流的边界起于原材料、外购件的投入，止于成品仓库。它贯穿生产全过程，横跨整个企业（车间、工段），其流经的范围是全厂性的、全过程的。物料投入生产后即形成物流，并随着时间进程不断改变自己的实物形态（如加工、装配、储存、搬运、等待状态）和场所位置（各车间、工段、工作地、仓库）。

（3）生产物流和社会物流最本质的不同之处，即企业生产物流最本质的特点，不是实现时间价值和空间价值的经济活动，而是实现加工附加价值的经济活动。

生产物流的主要功能要素也不同于社会物流。一般物流功能的主要要素是运输和储存，其他是作为辅助性或次要功能或强化性功能要素出现的。而企业物流的主要功能要素则是搬运活动。

5.1.2 生产物流的规划准备

1. 工厂布局

工厂布局是指在工厂范围内，各生产手段的位置确定，各生产手段之间的衔接和以何种方式实现这些生产手段。具体来讲，就是机械装备、仓库、厂房等生产手段和实现生产手段的建筑设施的位置确定。它是生产物流的前提条件，也是生产物流活动的一个环节。在确定工厂布局时，单考虑工艺是不够的，必须考虑整个物流过程。

2. 工艺流程

工艺流程是技术加工过程、化学反应过程与物流过程的统一体。在以往的工艺过程中，如果认真分析物料的运动，会发现有许多不合理之处。例如，厂内起始仓库搬运路线不合理，导致搬运装卸次数过多；仓库相对于各车间的位置不合理；在工艺过程中存在物料过长的运动、迂回运动、相向运动等情况。这些问题都反映了工艺过程缺乏物流考虑。

工艺流程有三种典型的物流形式，具体如下。

（1）被加工物固定，加工和制造手段处于运动状态。例如建筑工程工艺、大型船舶制造等。

(2) 加工和制造的手段固定，被加工物处于运动状态。这种工艺形式是广泛存在的形式，例如化学工业中许多在管道或反应釜中的化学反应过程，水泥工业中窑炉内物料不停运动完成高温热化学反应过程，高炉冶金过程、轧钢过程，更典型的是流水线装配机械、汽车、电视机等。

(3) 被加工物及加工手段都在运动中完成加工的工艺。除上述两类极端工艺外，许多工艺是两类的过渡形式，并兼具两类的特点。

3. 生产物流结点

生产物流结点主要以仓库形式存在，虽然都称为仓库，但各种仓库的功能、作用乃至设计、技术都是有区别的。

5.1.3 生产物流内容

1. 原材料和设备采购供应阶段的物流

原材料和设备采购供应阶段的物流是企业为组织生产所需要的各种物资供应而进行的物流活动，包括组织物料生产者送达本企业的企业外部物流和本企业仓库将物资送达生产线的企业内部物流。物流的采购与供应是企业生产的重要前提。

2. 生产阶段的物流

生产阶段的物流是指企业按生产流程的要求，组织和安排物资在各生产环节之间进行的内部物流。生产阶段的物流主要包括物流的速度，即物资停顿的时间尽可能短，周转速度尽可能地加快；物流的质量，即物资损耗少，搬运效率高；物流的运量，即物资的运距短，无效劳动少等。

3. 返品的回收物流

返品的回收物流是指由于产品本身的质量问题或客户因各种原因的拒收，而使产品返回原工厂或发生结点而产生的物流。

4. 废旧物资物流

废旧物资物流主要是指对生产过程中的废旧物品，经过收集、分类、加工、处理、运输等环节，且可转化为新的生产要素的全部流动过程。废旧物流又可分为废品回收物流和废弃物流两个部分。废旧物资回收物流是指对生产中所产生的废旧物品经过回收、加工等可转化为新的生产要素的流动过程，而废弃物流则是指不能回收和利用的废弃物只能通过销毁、填埋等方式处理的流通过程。

5.1.4 生产物流计划

由于制订生产物流计划的目的就是要保证生产计划的顺利完成，需要研究物料在生产过程中的运动规律，以及在各工艺阶段的运动周期性，并以此来安排经过各个工艺阶段的时间和数量，按物流作业计划有节奏地、均衡地组织物流活动。

一个生产物流作业计划依赖制造过程的构成。根据制造过程、制造的生产工艺、规模、专业化和协作化水平，制订生产过程的物流计划，并进行有效控制，使整个生产物流过程具有连续性、平行性、节奏性、比例性和适应性。

【任务实施】

以某生产企业为例，请阐述其涉及的生产企业物流环节及具体工作并填入表5-4中。

表5-4　生产企业物流工作汇总

环节	具体工作	备注

【实战演练】

我国生产企业物流现状分析

从普遍意义上讲，我国大部分企业的生产物流管理状况存在很大问题，具体表现在以下几个方面。

1. 设施布局

在工厂整体布局方面，我国部分早期建成的厂在生产工艺上布局不大合理，工序间的衔接性差，厂内交叉物流现象比较严重，这无疑增加了生产的复杂性和生产物流成本。合理的厂区布置应遵循以下原则：在满足生产工艺过程的要求下，采用最短的运输路线，尽可能减少或没有交叉物流；最大的灵活性，以使企业能对将来的发展变化有快速响应能力；最有效的面积利用；最良好的工作环境；最合理的发展空间。因此，合理的厂区平面布置应能为企业的发展提供适当的空间。上述物流问题的改善耗时长、投入大，但改进后会对整体物流的改善发挥重要的作用。

2. 生产物流管理

在生产物流计划管理方面，生产物流计划的制订缺乏基础数据和预测信息，计划的执行率偏低。编制一个科学的生产计划，除要掌握国家宏观经济政策和企业经营的环境外，还要使用有关企业生产活动的许多基础资料，如生产工序能力、工序的作业率、生产效率、产品收得率、主要原燃料和能源单耗、副产品的发生量等。因此，编制生产计划前收集和整理各方面的资料是必备工作。这些资料可分为两大类：一类是反映企业外部环境和需求的，如宏观经济形势、国家政策、竞争者情况、原材料及其他物资的供应情况、国家计划及订货合同协议、市场需求等；另一类则是反映企业内部条件和可能的，如企业发展战略、生产经营目标、劳动力及技术力量水平、生产能力水平、各种物资的库存水平、流动资金和成本水平、服务销售水平及上期计划完成情况等。尤其重要的是反映外部需要的市场需求量和反映内部可能的生产能力两方面的资料，而它们必须通过生产预测和生产能力核算获得。

3. 库存管理

在库存管理方面，大部分企业在制品和产成品库存没有合理的定额依据，在制品和产成品库存较高。就生产过程的角度而言，库存可分为原材料库存、在制品库存和产成品库存。库存管理的目的是在满足客户服务要求的前提下通过对企业的库存水平进行控制，力求尽可能降低库存水平、提高物流系统的效率，以增强企业的竞争力。库存水平的高低直接影响着企业的生产经营，必要的库存量有利于提高供货柔性、适应需求变动、减少产销矛盾。但库存也需要占用资金、支出库存费用，而过量的库存会掩盖生产中的各种问题，因此，合理压缩库存已经引起各企业的普遍重视。

4. 生产调度

在生产调度方面，大部分企业存在调度机构设置比较臃肿、调度手段较为落后、信息反馈不及时等问题。

5. 工序能力匹配

在工序能力匹配方面，大部分生产企业生产过程中各工序生产能力不匹配现象较为严重，要么能力不足，要么能力过剩。

6. 信息系统建设

在信息系统建设方面，我国大部分企业信息系统比较滞后，企业内信息孤岛现象比较严重。物流与信息是密不可分的，物流是信息流的载体，而信息流反映物流的运行情况。因此，利用以网络为依托的信息技术构建企业信息平台，实现物流领域及时、透明的信息传递和数据交换，是企业实现生产和物流管理现代化的基本条件。

思考：
我国生产企业应如何通过加强物流供应管理来快速提高生产效率？

任务 5.2　生产过程组织

【任务导入】

宁凯机加工分厂的生产布局

宁凯机加工分厂主要承担高精公司所有产品的粗加工任务，其加工工序包括粗车、超声波探伤、钳工、滚齿。产品具有多元化的特点，被广泛应用于风力发电、船舶、运输、航天、冶金、石化、建筑、采矿及其他领域。但随着集团公司的发展壮大，宁凯也随之进行了一系列改革，其中最迫切的任务就是扩建厂区。首先，宁凯是一个粗加工和细加工结合的工厂，大型机器较多。其次，以生产类型和生产纲领为依据并考虑工艺的要求来确定车间的组织形式和设备的布置形式，要考虑组织结构的合理化和管理的方便性。最后，设计时应将对设备布置产生影响的所有因素都考虑到，从而达到整体优化的目的。

那么，生产过程中有几种布局方式？每种布局方式又有哪些特点？

【任务布置】

请同学们思考，宁凯机加工分厂采用的哪种类型的生产方式布局？为什么？

【任务分析】

本任务需要对生产过程中每种布局的特点有较为理性的认识，只有这样才能更加准确地界定生产方式布局的类型。

【相关知识】

5.2.1 生产过程的概念

生产过程有广义和狭义之分。广义的产品生产过程是指从产品设计、选择并准备生产（生产技术准备）开始到把该产品最终制造出来为止的全部过程。狭义的产品生产过程是指从原材料投入生产开始一直到成品制造完毕出产为止的全部过程。

从物料投入到成品产出的生产物流过程，通常包括工艺过程、检验过程、运输过程、等待停歇过程等自然过程。为了提高生产效率，一般从空间、时间、人员三个角度组织生产物流。

5.2.2 生产物流的空间组织

生产物流的空间组织是相对于企业生产区域而言的，目标是如何缩短物料在工艺流程中的移动距离。一般有三种专业化组织形式，即工艺专业化、对象专业化和成组工艺。

1. 按工艺专业化形式组织生产物流

工艺专业化形式也叫工艺原则或功能性生产物流体系。其特点是把同类的生产设备集中在一起，对企业将生产的各种产品进行相同工艺的加工，即加工对象多样化，但加工工艺、方法相似。

工艺专业化形式的优点是对产品品种和加工顺序的变化适应能力强，生产系统的可靠性较高，工艺及设备管理较方便。其缺点是物料在加工过程中物流次数及路线复杂，难以协调。在企业生产规模不大，生产专业化程度低，产品品种不稳定的单件、小批量生产条件下，则适宜按工艺专业化组织生产物流。工艺专业化布局如图 5-3 所示。

2. 按对象专业化形式组织生产物流

对象专业化形式也叫产品专业化原则或流水线，其特点是把生产设备、辅助设备按生产对象的加工路线组织起来，即加工对象单一，但加工工艺、方法多样化。

对象专业化形式的优点是可减少运输次数，缩短运输路线；协作关系简单，简化了生产管理；在制品少，生产周期短。其缺点是对品种的变化适应性差，生产系统的可靠性较低，工艺及设备管理较复杂。

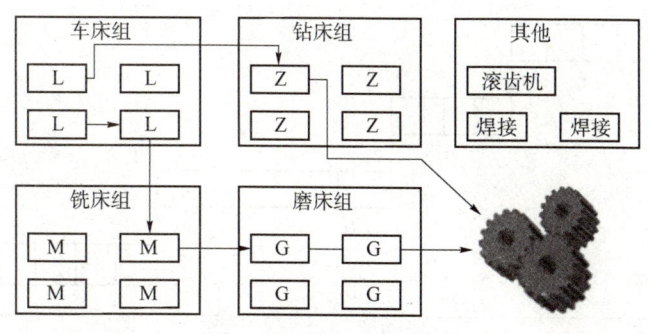

图 5-3 工艺专业化布局

在企业专业方向已经确定，产品品种比较稳定，生产类型属于大量、大批生产，设备比较齐全并能有充分负荷的条件下，适宜按对象专业化形式组织生产物流，对象专业化布局如图 5-4 所示。

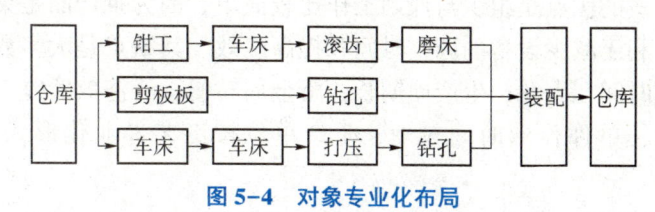

图 5-4 对象专业化布局

3. 按成组工艺形式组织生产物流

成组工艺形式结合了工艺专业化与对象专业化两种形式的特点，按成组技术原理，把具有相似性的零件分成成组生产单元，并根据加工工艺路线组织设备。其主要优点是可以大幅简化零件的加工流程，减少物流迂回路线，在满足产品品种变化的基础上有一定的批量生产，具有柔性和适应性。

以上三种组织生产物流形式各有特色，企业选择时主要取决于生产系统中产品品种的多少和产量的大小。

5.2.3 生产物流的时间组织

生产物流的时间组织是指一批物料在生产过程中各生产单位、各道工序之间在时间上的衔接和结合方式。要合理组织生产物流，不但要缩短物料流程的距离，还要加快物料流程的速度，减少物料的成批等待，实现物流的节奏性、连续性。

通常来说，一批物料有三种典型的移动组织方式，即顺序移动、平行移动、平行顺序移动。同样一批产品在不同的移动方式下生产周期大不相同。

1. 顺序移动方式

顺序移动方式的特点是产品（零件）在各道工序之间是整批移动的，即一批产品只有在前道工序全部完工的情况下，才转送到后道工序进行加工。假设某零件的批量（用 n 表示）$n=4$ 件，有 4 道工序（用 m 表示），各工序的单件作业时间（用 t 表示）分别为：$t_1=6$ min、$t_2=5$ min、$t_3=10$ min、$t_4=7$ min。该批产品的顺序移动方式如图 5-5 所示。

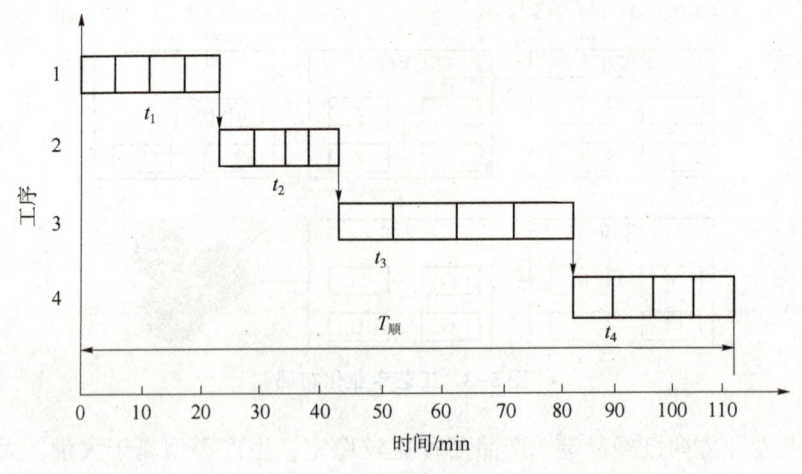

图 5-5 顺序移动方式

顺序移动方式的优点是组织与计划工作比较简单,因为批产品是集中加工、集中运输的,所以有利于减少设备的调整时间和提高工效。其缺点是大多数产品有等待加工和等待运输的时间,因此,生产周期长,资金周转慢,经济效益差。这种方式适合在产品批量不大、单件作业时间较短、生产单位按工艺专业化形式组成的情况下采用。

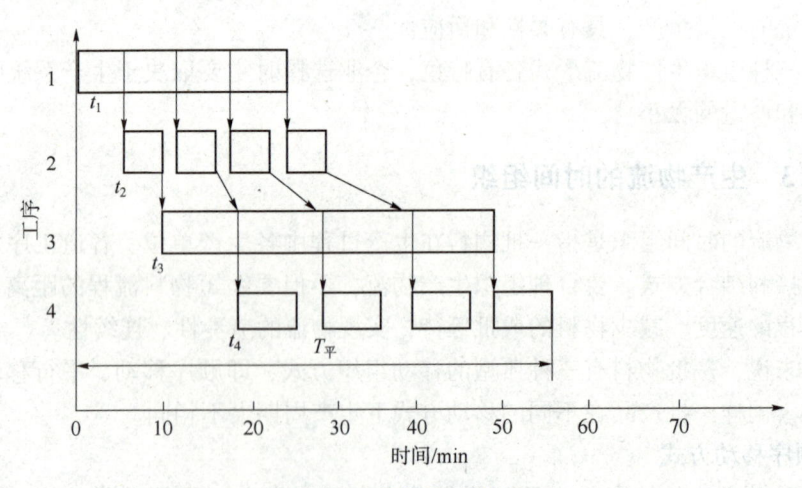

2. 平行移动方式

平行移动方式的特点是每件产品在前道工序加工完毕后,立即转移到后道工序继续加工,即产品(零件)在各道工序之间是单件移动的,在各道工序上成平行作业,仍以顺序移动方式中所列条件,按产品的平行移动方式组织生产。该批产品的平行移动方式如图 5-6 所示。

图 5-6 平行移动方式

在平行移动方式下,零件在各道工序之间是按件或按运输批量移动的,很少停歇,因此整批零件的生产周期最短。但是,由于运输工作频繁,特别是在前后两道工序的单件作业时间不相等时,会出现等待加工或停歇的现象,如前道工序的单件作业时间比后道工序大，则在后道工序上会出现间断性的设备停歇时间，这些时间很分散，不方便充分利用。

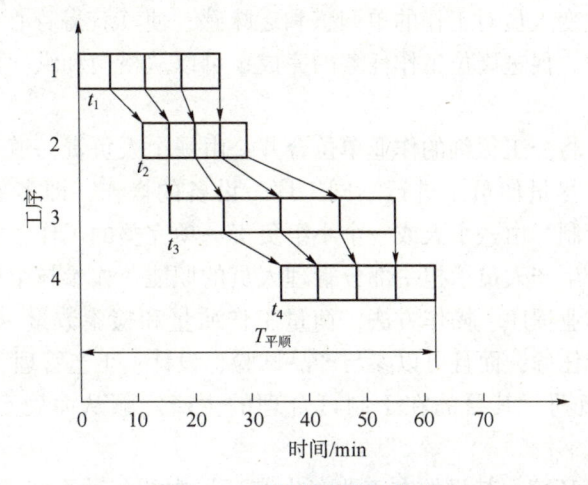

3. 平行顺序移动方式

平行顺序移动方式的特点是将顺序移动与平行移动方式结合起来，扬长避短。零件在工序之间的移动根据情况采取不同的方式：当前道工序的单件作业时间大于后道工序的单件作业时间时，则前道工序上完工的零件，并不立即转移到后道工序，而是等到足以保证后道工序能连续加工的那一刻，才将完工的零件全部转移到后道工序中，这样可以避免后道工序出现间断性的设备停歇时间，并把分散的停歇时间集中起来加以利用；当前道工序的单件作业时间小于或等于后道工序的单件作业时间时，则前道工序上完工的每一个零件应立即转移到后道工序去加工，即按平行移动方式单件运输。仍以顺序移动方式中所列条件，按产品的平行顺序移动方式组织生产。该批产品的平行顺序移动方式如图5-7所示。

图 5-7 平行顺序移动方式

4. 三种移动方式的对比

三种移动方式的对比见表5-5。

表 5-5 三种移动方式的对比

项目	产品运送方式	产品运送次数	在制品资金占用	产品生产周期	生产连续性	管理工作难易	适用条件
顺序移动方式	成批运输	最少	最大期长	最长	好	易	批量小，单件工时短
平行移动方式	单件运输	最多	最小期短	最短	差	易	批量大，单件工时长
平等顺序移动方式	时而成批，时而单件	一般	一般	一般	好	难	成批生产类型

5.2.4 生产物流的人员组织

生产物流的人员组织主要体现在人员的岗位设计方面。要实现生产物流在空间、时间上的组织形式，必须对工作岗位进行再设计，从而保证生产物流的优化和通畅。

根据生产物流的特征，岗位设计的基本原则应是"因物料流向设岗"而不是"因人、因设备、因组织设岗"，故需要考虑以下几个问题。

（1）岗位设置数目是否符合最短物流路径原则？
（2）所有岗位是否均实现了各工艺之间的有效配合？
（3）每一个岗位是否在物流过程中发挥了积极的作用？
（4）物流过程中的所有岗位是否体现了经济、科学、合理的系统原则？

1. 内容

根据人的行为和心理特征，岗位设计要符合工作者个人的工作动机需求，要从以下三方面入手。

（1）扩大工作范围，丰富工作内容，合理安排工作任务。目的在于使岗位工作范围及责任增加，改变人员对工作的单调感和乏味感，使其获得身心成熟发展，从而有利于提高生产效率，促进岗位工作任务的完成。可以从横向和纵向两个途径扩大工作范围。

横向途径有：将分工很细的作业单位合并，由一个人负责一道工序改为几个人共同负责几道工序；尽量使员工进行不同工序、设备的操作，即多项操作代替单项操作；采用包干负责制，由一个人或一个小组负责一项完整的工作，使其看到工作的意义。

纵向途径有：生产人员承担一部分管理人员的职能，如参与生产计划制订，自行决定生产目标、作业程序、操作方法，衡量工作质量和检验数量，并进行工作核算。不但承担部分生产任务，而且可以参与产品试验、设计、工艺管理等技术工作。

（2）工作满负荷。其目的在于制订合理的生产定额从而确定岗位数目和人员需求。

（3）优化生产环境。其目的在于改善生产环境中的各种不利于生产效率的因素，建立人—机—环境的最优系统。

2. 要求

岗位设计体现在生产物流的三种空间组织形式上，对人员又有不同的要求。

（1）针对按工艺专业化形式组织的生产物流，要求员工不仅具有很高的专业化水平，而且具有较多的技能和技艺，即一专多能、一人多岗。

（2）针对按对象专业化形式组织的生产物流，要求员工在工作中具有较强的工作协调能力，能自主平衡各工序之间的"瓶颈"，保证物流的均衡性、比例性、适时性要求。

（3）针对按成组工艺形式组织的生产物流，要求向员工授权，即从管理和技术两个方面，保证给每个人都配备技术资料、工具、工作职责和权利，改变不利于物流合理性的工作习惯，加强新技术的学习和使用。

【任务实施】

图5-8为某生产企业运用成组技术之前的工艺导向布局，请同学们分组讨论，按

照成组技术对该布局进行优化。

工艺导向布局转换为成组技术布局可通过以下三个步骤实现。

（1）将零件分类：该步骤需要建立并维护计算机化的零件分类与编码系统。虽然许多公司都已开发了简便程序来对零件进行分组，但这项支出费用仍然很多。

（2）识别零件组的物流类型，以此作为工艺布置和再布置的基础。

（3）将机器和工艺分组，组成工作单元。在分组过程中经常会发现，有一些零件由于与其他零件联系不明显而不能分组，还有专用设备由于在各加工单元中的普遍使用而不能具体分到任一单元中去。这些无法分组的零件和设备都放入"公用单元"。

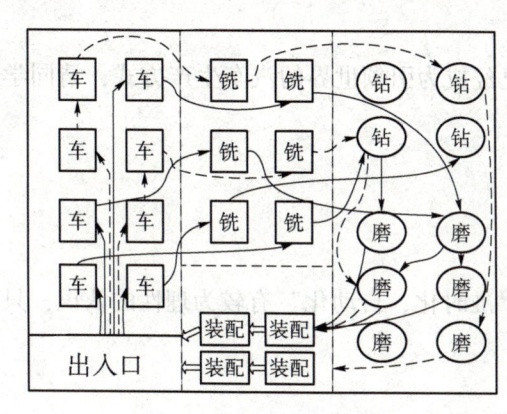

图 5-8　工艺导向布局

【实战演练】

宁凯机加工分厂是一个粗加工和细加工结合的工厂，大型的机器较多。在设计生产布局时，以生产类型和生产纲领为依据并考虑工艺的要求来确定车间的组织形式和设备的布置形式，要考虑组织结构的合理化和管理的方便性，在设计时将考虑设备布置产生影响的所有因素，从而达到整体优化的目的。

请以该生产企业为例，阐述其应采用哪种类型生产方式布局。

思考：

请大家思考该企业为什么采取这种类型的生产方式布局。

任务 5.3　丰田生产方式

【任务导入】

丰田生产方式

丰田生产方式的准时化和自动化在日本"三年赶超美国"的目标实现中发挥

了重要的作用，改变了当时以美国为主导的"大批量、少品种"的生产方式，开始了以"少批量、多品种"的生产模式。受到当时社会环境的影响，丰田喜一郎先生提出"准时化、自动化"的生产方式，使当时汽车行业的生产效率得到了大幅提高。

与美国那种大批量、少品种的生产方式相比，丰田生产方式为什么会使生产效率大幅提高？

【任务布置】

丰田的精益生产已经成为引领世界的汽车生产方式，请同学们思考，丰田生产方式有哪些优点？

【任务分析】

本次任务需要对"准时化、自动化"有较为理性的认识，只有这样才能理解精益化生产。

【相关知识】

5.3.1 设备配置原则

设备配置示意如图 5-9 所示。
(1) 把工具、材料放在固定位置［图 5-9（a）］。
(2) 把工具和材料尽可能地放在技能员前面的位置［图 5-9（b）］。

（a）　　　　（b）

图 5-9　设备配置示意

(3) 避免物体上下移动,应水平移动 [图5-9 (c)]。

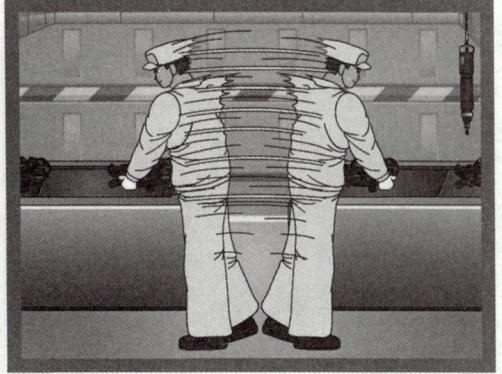

(c)

(4) 利用重力移动物体 [图5-9 (d)]。

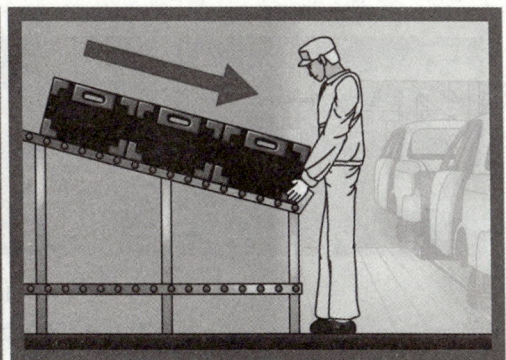

(d)

(5) 把材料、工具放在最适合操作的位置 [图5-9 (e) 和图5-9 (f)]。

(e)   (f)

图5-9 设备配置示意(续)

（6）作业台的高度要适合作业的性质和技能员的身高［图 5-9（g）］。

在前手臂与作业台之间，留出一个拳头的高度最适宜

（g）

（7）根据作业的性质给予采光和照明，即根据照明的距离和角度改变亮度［图 5-9（h）］。

（h）

图 5-9　设备配置示意（续）

5.3.2　厂内物流流程设计

丰田的厂内物流流程设计按照以下几个步骤进行。

1. 卡车卸货

供应商采用统一规格的卡车配送货物，按照安装系统指示的空置位置卸货停车，如图 5-10 所示。

图 5-10　卡车卸货

图 5-10　卡车卸货（续）

（1）作业人员依照顺序取作业卡，待作业完毕后将其放置于"明天"列。
（2）固定路线车辆在固定时间到达固定卸货口。
（3）每日固定作业内容，可实现 1∶1 返空。
（4）作业计划每月更新一次。

2. 入库检验

入库检验示意如图 5-11 所示。

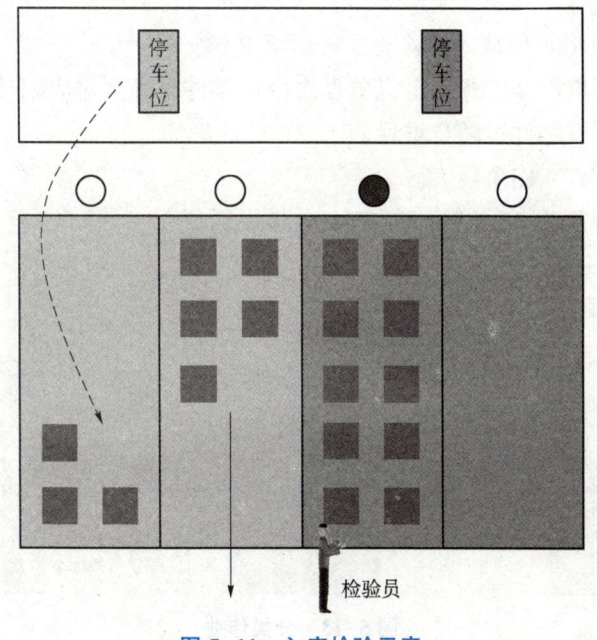

图 5-11　入库检验示意

（1）1个卸货停车位对应2个入库检验区，每个入库检验区能够存放单车次最大运输量。
（2）叉车驾驶员将货物完全卸载至入库检验区后，点亮指示灯光。
（3）检验员在指示灯光亮起后核对该区域零件看板与入库清单。
（4）检验完毕后由叉车驾驶员转运至P链。

3. P链

P链又称为进度链，其根据生产线的节拍，对到货零件进行合理划分，如图5-12所示。

图5-12　P链

（1）P链的作用。
①按生产进度供给，防止生产线旁零件的过量或不足。
②对到货进行行分割，实施小批量多批次供货。
③吸收到货零件与生产线消耗零件的进度差，保证平稳化供货。
（2）作业内容。
①叉车随意地将零件从入库检验区转运至P链。
②P链的叉车根据零件标识上订单批次号将零件整理至对应编号巷道。
③P链区内所有零件可随意堆垛。
④P链区分GLT、KLT两大区。
⑤每日零件分割为36条链，在20条巷道中循环。

4. 分类作业

分类作业如图5-13所示。

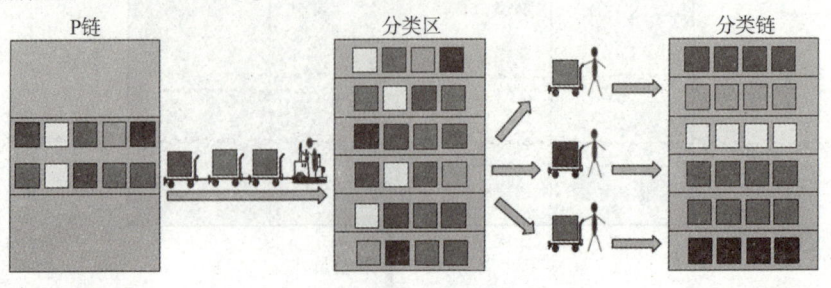

图5-13　分类作业

其具体实施步骤如下。
(1) 牵引车随意将零件从 P 链转运至分类区放置。
(2) 分类区作业人员根据看板标识上的分类链编号将零件拉至分类链对应巷道。
(3) 分类链分为单双号链，对应 P 链编号的单双数。
(4) 每条分类链对应生产线的一个区域。
(5) 对于多工位零件，有人专门在分类区将其搬运至对应分类链编号的托盘车上。

5. 部品棚和顺建区

(1) 部品棚是库存区，用于存放单包装容量大的零件，如图 5-14 所示。

图 5-14　丰田部品棚

由于零件包装容量大，到货后无法按照订单批次划分进入 P 链，只能存放于部品棚内，部品棚由流利式料架构成，相关操作人员可以根据看板上的零件批次号安排零件先进先出。

(2) 顺建区是给零件排序，将它们进行初步加工组装的区域，如图 5-15 所示。
顺建，即按顺序组装。顺建区位于距离生产线较近的地方，顺建区完成零件排序及初加工工作，如方向盘组装、防刮条排序等。

6. 空器具处置

空器具处置如图 5-16 所示。
空器具处置按以下步骤进行。
(1) 牵引车回收空箱至整理区（空箱、托盘均有供应商标识）。
(2) 根据托盘标识，将该供应商空箱整理满一托，将其余空箱放置在空箱整理区。
(3) 空箱整理人员对每托空箱进行打包作业，使用捆扎带固定。
(4) 牵引车运输至空箱暂存区，由叉车叉放至对应供应商暂存位置（悬挂标识指示）。
(5) 叉车根据《空箱准备作业进度管理卡》执行返空箱备货作业。
(6) 当卸货完毕后，卡车按照作业指导书（指导书规定每家供应商器具装车位置）将返空器具装车。

图 5-15 顺建区

图 5-16 空器具处置

5.3.3 准时制生产

1. 准时制

准时制是指在需要的时候按照需要的量生产需要的产品供给到各个工序。

在生产工厂，通常都是尽力按照计划进行生产，按照交货期发货。如果生产的零件入库过早，就会产生库存的浪费。如果生产的零件入库过迟，又会赶不上交货期。

准时制是以均衡化生产为前提条件，由"生产的流程化""确定符合需求数量的节拍时间""后道工序在必要的时刻到前道工序去领取必要数量的必要品"这三种思想组成。

在实施准时制生产前要考虑以下几个问题。

（1）客户所订购产品的品种和数量通常是不确定的，而市场也在不断变化，要灵活对应这些变化并不容易。企业可以形成每天均按照一定的数量和种类进行生产的均衡化生产体制吗？

（2）形成了可以进行流程化生产的企业素质吗？即能否在短时间内建立起如下体制：进行一个流生产[①]，实现产品的同期化，按照作业顺序配置设备，在多道工序上反复作业，作业人员可以同时拥有多种技能。

（3）在多个工序上反复作业是必要的。是否可以制订以技术熟练工为基准的作业标准书，对作业人员彻底实施教育训练，使作业人员同时拥有多种技能呢？

---

① 各道工序上只有一个工件在流动。

（4）如果推行标准作业化，生产的同期化就能被确立。此时是否形成了可以设定作为同期化速度标准的节拍时间的职场素质呢？

（5）在进行装置型设备的批量生产时，有必要采取小批量生产方式。当然，这样做会增加更换作业程序的次数，那么更换作业程序的时间是否被缩短了？

（6）虽然采用后道工序领取，但是在后道工序经常产生不合格产品，机器设备经常发生故障时，生产计划部和生产现场是不是一整天都为这些而烦恼呢？

2. 均衡化

均衡化是指使产品稳定地平均流动，避免在作业过程中产生不均衡的状态。工厂通常通过负荷累积法来调查生产计划数量所需的工数和生产能力的差，即均衡化生产如图 5-17 所示。

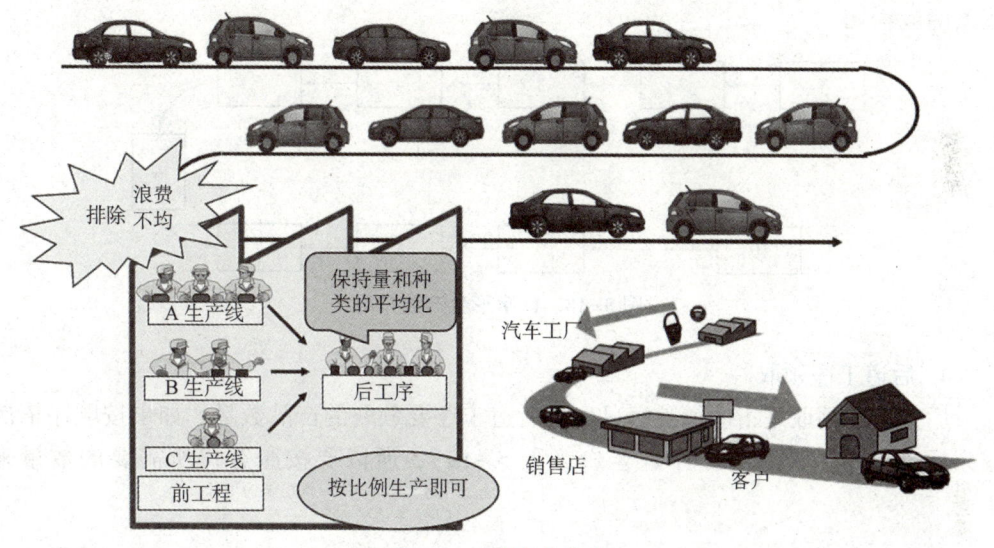

图 5-17 均衡化生产

3. 流程化生产

流程化生产是指根据产品的类别将机器设备依工序加工顺序依次排列，每个工序被紧密地衔接在一起，从而形成的不间断的流程。流程化生产包括整流化和一个流，整流化是指这种工艺方案生产过程十分明确，制造零件按顺序不停流动，当出现不良品时，也能知道是在何时发生、在何地发生、为什么发生。

实施流程化是因为设备要按照作业顺序配置，要让一个工人同时控制多道工序，要让一个工人同时掌握多种技能，要消除各工序之间的滞留，改善作业流程，所以期待通过标准作业实现生产的同时化，并且确定节拍时间（单件产品的生产时间）。按照节拍时间来生产，可以防止生产过剩。

要实现流程化生产，必须具备以下几个条件。

（1）设计一条理想的生产流程。

（2）按照生产流程顺序依次排列机器设备，减少运输过程中的浪费。设备的配置要以便于组装生产线的小型化、专用化设备为原则。

（3）为了使未加工品的投入口和完成品的出口无限接近，减少移动的距离，采用

U字形生产线（图5-18）和二字形生产线。

（4）确定流向各道工序的产品品种和产品号，必须改善妨碍均衡化生产的各种问题。

（5）必须把加工、组装、收尾的工序设计成一个流，用装置型等批量生产设备进行小批量生产。这样会使更换作业程序的次数增加，所以要缩短更换作业程序的时间。

（6）使各道工序作业量的速度基本保持一致，以求得生产的同期化。在标准作业中，同期化的速度就是客户所要求的产品的节拍时间（单件产品生产时间）。

（7）为了使作业人员同时控制多道工序，要培养多能工[①]。

（8）为了同时控制多道工序，作业人员必须站着作业。

（9）为了迅速应对在一个流生产过程中发生的问题，要提高生产技术，实现更高程度的流程化。

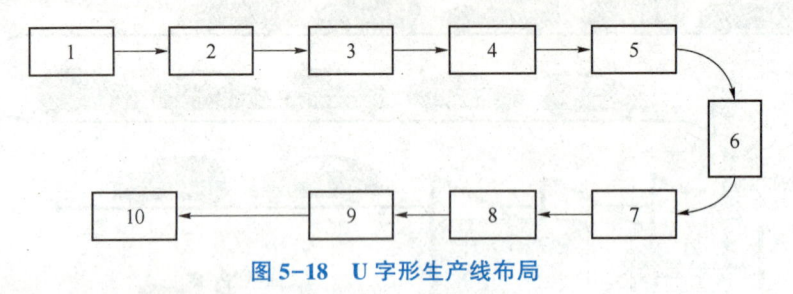

图5-18　U字形生产线布局

4. 后道工序领取

后道工序领取是指前道工序只生产后道工序要领取的产品数量。如果按顺序依次排列后道工序，最后的工序是客户（图5-19），所以要按照客户所需要的数量来生产。

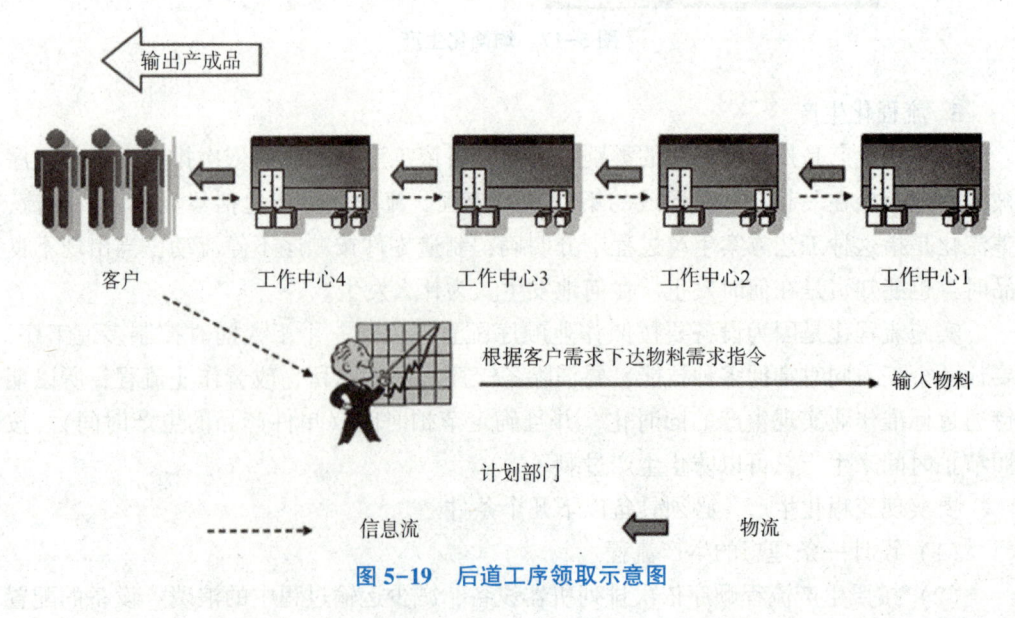

图5-19　后道工序领取示意图

---

① 具有操作多种机器设备能力的作业人员。

5. 生产的前置时间

由于企业不同，生产前置时间的定义内容也存在很大差别。以丰田为例，生产的前置时间是指从开始着手准备将要生产的产品的原材料到将原材料加工为成品的时间，包括加工时间（增加附加价值的时间）和停滞时间（不增加附加价值的时间）。

关于生产前置时间有很多种模型。大致可以分为计划生产和订货生产。缩短前置时间可以加快面向客户的产品供应速度，更好地满足客户需求。在企业内部可以规避风险，提高面对环境变化的应变能力。

前置时间与批量生产数量有关。批量生产越多，前置时间越长，库存也就越多。

5.3.4 自动化

精益生产的两大支柱准确来说就是准时制和自动化，了解这两大支柱也能够帮助我们加深对精益生产的理解和运用。

自动化并不是指单纯的机械自动化，而是将人的因素包括进自动化，或者说是将人的智慧赋予机器。自动化的思想来自丰田公司的创始人——丰田佐吉，他设计的自动纺织机在经纱断了一个或者是纬纱用完时，能够立即停止运转，发出警告，提醒工作人员及时发现并纠正错误，从而提高了产品的品质。纺织机经纬线断线自动停机如图 5-20 所示。

图 5-20　纺织机经纬线断线自动停机

设备厂商在自动设备上安装了各种各样的传感器，会发出各种各样的警报。由于报警后机器只是单纯复原，然后继续生产，报警也变得没有意义了。待停机后，相关人员应分析报警内容，改善相关条件，使其不再发生，如图 5-21 所示。

在实际工作中，经常遇到在自动化生产线的最后设置检查设备并带有停止生产线功能的情况，这与自动化思想还是有些偏离的。从理想状态来说，最终的目标应该是即便没有最后检查设备也能确实生产出合格品的自动化生产线。也就是说，一边生产一边逐个判断合格、不合格，出现不合格产品就立刻停止设备，采用这样的思路才能在工序中确保质量。

图 5-21 丰田公司自动设备生产实时监控

自动的日语写法为"自動",丰田汽车公司特意把"自動"加上人字旁变为"自働",就是为了表达发生不合格品时立刻当场停止,不让不合格品流入下道工序的意思,如图 5-22 所示。

图 5-22 "自働"化

不单在自动设备发现不合格品时要立刻停机,在人工作业为主的生产线上,当作业员发现自己操作失误,而且这个失误可能会引起产品不合格时,也要停下来修理或者呼叫线长来指导。总之,要赋予作业员停止生产的权力。

5.3.5 改善生产流程

在大环境的驱使下,绿色工业生产迫在眉睫,企业不得不借助传统的工业工程技术,在精益生产过程中杜绝浪费。每个独立的改进项目在精益生产的指导下被赋予新的含义,这使员工能够清楚地了解执行该项目的意义,以企业的精益生产为中心。

改善生产流程的方法可以概括为以下七种。

1. 改善精益生产流程之一:消除质量检验和返工问题

如果从产品的方案设计开始到全部产品从生产流水线上生产制造完成,都能充分保证每个阶段产品的品质,那么质量检验和返工自然就变成不必要的流程。

因此,必须把"防错"的思想贯穿于生产全过程,确保每种产品都能严格地按照正确的方法生产加工和安装，以避免在生产流程中出现差错。根除返工问题的关键是要降低废料的产生，密切注视造成废料的各种问题（如因机器设备、工作员、原材料和操作步骤等产生的废料），先找到根本原因，再彻底解决问题。

2. 改善精益生产流程之二：减少零部件不必要的搬移

在生产过程中，零部件经常要在几个车间内移动，这就导致了生产制造路线变长，生产制造期延长，产品成本提高。

转变这种不合理的布局，使生产制造产品所需的机器设备按照生产加工次序分配，尽量保证紧凑排列，可以减少运送线路、减除零部件不必要的挪动和不合理的原物料搬动，节省生产制造时间。

3. 改善精益生产流程之三：清除库存

从企业精益生产的角度来看，库存是企业最大的浪费。因为存货会掩盖很多生产制造中的问题，还会滋生工人的惰性，更糟糕的是要占用很多的资产，造成大量的资金积压。

降低库存强有力的措施是把"大批量生产、排长队供货"变为"散件生产的单工序流程"。随着单件生产流程的进行，始终保持着生产过程的连续性。

4. 改善精益生产流程之四：制订合理的生产计划

从企业生产管理的角度讲，均衡的生产计划才能最大限度地发挥生产制造系统的效能，科学安排工作规划和工作人员，避免一条工艺流程的工作载荷不稳定。

5. 改善精益生产流程之五：精简生产准备时间

仔细做好前期的各项准备工作，消除工作流程中可能出现的各种隐患问题。

要鉴别这些安全隐患中哪些是本质要素，哪些是外在要素，尽量变本质要素为外在要素。运用工业工程方式来提升技术性，精减一切危害生产准备的本质的、外在的要素，提高生产效率。

6. 改善精益生产流程之六：消除停机时间

消除停机时间对保持连续生产意义重大，由于在持续生产流程中，两条工艺流程之间的库存很少，一旦设备发生故障，整条生产流水线就会瘫痪。消除停机时间最有力的措施是全方位的生产和维护，包含常规性维护、预测性维护、保护性维护和即时维护。

7. 改善精益生产流程之七：提升劳动者使用率

提升劳动者使用率包含两个层面，一是提升立即劳动者使用率，二是提升间接劳动者使用率。

提升立即劳动者使用率的关键是对作业人员开展交叉学习培训，使每人可以承担几台设备的实际操作，使生产流水线的作业人员能够融入生产流水线的一切技术工种。交叉学习培训授予了作业人员巨大的协调能力，有助于协调性解决加工过程中的出现的难题。

提升间接劳动者使用率的关键是清除间接劳动者。从产品客户价值的见解方面看来，库存量、检测、返工等阶段所耗费的人力资源和人力物力并不能提升产品的使用价值，因此这种劳动者一般被视为间接劳动者。如果去掉了产品客户价值中不能升值的间接主题活动，那么由这种间接主题活动引起的间接费用便会明显减少，而劳动者使用率也会相对提升，有利于提升立即劳动者使用率的措施同样也可以提升间接劳动者使用率。

丰田生产改善永无止境如图 5-23 所示。

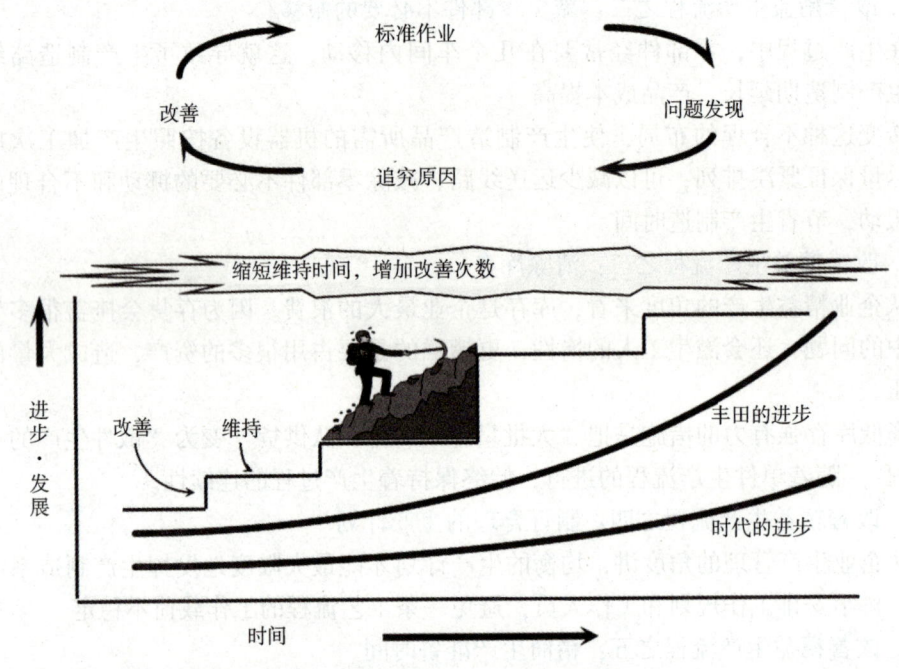

图 5-23　丰田生产改善永无止境

【任务实施】

请以某生产企业为例，阐述其涉及 JIT 与自动化的具体工作，并填入表 5-6 中。

表 5-6　涉及 JIT 与自动化的具体工作

	具体工作	备注
JIT		
自动化		

【实战演练】

丰田生产方式的准时化和自动化在日本"三年赶超美国"的目标实现中发挥了重要的作用,改变了当时以美国为主导的"大批量、少品种"的生产方式,开始了以"少批量、多品种"的生产模式。受到当时社会环境的影响,丰田喜一郎提出的"准时化、自动化"生产方式使当时汽车行业的生产效率得到了大幅提升。

思考:
请大家思考上述问题并分组讨论。

任务 5.4　物料配送方式

【任务导入】

上汽通用五菱汽车改变零件配送方式

汽车零件物流配送涉及面广、技术复杂度高。由于汽车零件品种较多,且生产线旁空间有限,部分零件需按照实时生产车型排序上线。零件排序涉及排序人员和排序料架的费用,如何减少排序人员,提高物流配送效率,降低料架成本,是汽车物流从业人员一直在思考的问题,也是其的工作目标。上汽通用五菱汽车股份有限公司柳州河西基地东部总装 D 线(以下简称"东部总装 D 线")汽车零件物流配送,通过汽车零件组合排序提高物流配送效率并节约了料架成本。

那么,生产企业应如何通过改变配送方式提升效率?

【任务布置】

改变配送方式可以提高配送效率。请同学们思考,生产企业应怎样改变配送方式才能提高配送效率?

【任务分析】

本任务需要对配送方式的类型和特点有较为理性的认识,只有这样,同学们才能更好地理解配送。

【相关知识】

5.4.1 拉动配送

拉动式生产方式是指生产系统中的物料流由实际需求拉动,其逻辑是除非需要,否则就不生产。

拉动式物料配送根据生产节拍和需求拉动物料配送。管理系统根据物料需求量、线边库存以及生成任务量,计算出站点所需物料的配送数量。工作人员针对所需物料进行分拣、装配和备料后,根据生产计划和物料配送数量运送物料到指定站点,补充生产。

以某装配生产线为研究对象,设计采用不同配送模型的各类物料(如特大件、大件、中件、小件、清洗件等)的配送。生产线由不同的生产工位、配送站点和检测点组成。由于工厂布置、生产工艺等原因,不同生产线上的配送站点和工位的对应关系,以及检测点和工位的对应关系是不确定的,可能一对一,也可能一对多。

5.4.2 排序配送

1. 传统配送方式现状

(1) 零件品种多,排序品种多。

东部总装 D 线生产 2 种车型,部分零件品种较多,如膝部挡板有 4 个零件号,方向盘有 4 个零件号,副仪表板有 6 个零件号,杂物箱有 6 个零件号,等等。这些品种多的零件都需要排序上线,导致东部总装 D 线排序品种多,共计 40 种零件需要排序上线。

(2) 物流员工配送效率低。

出于安全考虑,每个员工每趟配送最多只能拉取 5 筐物料,所以每个员工只能负责 4~5 种排序零件,导致物流配送员工效率低。

(3) 库房排序料架数量多,料架维护成本高。

由于排序零件达到了 40 种,每种排序零件至少需要 4 个料架,部分装箱数较少的所需料架数更多(如后侧围上装饰板装箱数为 10,需求排序料架 5 个,后侧围下装饰板装箱数为 6,需求排序料架 7 个)。据统计,库房现有东部总装 D 线排序料架数为 192 个,按每个料架平均每月维护费 200 元计算,每月需要支出料架维护费 38 400 元,料架维护成本高,且停产时,料架的存储占用面积大。

(4) 生产线旁空间有限。

东部总装 D 线生产工位少,导致生产线旁的空间存放零件多,部分使用专用料架包装的物料无法存放在装配员工取料的最佳位置,甚至有些零件无法存放,装配员工需自行来回多步行 10 米拿取装配物料。

2. 排序配送方式

汽车零件组合排序是指两种及两种以上汽车零件一起排序在同一个料架内,它打破了传统的单一品种零件排序方式,从而创造了一种新的排序方式。以东部总装 D 线方向盘与膝部挡板排序为例,传统的排序方式如图 5-24 所示,新的组合排序方式如图 5-25 所示。

图 5-24 传统的排序方式

图 5-25 新的组合排序方式

针对传统排序方式的不足,东部总装 D 线物流汽车股份有限公司采购物流部与东部总装 D 线总装车间共同完成了多种零件组合排序上线配送模式的实践工作,先后在方向盘、膝部挡板、空气滤清器、副仪表板等 11 种零件上进行实践,经过半年多的运行,已经达到预期的良好效果。其具体情况见表 5-7 和表 5-8。

表 5-7 东部总装 D 线 11 种零件实行组合排序前配送资源需求（1）

序号	排序零件名称	装箱数/箱	单班需求筐数/筐	单班配送频次	工作饱和度	需求配送人员/人	料架数量/个
1	左前门	22	12	3	0.175		4
2	右前门	22	12	3	0.175		4
3	左中门	22	12	3	0.175		4
4	右中门	22	12	3	0.175		4
5	杂物箱	15	17	4.25	0.247		4
6	副仪表板	15	17	4.25	0.247	2.371	4
7	方向盘	18	14	3.5	0.204		4
8	膝部挡板	18	14	3.5	0.204		5
9	空气滤清器	12	21	5.25	0.306		4
10	前格栅总成	24	11	2.75	0.160		5
11	后侧围上	12	21	5.25	0.306		5

表 5-8 东部总装 D 线 11 种零件实行组合排序后配送资源需求（2）

序号	排序零件名称	装箱数/箱	单班需求筐数/筐	单班配送频次	工作饱和度	需求配送人员/人	料架数量/个
1	左前+左中	11	23	5.75	0.335		5
2	右前+右中	11	23	5.75	0.335		5
3	杂物箱副仪表板	15	17	4.25	0.247	1.426	4
4	方向盘膝部挡板	18	14	3.5	0.204		4
5	空气滤清器前格栅总成后侧围上	12	21	5.25	0.306		5

汽车零件组合排序是一个很好的"低成本、高价值"的示范典例，它采用模块化的零件补充方式，实现了零件的小型集成配送，实现了模块化配送。同时，它也是提高配送效率的倍增器，通过创新思维打破了传统的排序方式，在提升效率和降低人力资源成本方面效果显著。

5.4.3 SPS 配送

SPS（Set Parts Supply）配送是一种向生产线单辆份配货的物料配送模式，是指在和生产线分离的另一个场地上，将一辆份的零件拣选出来或进行分装后按照顺序供给给生产线上操作者的方式如图 5-26 所示。这种方式在丰田公司得到了广泛应用且成效显著，充分体现了适应多品种混流的精益思想，即集成必要数量的物品，在必要的

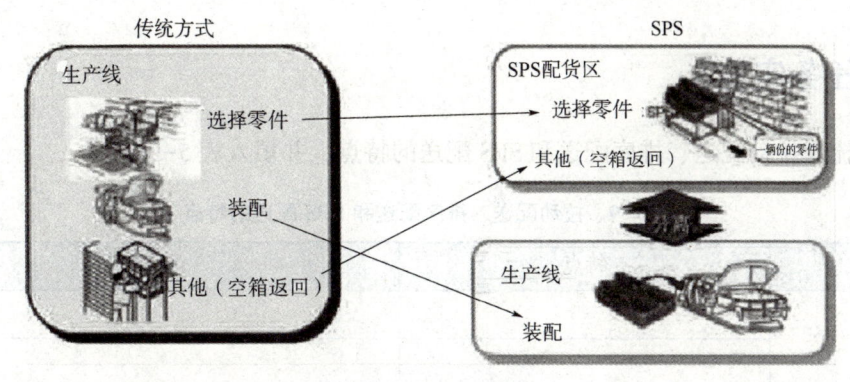

图 5-26　SPS 模式示意

时间将必要的零件配送至必要的地点。

在传统的批量配送物流模式下，生产线操作者要先选择零件，然后装配，最后空箱返回；在 SPS 配送模式下，零件选择和空箱返回放在 SPS 配货区进行操作，生产线只负责零件装配。因此，SPS 配送的最大特点就是不受车型、零件和工位的限制。

如图 5-27 所示，SPS 原理是通过车辆信息采集，读取信息、配出零件，然后搬运到生产线，最后实现整车的装配，它的生产提前期必须大于物流的提前期。与传统的集中产前配送方式相比，SPS 的优势在于：①防止错装，提高装配品质和可用率，实现生产线作业的安全化；②提高物流对生产线变化点的应对能力、装配和物流作业熟练程度；③管理、监督业务专门化和操作者作业标准化；④生产线长度最小化，减少线侧物流面积和生产线设备投资；⑤减少操作者的无增值作业，缩短装配时间，从而提高作业效率。

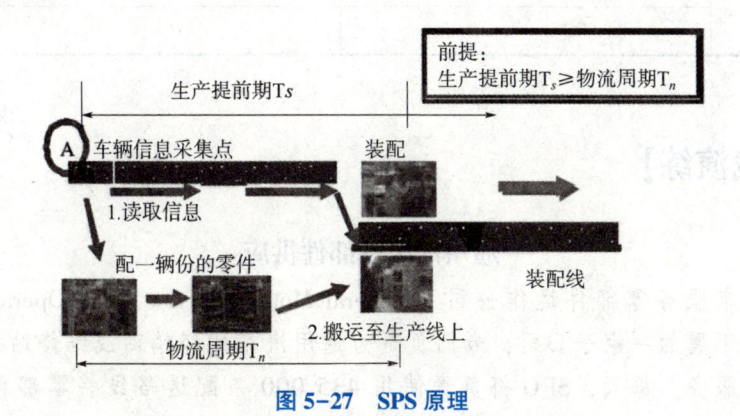

图 5-27　SPS 原理

SPS 配送模式的有效运行有前提条件：使用 SPS 配送的物料能够定时、定量地将所需要的零件供应到总装线旁，单量份配货要求不允许物料供应有任何差错。但在实际生产中，零部件供应通常不能完全实现 JIT，是因为其在于零部件拣选过程中出现错配和漏配的概率高，从而导致出现装配线停机风险，成为制约 SPS 配送模式的瓶颈。在确定了拣选车间的零件布局、工位作业划分、拣选零件的种类与数量等要素的前提下，拣选的错配和漏配与筐车拣选顺序密切相关。因此，对拣选零部件的筐车进行合理排序，能够有效减少错配次数，使配送实现 JIT。

【任务实施】

请梳理拉动配送、排序配送和 SPS 配送的特点,并填入表 5-9 中。

表 5-9 拉动配送、排序配送和 SPS 配送的特点

	特点	备注
拉动配送		
排序配送		
SPS 配送		

【实战演练】

通用汽车零部件供应

通用汽车服务零部件运作公司(General Motor's Service Parts Operation,SPO)是通用汽车下属的一家子公司,专门负责为通用汽车的经销商或维修站提供售后零部件的配送服务。每天,SPO 将负责使用 435 000 条配送路线将零部件送至几千家经销商手中。400 多家运输商为其提供运输服务,运输方式涵盖水、陆、空三种。

最初,SPO 针对入厂物流、售后物流进行公开招标,但 Schneider 公司称其可以提供所有的物流服务(一家盛名卓著的直达运输物流服务公司)。鉴于此,SPO 将入厂、售后两份合同总包给了 Schneider 公司。

Schneider 公司的实施步骤是分阶段进行的,首先是运输的实际操作,其次是货运管理公司,最后是支付系统管理以及客户应诉。单就美国本土的 SPO 业务而言,Schneider 公司首先需要将零部件从 3 000 多个零部件供应商处运送至 4 个全国性零

部件处理中心，其中 3 个在密歇根州，1 个在西弗吉尼亚州。这些处理中心的员工在经过简单的拆装、处理、包头后，再将零部件从这 4 个处理中心配送至全国 18 个地区的配送中心，最终再从这 18 个配送中心出发，将零部件配送至全国各地的近 8 000 家最终经销商和维修网点。绝大多数的零部件都得先运送至 8 个地区配送中心。某地区中心的零部件出库后，马上会在处理中心产生相应的补货信息，而这些信息也会同时在零部件供应商处产生。

思考：
1. 通用汽车服务零部件运作公司为什么要将零部件业务外包给 Schneider 公司？
2. Schneider 公司是如何实施零部件配送的？

任务 5.5 生产现场物流管理

【任务导入】

成为能够最大限度创造价值的员工

几乎所有到过丰田公司的人，都会被丰田员工的工作状态震撼，因为他们太不一样了，不仅工作认真负责，还会积极为公司贡献各种方法，以消除工作中的浪费现象、从而降低制造成本。

丰田流传这样一句话："人们不会被你的产品感动，只会被你的员工感动。"在现场看到丰田员工那么认真地对待工作，那么投入地致力于每一个细节的改善，的确使人深受震撼，或者说，只有到了现场，你才能深切感受到丰田员工身上那种特殊的"精神状态"。

尤其是当你参观一些丰田公司的老厂区，这种震撼感会更加强烈。在那里，员工们使用的仍然是 20 世纪七八十年代的设备，这些设备已经使用了很多年。可就是利用这些面临淘汰的设备，丰田公司依然制造出了具有世界领先品质的产品。

为什么丰田公司有如此大的魅力，让员工如此为它而努力工作？

【任务布置】

请同学们思考，丰田公司作为世界级的汽车生产制造企业，其是怎样把老旧设备发挥出如此高的效率的？

【任务分析】

本任务需要对生产企业现场管理的概念及要素有较为理性的认识。

【相关知识】

5.5.1 现场管理认知

1. 生产物流现场管理概念

物流是指物料的流动在空间上的转移和时间上的占用。根据活动范围划分，物流的组成可分为两部分：一是企业内部物流，即生产领域的物流；二是企业外部的物流，即流通领域的物流。

制造企业的现场物流涉及每个车间和班组，而生产现场的物流管理就是将所有涉及生产环节的因素融合在一起实现统一的运输管理。

生产现场物流管理的程序为：首先，企业将原材料等通过采购等方式完成入库，仓库管理人员按照生产作业程序向企业的生产现场发放生产材料，而生产材料经过车间加工成为再制品；然后，生产产品半成品经过各个环节的加工、生产等成为制成品，最后在经过相关人员的包装入库。总之，物流管理融入了企业生产的全过程，因此物流管理也是对企业生产的计划活动。

2. 现场管理的意义

由于现场的成品、半成品、废料、托盘堆积混乱，员工行走路线不一，便造成了运输路线迂回，在无形中增加了时间和动作的冗余，造成成本的浪费。员工对现场管理制度的漠视，更使得企业必须改善现场管理，以提高人员素质和生产效率。

从发展前景来说，企业只有提高自身的竞争力，才能在激烈的市场竞争中站稳脚跟。现场管理是提高企业竞争力的基础，也是提高企业效益的重要途径，还是制订长远发展计划的奠基石，更是全面提高企业素质和管理水平的必然要求。

5.5.2 生产物流现场管理要素

在生产管理界，流行着一句话"要改善企业生产运营绩效，就必须改善生产现场"。因此，想要成为一流的生产企业，就必须重视生产现场管理。

生产现场管理以生产符合市场需求的产品，实现企业的经营目标为目标，是生产环节至关重要的一环。具体管理的内容可以引用5M1E分析法来概括，即现场管理六要素。

分析和控制产品制造生产过程中人员（Man）、机器（Machine）、材料（Material）、方法（Method）、测量（Measurement）和环境（Environment）六个要素，可以让企业更好地对产品质量进行标准化和规范化管理。由于这六个要素的英文名称的首字母是5个M和1个E，所以通常简称为"5M1E"。

（1）人员：这是5M1E分析法的核心，人员的质量意识、专业知识水平、专业操作技能、工作时的心理状态等，都可能影响到项目工程的质量水平。作为核心因素，人员在5M1E分析法中扮演着重要的角色，可以有效控制其他5个因素，重点优化人员因素，可以有效提升5M1E分析法的研究效果和研究质量。

（2）机器：机器在5M1E分析法中也有很重要的地位，一个工程的质量好坏很重要的一部分是由使用的器械的质量决定的，器械的质量直接影响着工程质量和工程进度，设备能否正常运行也将影响工程的完成效果，选用合适且经济的工程器械，不但可以高效完成工作任务，确保工程质量，还能有效降低工程成本。

（3）材料：这里的材料主要是指工程当中使用的物料、半成品、相关的配件以及原材料等，材料的正确选择和使用可以大大提升工程的质量，无论是在工程的哪个阶段，忽视了对材料的重视，都将严重影响工程质量。

（4）方法：方法可以指设计者在设计项目时选择的设计方法，也可以是预制构件生产过程时厂家选择的设计方法。这里主要指项目各个环节中需要遵守的规章制度、工艺、施工方法以及施工手段等。好的方法可以提升工程质量，也可以提高客户以及自身的满意度。

（5）测量：测量也是 5M1E 的一个要点，从设计阶段测量器具和方法的选择，到验收阶段的测量方法的使用，都关系到项目的整体质量。现场管理中的测量还包含了运用的计量工具，测量的方法、手段、技术等。

（6）环境：一般指现场环境的温度、湿度、空气指标、照明、现场污染情况，以及周围的工作氛围等。现场管理中的环境还包括设计阶段设计人员对图纸设计中小区环境的相关描述。

如图 5-28 所示，5M1E 作为重要的现场管理方法，能够很好地解决分析现场出现的问题，再配合其他方法，如头脑风暴法、鱼骨图、控制图等可以有效地解决出现的问题。

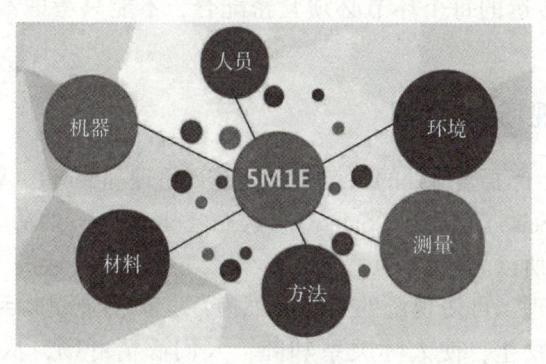

图 5-28 5M1E

5.5.3 生产现场物料管理

物料在生产过程中一般有两种状态：一是流动状态，即处于不停的运动状态，这是物在生产过程中的基本状态；二是静止状态，即物在生产过程中处于相对静止的状态。例如，原材料、半成品的必要库存，在制品在工序间的必要停放等。为使这两种状态在生产过程中均处于最佳状态，需要解决好以下四个问题。

1. 原材料、在制品的占用量要少，争取实现"零库存"

为保证生产的顺利进行，防止工序之间的脱节，需要有一定的原材料储备和占有一定的在制品。但是库存量过大、在制品过多，会导致诸多不良后果，如现场拥挤、员工活动不便、磕碰划伤在制品、增加库存保管费用、资金占用过多、周转慢等。但是，也不能没有原材料和在制品储备，而是需要将储备减至最低程度。这就要求采购部门和仓库必须按照生产计划及时提供材料，生产现场必须严格按照计划执行，每个环节均能按照计划节点进行，尤其是车间不能生产过多的半成品而导致积压。

2. 物流路线要短

物流路线是生产现场物流管理的重要因素，通过实践证明只有减少物流路线才能提高库存周转速度，减少在制品的占用率。而且通过优化物流路线还可以减少货物的搬运时间、降低劳动力，最终降低企业的经济投入。在生产现场物流管理中对于物流路线的设置不仅要考虑资金投入，还要考虑其他因素，如环境污染、生产效率以及资源优化配置等。尤其是在大数据技术环境下，通过运用大数据技术对物流路线进行优化设置能够提升物流企业的综合效率。

3. 减少物料消耗

在物流运输中必然会产生消耗，统计显示物流过程中的物料消耗占据产品成本的70%左右。因此，在物流管理中必须要加强对物流损耗的管理，例如建立完善的物流运输机制，提高物料存放技术以及完善对物料的回收利用等，以实现企业生产的最优化。

4. 提高运转效率

在物料管理中，要用最少的时间和最快的速度，完成必要的转运量。这对加速物流、避免物料积压、加速资金周转有很大作用。这就要求每个工序在物料堆积时就要考虑其转运难度，转运的每个环节必须紧密配合，不能只考虑本道工序而忽略下道工序。

5.5.4 物流现场 6S 管理

6S 管理是指对生产要素所处的状态不断地进行整理（Seiri）、整顿（Seiton）、清扫（Seiketsu）、清洁（Seiso）、安全（Safety）、素养（Shitsuke）的活动。由于这六个词的英文首字母都是 S，所以简称"6S"。

通过开展 6S 管理，可使现场的工作井然有序，产品质量得到保证，有效预防和控制设备故障的再发生，使人际关系和睦、人们心情舒畅，从而进一步提高人的素质。

（1）整理。整理是区分要与不要的东西，坚决淘汰掉不要的东西。目的是将"空间"腾出来。

整理不仅是指平常所说的把东西整理好，更多的意思是指将不要的东西处理掉。通过整理，对物品进行区分和归类，划分出有用的和无用的东西，在此基础上将多余的物品从作业现场清理出去。

整理的推行要点有：对工作场所的物品制订"要"和"不要"的判别基准；对工作场所（范围）进行全面检查；按"要"和"不要"的判别基准对物品进行判别，要的物品调查使用频度，决定日常用量，对不要的物品进行清除；坚持每日自我检查。

（2）整顿。整顿是将必要的东西定位放置，需要使用时随时就能拿到。也就是将必要的物品放置于固定场所，并做好适当的标识，在最大限度内消除寻找的行为。实施整顿可以创造整齐的工作环境，减少过多的积压物。通过整顿，可以减少寻找物料而造成的时间损失。

整顿的推行要点有：在整理工作落实的基础上，对需要的物品明确放置场所；对地板进行划线定位，并且用固定的、醒目的标识标明不同的场所和物品，可以避免放错地方和物品混乱。例如，待检查区用白色标志；良品区用绿色标志；废品区或危险警告区用红色标志；待处理区用黄色标志。物品要摆放整齐、有条不紊。

整顿的结果是使任何人都能立即取出所需要的物品，要站在不熟悉现场的人的角度考虑问题，使什么物品该放在什么地方更为明确；使物品能立即取出使用，使用后要能容易恢复。

（3）清扫。清扫是将工作场所和设备的灰尘、油污、垃圾清除干净，使工作场所保持干净、宽敞、明亮，使不足和缺点凸显出来。通过清扫把污秽、油渍、灰尘、原材料加工剩余物清除掉，这样漏油、裂纹、松动、变形等设备缺陷就会暴露出来，就可以采取相应的措施加以弥补，维护生产安全，减少工业灾害，保证品质。

清扫的推行要领有：制订清扫基准，明确清扫对象、方法、重点、周期、使用工具等项目；建立清扫责任区（室内、室外），进行全公司大清扫，每个地方都要清扫干净；应该进行区域划分，实行区域责任制，使责任落实到人；调查污染源，予以隔离或杜绝。

（4）清洁。清洁是对清扫的坚持和深入。清洁有三个要素：一是干净，二是高效，三是安全。通过清洁来维持已有的成果。

清洁的推行要点有：落实整理、整顿和清扫的工作；制订6S实施办法；制订考核方法及奖惩制度；主管经常带头巡查，进行考核，并带动全员重视6S管理。

（5）安全。安全是使人身不受伤害，环境没有危险。其目的是创造对人、企业财产没有威胁的环境，消灭安全事故苗头，减少工业灾害。

安全的推行要点有：制订服装、臂章、工作帽等识别标准；电源开关、风扇、灯管损坏及时报修；物品堆放、悬挂、安装、设置不存在危险状况；特殊工位无上岗证严禁上岗；在维修或修理设备上贴标识，如危险物品、区域、设备、仪器、仪表等特别提示；保障企业财产安全，保证员工在生产过程中的健康与安全；消灭事故苗头，避免事故发生。

（6）素养。素养是指遵章守纪，重视道德品质修养，目的是提升"人的品质"，培养对任何工作都态度认真的人。素养活动是指员工时刻牢记6S规范，自觉进行整理、整顿、清扫和清洁，使6S管理重于实质，而不是流于形式。素养是使员工言行举止都具有良好的习惯，它是6S的核心。

素养推行要点有：制订公司员工的行为准则；对员工进行素养方面的教育与培训；开展各种形式的评比与竞赛活动。

6S本意是以5S为手段完成基本工作，并在此基础上养成良好的习惯，最终达成全员"品质"的提升。

6S管理实施的技巧如下

(1) 明确 6S 管理的岗位责任制。
(2) 严格执行检查、评比和考核制度。
(3) 坚持 PDCA 循环，不断提高现场的 6S 管理水平。
(4) 进行红牌作战。在展开 6S 管理的过程中，红牌作战是一个很重要的活动工具之一，其运用醒目的红色标签标明问题所在。
(5) 开展目视管理。目视管理与 6S 管理结合使用能达到更好的效果。
(6) 严格执行"生产现场 6S 检查表"制度。通过定期检查，掌握 6S 管理的开展情况，若有偏差，则立即采取修正措施。

5.5.5 物流现场的目视管理

1. 定义

目视管理又称"看得见"管理，它是一种通过各种标志，如牌、板和显示工具，及时反映生产现场作业动态、产品质量、设备状况等信息，让每个生产工人和现场管理者做到一目了然，以便及时发现问题，从而采取正确措施，保证生产顺利进行的管理方法。通过目视管理将所有的管理方法以及管理内容展示出来，具体包括岗位责任制的公布；工作任务和完成情况的公布；作业规程和标准的公布；定置图的公布；各种物品的彩色标志；安全生产标志；人员着装的情况等。

2. 目视管理的作用

(1) 使异常、问题点明显化。通过管理应用目视，可以揭示出理想状态与现实状态或正常状态与异常状态，还可以使管理人员一走进现场就能直接接触到现场的实情，一眼就能看出问题所在，以便现场下达指示或做出正确的处理。

(2) 使现场管理效率化。工作人员能够直接获取经营管理情报，可以减少不必要的中间管理环节，有助于使管理层下达的指示准确反映生产现场的实际情况，避免干扰生产活动的情况发生。

(3) 使现场正常状态体现。使现场正常状态体现，即各种操作的目标清晰化，作业员在现场的操作有各种规范数据作为指导。

(4) 使现场作业简洁。生产现场往往存在着很多复杂、琐碎的日常工作，目视管理可以简化工作，还可以起到提高生产效率、降低失误率的作用。

5.5.6 物流质量管理和生产物流质量控制

1. 物流质量管理

现代企业物流质量管理就是根据物流系统运动的客观规律，为满足客户对服务的需求，通过制订科学合理的基本标准，运用经济办法实施计划、组织、协调控制的活动过程。物流质量管理主要包括质量保证和质量控制。

质量保证是指为使人们确信产品或服务能满足质量要求而在质量管理体系中实施并根据需要进行证实的全部有计划和系统的活动。质量控制是对于物流企业内部而言的，是为了保证某工作、过程和服务的质量达到作业标准所采取的有关活动，其目标是保证产品的质量能满足客户、法律、法规等方面提出的质量要求。

2. 生产物流质量控制

生产物流质量控制是指为达到质量要求所采取的作业技术和活动。质量要求需要转化为可用定性或定量的规范表示的质量特性，以便于质量控制的执行和检查。质量控制是质量管理的一部分，致力于满足质量要求；质量控制的目标是确保产品的质量能满足客户、法律、法规等方面提出的质量要求（如适用性、可靠性、安全性等）。质量控制的范围涉及产品质量形成全过程的各个环节。产品的质量受到各阶段质量活动的直接影响，任何一环节的工作没有做好都会使产品质量受到损害而不能达到质量要求。质量环的各阶段是由产品的性质决定的，根据产品的工作流程由掌握必需的技术和技能的人员进行一系列有计划、有组织的活动，使质量要求转化为满足质量要求的产品，并完好地交付给客户，还要进行售后服务以进一步收集意见和改进产品，完成一个质量循环。为了保证产品质量，这些技术活动必须在受控状态下进行。

物流企业质量控制的工作内容包括作业技术和活动，也就是专业技术和管理技术两个方面。由于物流作业是多环节作业，每一阶段的工作都要保证做好，应对影响其工作质量的人、机、料、法、环因素进行控制，并对物流质量活动的成果进行分段验证，以便及时发现问题、查明原因，采取相应纠正措施，从而减少经济损失。因此，物流质量控制应贯彻将预防为主和事后把关相结合的原则。

另外，还需注意质量控制的动态性。由于质量要求随着时间的进展而不断变化，为了满足新的质量要求，对质量控制又提出了新的任务。企业应不断提高设计技术水平、工艺水平、检测率和快速反应水平，不断进行技术改进改造，研究新的控制方法，以满足不断更新的质量要求。因此，质量控制不能停留在原有水平上，应不断发展、不断前进。

质量控制贯穿质量形成的全过程、各环节，要排除这些环节的技术、活动偏离有关规范的现象，使其恢复正常，从而达到控制的目的。

【任务实施】

归纳和总结目视化管理的作用，并将表格 5-10 填好。

表 5-10　目视化管理的作用

项目	作用	备注
目视化管理		

【实战演练】

不断消除物流过程中的浪费

JC Penney 公司位于俄亥俄州哥伦布市的配送中心，每年要处理 900 万种订货或每天 25 000 笔订货。该配送中心为 264 家地区零售店装运货物，无论是面对零售商还是消费者，配送中心都能做到在 48 小时之内将货物送达。配送中心占地面积 200 万平方米，雇用了 1 300 名全日制员工，在旺季时还有 500 名兼职雇员。JC Penney 公司在其位于密苏里州的堪萨斯城、内华达州的雷诺以及康涅狄格州的曼彻斯特的其他三个配送中心也成功开展了质量创新活动，能够连续 24 小时为全国 90% 的地区提供服务。

精确至上的创新活动旨在通过排除收取、提取和装运活动中存在的缺陷，以提高服务的精确性。因此，提供精确的客户信息和完成订货承诺被视为头等大事。显然，在该层次上讲求服务的精确性，意味着公司随时可以说出来某个产品项目是否有现货，并且当有电话订货时，便可以告知对方何时送货上门。公司需要提高的另一个精确性与提取产品有关。为了确保产品在质量和数量上的正确，JC Penney 公司针对每次装运中的某个项目进行质量控制和实际点数检查。如果发现差异，就将对批货进行 100% 的检查。

订货承诺的完成需要将主要精力放在提高精确度上，为此，该公司配送中心的经理 Cookman 说道："我们曾一直在犯错误，想在商品预付给客户之前就能够进行精确的检查，但问题是，在质量循环中是否已找到解决办法，或者能够对该过程进行自动化。"对此，Cookman 说："只有依赖计算机，人们才有能力进行精确地检查。"于是，公司开始利用计算机系统把订购商品转移到"转送提取"区域，从而减少订货者提货的步行时间。

思考：

JC Penney 公司是怎样消除物流过程的浪费的？你认为该公司的哪些做法值得我们借鉴，请分组讨论。

项目小结

本项目主要讲述了生产企业生产物流的全过程，企业生产组织的流程，生产物料配送的基本知识，企业现场 6S 管理，以及企业物流质量管理的方法。

学习本项目后，学生应能够对生产企业精益管理进行陈述（复述），并且能够掌握企业生产企业的 6S 管理方法。

项目测试

1. 产品原则的设施布置方式的优点不包括（　　）。
   A. 柔性高　　　　　　　　　　B. 单位成本低
   C. 产量高的生产线　　　　　　D. 资源利用率高
2. 当产品品种非常多，而每种品种产量很低，品种之间的相似性也低时，适合按（　　）布局。
   A. 成组工艺　　B. 工艺　　C. 对象　　D. 流程
3. 大型轮船制造通常采用（　　）的方式。
   A. 工艺原则布置　　　　　　　B. 产品原则布置
   C. 定位布置　　　　　　　　　D. 混合布置
4. 对于按产品原则布置的生产线，主要决策的目的是（　　）。
   A. 减少资源闲置时间，提高利用率　　B. 降低生产时间
   C. 最小化运输成本　　　　　　　　　D. 提高对市场变化的适应
5. 推动 PDCA 循环，关键在于（　　）阶段。
   A. 计划　　　　B. 执行　　C. 检查　　D. 总结
6. 以下（　　）不属于准时生产制的生产特征。
   A. 拉动式"生产"　　　　　　　B. 小批量生产与小批量传送
   C. 允许一定的库存　　　　　　D. 生产具有柔性
7. 在部门的成品、半成品、原材料分类放置后，标识明确，属于"6S"中（　　）管理的内容。
   A. 整顿　　　　B. 整理　　C. 清洁　　D. 清扫

任务实训

一、实训目的

选择身边的企业生产为对象，将所学的 6S 管理与企业生产现场实际情况相结合，从 6S 角度对该企业生产现场进行打分并提出优化改进措施。

二、实训要求

每小组 5 人，其中一人担任生产部门主管，其他四人担任组员，共同完成 6S 的学习和执行，在日常生活中形成 6S 习惯。

技能训练方式：小组成员互换角色，相互监督、纠错，进行循环训练。

本次实训时间：4 课时。

三、实训内容

（1）理解 6S 的含义和意义。

（2）严格按照 6S 要求规范自己的言行。

(3) 相互监督,纠正不规范行为。

四、实训步骤

1. 前期准备工作

(1) 通过登录网站,查阅报纸、杂志等方式寻找调查对象,并争取专业物流公司或单位的支持和协助。

(2) 准备校徽、红帽子、数码相机、笔记本等实训所需物品。

2. 开展实训活动

参观、调查××企业,了解其生产现场,从 6S 角度进行打分,完成表 5-11 的填空。

表 5-11　6S 管理评分表

项目	评分(10 分为满分)	改进之处
整理		
整顿		
清扫		
清洁		
安全		
素养		

不良现象点的判别参考以下要点。

(1) 有没有不明用途或不明性质的物品在现场。
(2) 空的容器、纸箱等是否处在一个有效的等待过程中。
(3) 输送带、物料架下面有没有放置杂物。
(4) 现场有没有乱放的私人物品。
(5) 通道是否畅通,有没有临时物品阻碍。
(6) 消防设施、配电设施的安置是否合理,周围是否有物品阻挡。
(7) 码堆的物品是否符合规范,有无变形、受损。
(8) 看板是否实用、美观,内容是否符合标准和事实。
(9) 工具工装等是否放置在指定的位置。
(10) 现场的物品流转是否顺畅,有无生产不平衡现象。
(11) 是不是消除了所有的卫生死角。
(12) 各种临时放置的物品是否有明确标示,危险品是否有明确标示。
(13) 在存放时,同样的物品是否放置在几个不同地方。
(14) 作业人员的周围是否放置了超过必要范围的物品、工具和物料等。
(15) 现场的整体布局对生产物资的流转是否有阻碍或逆流。

五、撰写实训报告

要求条理清晰、格式规范、统一,不少于 1 000 字。

活页笔记

学习过程：

重难点记录：

学习体会及收获：

项目 6
生产企业销售物流管理

【知识目标】
1. 理解销售物流的含义和特点；
2. 掌握销售物流作业体系的运作；
3. 理解销售物流合理化的途径；
4. 掌握如何选择销售物流模式。

【技能目标】
1. 能正确分析和选择生产企业的销售物流模式；
2. 能正确选择使销售物流合理化的途径。

【职业素养目标】
1. 正确认识销售物流对生产企业的重要性；
2. 培养学生对企业物流合理化的逻辑认知能力；
3. 锻炼学生的语言表达能力。

【德育目标】
1. 培养学生的团队合作精神；
2. 通过了解物流现状，培养学生的自豪感及历史使命感；
3. 培养学生的创新精神与创业意识，以及不断进取的精神。

【思政之窗】
　　通过对销售物流的学习，学生可以认识到销售物流对促进生产发展的重要作用，做到以客户为中心，主动了解客户，服务客户，尽量满足客户的需求。另外，本项目还可以引导学生掌握销售技巧，践行"爱国、敬业、诚信、友善"的核心价值观。

任务 6.1　销售物流管理

【任务导入】

重庆长安民生物流基于物联网大数据的汽车物流"快递式"在途

重庆长安民生物流股份有限公司（以下简称"长安民生"）成立于 2001 年 8 月，是一家极富专业精神的第三方汽车供应链物流综合服务商。

受快递物流运输过程透明化的影响，以及第三方物流自身快速发展的需要，客户越来越看重物流服务过程的体验，特别是对于货物所处位置的精准查询方面提出了较高的要求。而作为第三方物流不仅仅只有公路运输一种运输方式，不同运输方式（如铁路与公路、水路与公路、铁路/海运与公路）的组合，使得在途透明化的呈现难度增加。

2018 年 10 月，与大数据云平台相融合的长安民生物流"鹰眼慧运地图"正式上线，构建起专业的物流地图服务平台，为鹰眼慧运地图前端的物流运输可视化奠定了基础。

2019 年 3 月，鹰眼慧运地图平台先后与船讯网、铁路网实现信息交互，实现了水路（含海运）、铁路运输方式在途信息的获取。同年 5 月，长安民生整车 App 上线，在弥补公路 GPS 设备因故障无法准确提供位置信息定位问题的同时，实现了对人工驾驶车辆的定位跟踪与监控。自此，鹰眼慧运地图平台具备了实现运输全程可视化的条件。

思考：
鹰眼慧运地图平台对长安民生（整车）销售物流有何重要意义？

【任务布置】

请同学们思考，长安民生在汽车销售物流中具有哪些特点，对比其他汽车销售物流企业，是否处于行业领先地位？为什么？

【任务分析】

本次任务需要认真领会生产企业销售物流管理的特点，只有这样才能明确在生产企业销售物流管理的升级改造中如何寻找突破点。

【相关知识】

销售物流是连接生产企业和终端需求的桥梁，是企业物流的一部分。销售物流管理是生产企业物流管理的一个重要环节，以产品离开生产线进入流通领域为起点，以送达客户并经售后服务为终点。它与社会销售系统相互配合，共同完成企业的分销和销售任务。

6.1.1 销售物流管理的概念

《物流术语》(GB/T 18354—2021)中对销售物流管理的定义为：企业在销售商品过程中所发生的物流活动。其深层的含义是产品经过时间和空间的转移，从企业产成品仓库中经过分销商等环节最终到达客户手中的过程。在此过程中，企业实现了销售利润。

销售物流管理是企业围绕市场需求，在最经济成本的前提下，为客户提供最佳的产品和服务的物流管理过程。如图6-1所示，生产企业的销售物流是生产企业物流系统的最后一个活动环节，是直接面对客户的最终一环；销售物流在生产企业与客户之间起到承接的作用，它一端连接生产企业，另一端连接有产品需求的客户，是产品价值的最终实现过程。简约、高效的销售物流管理系统不仅可以降低企业销售物流成本，还能给客户提供更优质的服务。在经济全球化的当今社会，销售对于生产企业的重要性日益增加，销售物流管理成为生产企业的关键竞争环节，对生产企业的持续和快速发展起着越来越重要的作用。

图 6-1 销售物流

6.1.2 销售物流管理的特点

对于生产企业而言，对于不同产品的不同生产周期，销售物流有着自己的特点，生产企业的销售物流管理有服务性、效益悖反性、系统性等特点。

1. 服务性

生产企业的销售物流管理系统以服务客户为主。客户的体验、满意度是企业销售物流管理系统服务是否到位的重要标准之一。客户满意度受到产品可得性、运作效率、服务可靠性等因素的影响。产品的可得性，包括缺货频率、满足率、发出订货的完成情况等；运作效率，包括运作速度、可持续性、灵活性等；服务可靠性，包括完好无损的到货，准确无误的结算，货物准确、及时的到达，以及订单的完全满足等。

2. 效益悖反性

效益悖反性是指在销售物流管理的各个要素中存在着成本此消彼长或相互冲突的特点。货源充足意味着仓储成本的增加；配送的及时和快速则意味着配送成本的增加。

3. 系统性

销售物流管理由产品的包装、运输、储存等多个环节组成。作为一个系统，其各环节之间都存在相互影响、相互联系的特点。在进行优化时要从整体的角度考虑问题，对于任何一个环节的优化都要考虑到对系统其他环节的影响和对系统整体的影响。

6.1.3 销售物流在生产企业的重要地位

1. 利润源泉

企业获得利润有两种方式：一是开源，二是节流。其中，生产和销售就是"开源"，而物流就是"节流"。销售物流是企业在降低物资消耗，提高劳动生产率以外的"第三利润源泉"，即通过物流的整合与合理化，将包装、运输、仓储、配送、流通加工等工作有机结合起来，采用先进的物流管理技术手段，尽可能将流通时间压缩至最低，从而降低物流成本，从而获取利润。如图6-2所示，物流是增值性活动，它创造了三大价值：一是创造时间价值，通过缩短物流时间、弥补时间差、延长时间差创造价值；二是创造空间价值，通过物流将产品从低价值转到高价值区，便可获得产品的价值差；三是创造"加工附加"价值，在流通加工过程中，由于物化劳动和活劳动的不断注入，增加了"物"的成本，便也增加了它的价值。

物流增值：
- 时间价值
- 空间价值
- "加工附加"价值

图 6-2　物流创造的三大价值

2. 信息作用

销售物流为生产企业的采购、生产、销售等部门提供市场信息，以便更好地指导采购、生产、销售。物流部门就是信息中枢，采购部门要想明白哪种产品畅销，就要通过销售物流了解信息，物流部门还是一个信息平台，它集成信息系统各主干数据库提供的信息，根据销售计划、生产计划调整各部门库存及配送计划，与各地区的物流部门传递数据。由于各部门共用同样的数据库。这样，整个生产、销售和物流系统的不确定因素将大大减少。

3. 服务作用

物流可以提供良好的服务，这种服务有利于参与市场竞争，有利于树立企业和品牌的形象，有利于和服务对象结成长期的、稳定的、战略性合作伙伴，这对企业长远的战略性发展具有非常重要的意义。

【任务实施】

请以某生产企业为例，采用思维导图（图 6-3）的形式按层次描述其销售物流的特点，以及特点的具体表现。

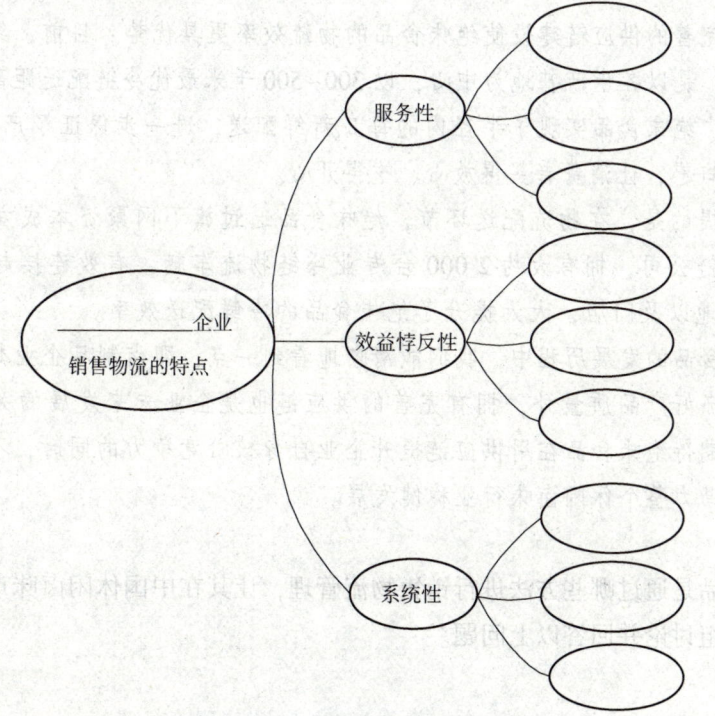

图 6-3　企业销售物流特点分析

【实战演练】

绝味食品的销售物流

食品行业中的各个企业都在供应链的建设上层层加码，以匹配越发复杂的市场环境。作为在休闲卤味赛道独占鳌头的头部企业，绝味食品更是在供应链体系的完善上深耕已久。

多年来，绝味食品从一家小门店成长为市值超400亿元的上市公司，稳坐休闲卤味市场的头把交椅，强大的市场渗透力使其门店覆盖全国，并且受到广大消费者的青睐。绝味食品能取得如此的发展成果，供应链在其中发挥了不可替代的作用。

那么，绝味食品所打造的"紧靠销售网点、快捷生产供应、最大程度保鲜"的全方位供应链体系优势何在？

首先，完善的供应链建设使得绝味食品的产能利用率更具优势。据悉，截至2021年，绝味食品鲜货产品产能为14.25万吨，产能利用率超过80%。

如此高的产能利用率，主要得益于绝味食品"前店后厂"的生产销售模式。在该模式下，绝味食品的供应链路更短、效率更高，不仅确保了产品的质量安全，还降低了边际成本，保障了门店供给。多维度利好下，产能利用率自然蒸蒸日上。

其次，完善的供应链建设使绝味食品的物流效率更具优势。目前，绝味食品的物流配送网络，是以各生产基地为中心，以300~500千米最优冷链配送距离为辐射半径建设。借此，绝味食品实现了半径内的每日新鲜配送，进一步保证了产品"鲜、香、麻、辣"的口感，让消费者买得放心、吃得开心。

值得一提的是，在物流配送环节，绝味食品通过旗下网聚资本成立了全资所有的绝配供应链公司，拥有大约2 000台专业冷链物流车辆，有效连接起了原材料上游、生产基地以及门店，大大提升了绝味食品的冷鲜配送效率。

从绝味食品的发展历程中，我们能清晰地看到一点，即卤制品企业想要实现规模扩张，除要抓好产品质量外，拥有完善的供应链也是企业未来发展的关键和核心保证。未来，期待绝味食品在用供应链提升企业自身核心竞争力的同时，不断发挥行业标杆作用，助力整个休闲卤味行业稳健发展。

思考：

绝味食品是通过哪些方法进行销售物流管理，让其在中国休闲卤味市场处于领先地位的？分组讨论并回答以上问题。

任务 6.2　销售物流作业体系

【任务导入】

中欧班列在我国国际物流体系构建中成效显著

中国一带一路网记者采访了国务院发展研究中心市场经济研究所所长王微。王微是国家现代物流发展部际联席会专家，对流通与物流等方面有很深入的研究。王微认为，在"一带一路"建设中应建立链接全球的物流体系，确保产业链供应链稳定，实现国内国际大循环的顺畅进行，为新发展格局提供有力支撑。

谈及我们与"一带一路"沿线国家的物流合作现状，王微表示，自"一带一路"倡议提出以来，我们与沿线国家的物流合作非常紧密，而且还在不断提速中。现在，我国的物流连接呈现出一种立体化、多通道的新的发展格局。

其中，中欧班列已经成为非常重要的贸易通道，实现了物流的有效链接。一方面，中欧班列把中国的商品与全球的先进市场快速链接起来。过去我们通过海运贸易，中西部地区的商品如果要进入欧洲市场需要40天以上，现在通过中欧班列，只需要10天左右。这有助于提高中西部地区产品的竞争力，通过对接高端市场促进自身发展。

另一方面，中欧班列也带动了欧洲、中亚等国家和地区的商品进入中国，让它们共享中国的发展机遇。现在中欧班列西行和东行货物的流量占比也越来越均衡，特别是从满洲里口岸回程的中欧班列，其携带的货物量比较大。

王微认为，未来，我们要推动从点对点向枢纽对枢纽的开行方式的转变，打造国内的中欧班列集结中心或者枢纽。通过枢纽的发展来集成全国的货物，通过有效的集成货物来实现高效率的运输，提高班列的运行质量。

同时在欧洲方面，我们也要与一些关键的枢纽城市对接，利用当地的物流和配送网络，实现中国货物的有效分拨，也能更好地积聚和集成回程货物，使中欧班列的东西向开行实现货量平衡。

请问你对中欧班列的情况有哪些了解？

【任务布置】

中国制造的产品是通过怎样的销售物流体系销售到全球的？其中，中欧班列对中国制造产品起到了怎样的推动作用？请以具体地区和产品为例说明。

【任务分析】

本任务需要对生产企业销售物流作业体系形成系统全面的认识，只有这样才能对销售物流体系中各环节的相互关系进行客观地分析。

【相关知识】

销售物流作业体系是从系统的角度对销售物流中的各个作业环节进行研究的。它是指产成品由生产企业向外部用户直接出售或经过各级经销商，直到最终消费者的物流过程。销售物流作业体系包含四个基本环节：产品包装、商品仓储管理、产品配送运输、装卸搬运。

销售物流作业体系作为一个完整的运作系统，其各个环节之间相互联系，相互影响，关系十分密切。科学合理的包装可以为后续的仓储、配送运输、装卸搬运环节带来更高的效率、更好的质量；高效仓储可以保证产品快速出库，从而满足配送的及时性；配送路线的选择直接关系着客户接收产品的快慢、客户的满意度；而高效的装卸搬运可以让销售物流效率更高。总之，系统中的各部分是一环紧扣一环的，研究销售物流系统，就要从系统的角度对其进行优化，提高系统的运作效率。

从事销售物流运作体系的经营主体可以是销售者和生产者，也可以是第三方物流经营者。

6.2.1 产品包装

产品包装是生产过程的最后一个环节，也是进入流通过程的第一个环节。产品包装是指为达到流通过程中保护产品、方便储运、促进销售等目的，在采用容器、材料和辅助物的过程中施加一定技术方法等的操作活动。良好的产品包装不仅有利于保证特殊产品的安全和产品质量，而且能够很好地保护产品的仓储者、运输者、销售者和消费者的合法权益。

1. 包装的分类

现代包装的种类很多，根据分类角度的不同，形成了多样化的分类方法。

（1）按在流通过程中的作用分类，可分为销售包装和运输包装。

（2）按包装结构形式分类，可分为贴体包装、泡罩包装、热收缩包装、便捷包装、托盘包装、集合包装等。

（3）按包装质地分类，可分为硬质包装、软包装。

（4）按包装使用次数分类，可分为一次包装、可重复利用包装。

（5）按被包装产品分类，可分为食品包装、化工产品包装、有毒物品包装、易碎物品包装、易燃品包装、工艺品包装、家电产品包装、杂品包装等。不同产品对包装有不同的要求，某些特殊产品甚至还有相应的包装法规和规范。

（6）按销售对象分类，可分为出口包装、内销包装等。

（7）按包装技术方法分类，可分为真空充气包装、控制气氛包装、脱氧包装、防潮包装、软罐头包装、无菌包装、热成型包装、热收缩包装、缓冲包装等。

2. 包装的工艺流程

合理的包装工艺使产品能合格、及时地送至客户手中，对维护产品形象、企业信誉有着非常重要的作用。生产企业的典型包装工艺流程如图 6-4 所示。

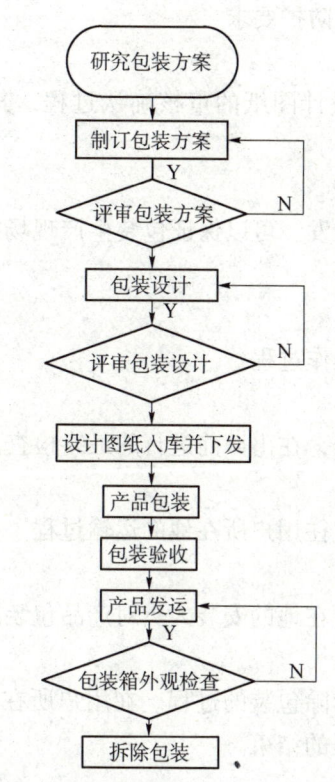

```
        ┌─────────────┐
        │ 研究包装方案 │
        └──────┬──────┘
               ▼
        ┌─────────────┐◄──────┐
        │ 制订包装方案 │       │
        └──────┬──────┘       │
              Y│              │
               ▼              │
           ◇评审包装方案◇──N──┘
              Y│
               ▼
        ┌─────────────┐◄──────┐
        │  包装设计   │       │
        └──────┬──────┘       │
              Y│              │
               ▼              │
           ◇评审包装设计◇──N──┘
              Y│
               ▼
        ┌───────────────┐
        │设计图纸入库并下发│
        └──────┬────────┘
               ▼
        ┌─────────────┐
        │  产品包装   │
        └──────┬──────┘
               ▼
        ┌─────────────┐
        │  包装验收   │
        └──────┬──────┘
               ▼
        ┌─────────────┐◄──────┐
        │  产品发运   │       │
        └──────┬──────┘       │
              Y│              │
               ▼              │
          ◇包装箱外观检查◇─N──┘
              │
               ▼
        ┌─────────────┐
        │  拆除包装   │
        └─────────────┘
```

图 6-4　生产企业的典型包装工艺流程

（1）研究包装方案。

研究包装方案是包装工艺流程的起点，是对产品包装方案进行概要设计的一个阶段。其工作内容是依据企业标准、内控标准所描述的产品的使用环境（包括防震、防潮、防水、防霉、防污染、储存年限等）及包装方面相关国家标准，进行包装总体方案的研究。研究方案应对产品内部器件的支撑防护、产品重要器件的特殊保护、包装箱的设计原则、相应的防护措施（包括防震、防潮、防水等）等给出具体的说明。

（2）制订包装方案。

制订包装方案是产品包装方案的详细设计阶段。它是在研究包装方案的基础上按照产品具体用户所在的地域和工作环境不同，制订出具体包装方案的过程。包装方案应对产品的包装结构、产品内部器件的支撑防护、产品重要器件的特殊保护、包装箱的设计原则、包装材料方案、相应的防护措施（包括防震、防潮、防水等）等给出详细的说明。

（3）评审包装方案。

评审包装方案是审核包装方案的过程，通过包装方案的评审可以确定包装方案是否满足产品的使用环境要求。

（4）包装设计。

包装设计是包装箱图纸的具体设计过程。设计人员在进行包装箱图纸设计时要根据产品类型及产品包装方案，亲临制造现场，了解产品规格，设计产品内外包装图纸，满足包装方案的各种包装防护要求。

（5）评审包装设计。

评审包装设计是对包装设计图纸的审核确认过程，其能确保包装设计图纸的正确性。

（6）设计图纸入库并下发。

设计图纸应及时入库并下发，可以保证包装生产现场能够按最新设计图纸正确完成产品包装工作。

（7）产品包装。

产品包装是包装的实际操作过程。

（8）包装验收。

包装验收是产品包装完毕，在出厂前进行的最终检查。

（9）产品发运。

产品发运是产品包装后发往用户所在地的运输过程。

（10）包装箱外观检查。

包装箱外观检查是用户所在地的安装人员对产品包装的验收过程。

（11）拆除包装。

拆除包装是用户所在地拆除包装的过程。在用户所在地，安装人员拆除包装和用户拆除包装，都代表包装过程的结束。

3. 包装标准化发展

随着我国制造业的发展，包装呈标准化、减量化的发展趋势，其中包装标准化发展是一个重点。

商品包装标准化是指在生产技术活动中，对所有制作的运输包装和销售包装的品种、规格、尺寸、参数、工艺、成分、性能等所做的统一规定，并且按照统一的技术标准对包装过程进行管理。产品包装标准是包装设计、生产、制造和检验包装产品质量的技术依据。产品包装标准化主要内容是使产品包装适用、牢固、美观，达到定型化、规格化和系列化。对同类或同种产品包装，须执行"七个统一"，即统一材料、统一规格、统一容量、统一标记、统一结构、统一封装方法和统一捆扎方法。产品标准化的内容包含包装材料标准化、包装容器标准化、包装工艺标准化、装卸作业标准化、集合包装标准化等。

（1）包装材料标准化。

产品包装材料应尽量选择标准材料，少用或不用非标准材料，以保证材料质量和材料来源的稳定。包装材料主要有纸张、塑料、金属、木材、玻璃、纤维织物等。对于这几大类包装材料的强度、耐破程度、水分等技术指标，应给出标准规定，以保证包装材料被制成包装容器后能够承受流通过程中损害产品的外力。

（2）包装容器标准化。

包装容器的外形尺寸与运输车辆的内部尺寸和包装产品所占的有效仓库容积有关，因此，应对包装的外形尺寸进行严格规定。运输包装的内尺寸和产品中包装的外尺寸也有类似的关系，因此，对运输包装的内尺寸和产品中包装的外尺寸，也应进行严格规定。

（3）包装工艺标准化。

凡是包装箱（桶）等，必须规定内装商品数量、排列顺序、合适的衬垫材料，并防止包装箱（桶）内空隙太大造成的商品游动。例如，对于木箱包装箱，必须规定箱板的木质、箱板的厚度、装箱钉子的规格、相邻钉子距离、包角的技术要求及钉子不得钉在夹缝里等。纸箱必须规定如何封口，腰箍的材料，腰箍的松紧及牢固度等。布包则要规定针距及捆绳的松紧度等。

（4）装卸作业标准化。

按照装卸作业指令，准确装卸货物，并核对品种、质量、数量、型号、包装等，差错率不得超过10%。装卸作业时，货物需按规定要求码放，不得出现货物的坍塌、倒置、摇晃等情况。

（5）集合包装标准化。

集合包装是指将一定数量的产品或包装件组合在一起，形成一个合适的单元，以便于装卸、储存和运输。近年来，我国集合包装有较快发展，并制定了部分国家标准。集合包装通常采用集装箱、集装包（袋）和托盘。集装箱一般由钢板、铁板等金属制成，可以反复使用周转，既是货物的运输包装，又是运输工具的组成部分。集装包适用于装载已经包装好的桶装和袋装的多件商品，每包一般可容纳1~1.5吨的货物。集装袋适用于集合包装商品，每袋一般可容纳1~4吨的货物。托盘的标准应与集装箱的标准规定的尺寸相配套。

6.2.2 商品仓储管理

1. 现代仓储的内涵

现代仓储不是传统意义上的"仓库"和"仓库管理"，而是在经济全球化与供应链一体化背景下的仓储，是现代物流系统中的仓储，它代表一项活动或一个过程，是以满足供应链上下游的需求为目的，在特定的有形或无形的场所运用现代技术对物品的进出、库存、分拣、包装、配送及其信息进行有效的计划、执行和控制的物流活动。

下面从仓储规划管理和仓储作业管理两方面来分析现代仓储。

2. 仓储规划管理

1）生产企业建立仓储中心的选址规划

（1）市场及用户的分布。

建立服务于销售物流的仓储中心时，首先要考虑市场和用户的分布情况。为了更好地服务市场（用户），降低企业的销售成本，应选择在市场（用户）中心的周边建立仓储中心，以便于生产企业对企业产品的仓储管理以及产品销售的配送。也有些企业将产品仓储中心建立在城市的开发区。一般来说，政府对在开发区设立的企业提供一定的政策支持，如减少税收或给予廉价的土地及相应的支持。对于生产企业而言，在开发区设立仓储中心不仅可以缩短产品的配送路程，还可以降低企业的成本。

（2）交通和运输条件。

交通和运输条件是影响物流成本和物流效率的重要因素，便利的交通可以提高企业物流的效率。因此，仓储中心选址必须综合考虑对外的交通运输，未来城市的变化对仓储中心的影响，以及配送中心的发展需求。生产企业销售仓储中心选址应尽量靠近高速公路、码头、车站、货场等，以便产品的运输、配送。

交通便利是仓储中心选址的关键因素。如果没有良好的交通运输条件，即使有再好的运输工具和员工，企业也无法实行即时配送。

（3）土地的选择和用地条件。

生产企业建立仓储中心时要认真考虑用地问题，土地的使用必须符合相关的法律和规定，还应进行成本核算。仓储中心应尽可能地建立在城市物流规划区、经济开发区等位置。一是对企业有优惠条件，二是更加接近生产企业所服务的用户。选择土地时应考虑企业未来的发展和配送中心生产运营过程对周边环境的需求，避免出现交通道路堵塞、车辆禁行、出入车辆绕行等现象。

（4）人力资源市场。

企业的竞争是人才的竞争。物流仓储中心是劳动力密集型企业，在仓储中心内部必须有足够的生产作业人员。因此，在仓储中心选址的过程中，应考虑该地区的就业人员数量、技术水平、工资薪酬，以及风俗习惯等因素。

2）仓储中心布局规划

生产企业配送中心选址还应注意到配送中心的合理布局。其合理布局不仅可以提升企业产品的销售业绩，同时还可以提高物流效率，降低企业销售物流成本。目前比较合理的布局有以下几种形式。

（1）辐射型：仓储中心建立在市场（用户）的中心，企业产品销售配送是向四周进行辐射型配送，减少配送距离有利于降低企业的物流成本。

辐射型仓储中心的设置如图 6-5 所示。

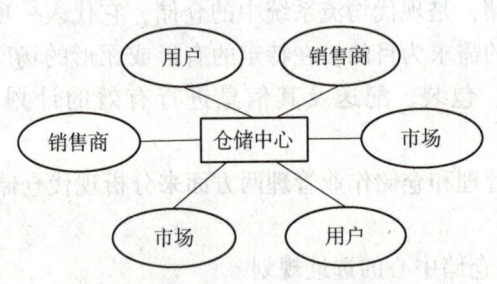

图 6-5　辐射型仓储中心的设置

（2）扇形：仓储中心建立在市场（用户）的一侧，企业产品销售使配送物流向一个方向运输配送。扇形仓储中心的设置如图 6-6 所示。

（3）双向辐射型：仓储中心建立在市场（用户）的对称点上，用户在仓储中心的两侧，企业产品销售配送时向相反两个方向进行产品配送。双向辐射型仓储中心的设置如图 6-7 所示。

企业仓储中心的建立有利于企业进行产品销售，仓储中心的选址与布局形式关系到企业的销售成本，因此生产企业在自建仓储中心时应考虑周密。

企业销售物流的销售库存规划及策略主要是指针对市场产品的需求量、需求时间而制订的不同区域所持有（仓储）产成品的数量估算。销售库存应根据当地的产品需

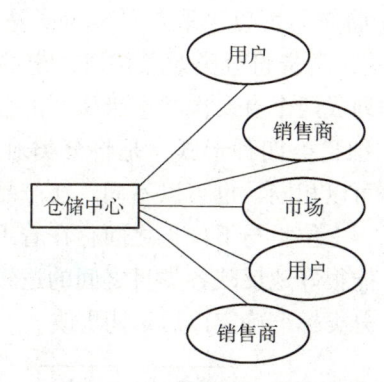

图 6-6　扇形仓储中心的设置

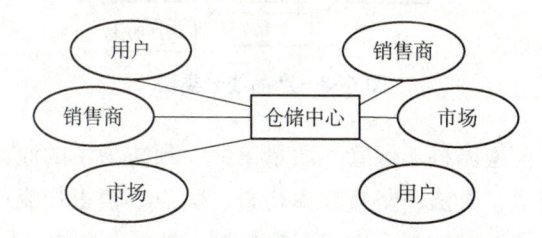

图 6-7　双向辐射型仓储中心的设置

求量（订单），以及历年来该产品在市场的销售业绩情况进行分析。销售物流库存量的设计应考虑市场因素、用户消费习惯、自然环境、季节等。不同的因素产生不同的影响。企业应随时改变企业库存量，减少因库存的增加而带来企业生产成本的增加。

3. 仓储作业管理

（1）产品验收入库。

产品验收入库是指所有到库的产品在入库前必须进行验收检查，只有验收合格的产品才能入库仓储。销售物流的库存货物是针对市场的需求而进行的产品储备，是用于市场销售的产品，不合格的产品不能进入销售物流库房。产品入库应对产品的外包装、数量（件数、箱数、个数）进行检查并填写入库通知单。产品验收入库包括验收前准备、核对单据、实物验收三个过程。验收前准备包括接收单据准备、人员安排、设备协调、仓储场地准备、时间确定准备等。核对单据主要是指对货物的验收单据进行认真核对，包括入库通知单、入库货物明细表等。实物验收主要是对产品的外包装、数量、重量、型号等进行验收。针对货品实物进行验收的方法有抽检方式和全检方式：抽检方式是指从产品总数中按一定的比率进行产品抽查，大多应用于成批产品的入库验收；全检方式是针对入库产品逐个进行认真检查，主要应用于重要的产品、数量较少但价值较高的产品、返修的产品的入库管理。产品入库检查要坚持不合格产品禁止入库、不合格产品拒收的原则。产品验收入库是为日后更好地进行仓储保管、保养，能够分清产品损坏、丢失的责任确定，有利于产品交接。

（2）产品仓储保管。

产品仓储保管首先要对产品进行分类，根据企业生产产品的型号进行分类、分区存放。一般情况下，生产企业产品的种类较少，更多的是不同型号的同类产品，因此，生产企业销售物流的仓储产品可以采取产品线分类法进行分类。产品线分类法（图6-8）又被称为层分类法，是指将分类对象按所选定的若干分类标志，逐次分成相应的若干个层级类目，排列成两个有层次并逐级展开的分类体系。产品线分类法一般包括大类、中类、小类、细目类四种形式，是将分类对象一层一层地进行具体划分，各层级选用的分类标准可以相同，也可以不同。在产品线分类法体系中，同位类的类目之间存在着并列关系，上位类与下位类之间存在着隶属关系。产品线分类法的优点是具有良好的层次性，能很好地反映各类目之间的逻辑关系，符合现实生活的规律；其缺点是结构弹性差，分类标准确定以后不能更改。

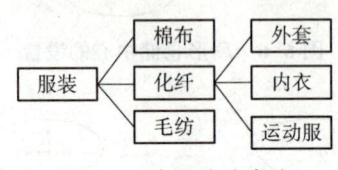

图6-8 产品线分类法

产品的仓储保管要遵循科学保管、质量第一、预防为主的原则。针对不同的产品应采用不同的保管技术、方法，坚持在库检查、盘点。销售物流产品的保管内容包括产品的存放方法、仓储温度控制、库房湿度控制、防锈、防虫、防霉变等。

（3）产品仓储盘点。

随着产品出库、入库的频繁发生，经过较长时间的累积，企业仓库账目库存量容易与实际不符。因此在生产企业销售物流产品仓储的日常管理过程中，应及时对产品进行盘点作业。

盘点作业是一项非常耗时、复杂的工作，不仅要查清产品实际库存数量，而且要检查过去对库存产品的保管管理状态，核算企业资产的损益以及产品在库存中的保管问题等，一般是每个月对物资进行一次盘点，也存在一个季度进行一次盘点的情况。

（4）产品分拣。

销售物流的产品分拣，是根据用户的订单将产品分拣装车。产品分拣可根据产品出库的品种、数量多少采用不同的分拣方法，产品分拣有摘果式分拣和播种式分拣两种方式。摘果式分拣就像在果园中摘取果实那样去拣选货物，适用于品种多、数量少的产品。播种式分拣就像在田野中播种那样拣选货物，适用于单品种、数量较大、用户较多的产品。

（5）流通加工。

流通加工的目的是提高物流速度和产品的利用率，在产品进入流通领域后，按客户的要求进行的加工活动，即在产品从生产者向消费者流动的过程中，为了促进销售、维护产品质量和提高物流效率，对产品进行一定程度的加工。

（6）产品出库管理。

产品出库是销售物流管理中的一道重要工序，一般是指产品已被销售，要将产品送达到客户手中。产品出库是产品存储的最后阶段，也是仓储管理的最后一个环节。产品出库有一整套的出库手续，需要操作者认真执行，尽量不出错。

6.2.3 产品配送运输

产品配送运输是指将客户所需的物品通过运输工具,并按照一定的运输路线,利用其他设备送达到客户手中的物流活动。商品配送运输通常是来采用公路运输、铁路运输、水路运输、航空运输、复合式运输方式。

产品配送运输是企业销售物流的重要环节,产品配送运输服务质量关系到用户对企业产品的满意度,以及企业在市场中的形象。影响产品配送运输的因素很多,如包括交通路线、车辆选择、客户分布区域等。

1. 产品配送运输的要求

(1) 及时准确性。

销售物流中产品配送运输以确保产品按照合同及时准确送达到客户手中为前提,及时准确是配送运输的重要考核目标,一切产品配送运输工作都是以及时准确送达为基础而进行的。影响产品准时送达的因素很多,在制订产品配送运输计划时就应将各类影响因素考虑周全并进行认真规划。例如,应考虑配送路线是否堵塞、车辆意外故障、道路维修、车辆限行等情况,还要考虑天气的影响。产品配送运输应以客户为中心,为用户着想,设计优秀的配送方案及应急方案,确保准时将产品送达到用户手中。

(2) 安全方便性。

产品的配送运输应考虑安全(货物、人员)问题,应确定运输车辆的行驶速度,注意运输工具不能超载,应对运输工具进行检查以避免发生事故。货物的安全也是产品配送运输的考核项目之一,货物的安全主要是指产品出库到用户手中的完好性。影响产品运输途中的安全(完好性)有包装问题、装卸搬运问题、运输车辆问题、车辆驾驶人员问题。

产品配送运输应以为服务为中心,相关人员应拥有主动、热情的服务意识,配送运输应以快捷的速度、弹性的服务送货系统,实现送货"到家"的服务要求。产品配送运输的方便性体现在即时、快捷、省力、送货到门等方面。

(3) 经济性。

企业销售物流是企业生产经营过程中的一部分,企业的产品制造与销售目的就是获得利润,企业销售物流应建立在成本核算的基础上进行商业服务,企业产品配送运输应进行成本核算,做到成本最低经济配送。要确保企业产品配送运输经济性,要从配送路线的选择、车辆积载率上多下功夫。

实现一定的经济利益是企业运作的基本目标,而产品配送运输则是在实现双赢的基础上进行的。

(4) 服务性。

产品配送运输的服务性已成为企业占领市场的重要手段,是企业在市场中树立品牌形象的重要工具。销售物流具有很强的服务性,其以满足客户需求为出发点来实现产品销售和售后服务,而销售物流的终结代表企业产品销售活动的终结。

长期以来,人们对企业产品销售物流配送的服务性认识还停留在送货到门即为服务到家上。实际上,产品配送运输有更多的服务项目需要企业去实施。

例如，企业应建立差异化的服务项目，即将服务内容更加向外拓展，不仅仅是将货物送到门，还应将货物的使用、安装、调试和环境卫生处置列为服务项目，建立特有的一条龙服务模式。

2. 产品配送运输的方式

运输是物流的基本功能，企业通过运输解决产品从生产场地到商家或客户手中的空间位移，实现产品转变成商品，是获得产品价值和利润的工具。企业在销售过程中，根据市场和客户的要求，合理选择运输方式，将会为企业降低成本，创造更多利润。

在选择运输方式时，要考虑企业自身运输能力和社会运输能力的合理应用，一般情况下，企业都利用自身运输能力进行产品运输，这样可以减少成本支出。

企业销售物流还可以采用社会运输能力，委托第三方物流公司进行产品销售配送运输。因为第三方物流公司是运输配送的专业物流公司，配送运输管理是其主业，其物流配送能力较生产企业自身的运输公司要强，也更加专业。

企业销售物流配送运输的目的地有两种，一种是向配送中心、仓储中心进行产品配送运输；另一种是向客户进行产品配送运输。

企业针对配送中心、仓储中心的配送运输主要采用定时、定量、定路线的大批量输送方式，其特点是效率高、运输量大，可按事先约定的计划进行配送。

企业针对客户的产品配送运输，主要采用即时配送和循环路径配送方式。由于针对客户的产品配送运输产品数量少，客户所在区域也不尽相同，在销售物流管理过程中，更应重视的是服务质量和配送的经济性，尽量将同一方向、同一配送路线的客户产品集中装在运输工具上，采用循环路径逐个配送。企业应尽可能在满足客户需求的同时，企业要进行经济成本核算，以降低企业销售成本。

企业销售物流配送方式按产品数量的大小区分包括零担发运、整车发运、集装箱运输、包裹发运（特快专递），按产品提货人员区分包括厂家配送、客户自提（此处不展开介绍）。

零担发运是指产品的数量、重量、体积不足以使用一辆整车运输，而按其产品的性质可以与其他物品进行拼装运输的发运形式。零担运输的特点是较为灵活，可以实现即时配送。

整车发运是指产品的数量、重量、体积能够使运输车辆满载的发运方式。整车发运的运价低于零担发运的运价。

集装箱运输是近几年大力发展的产品运输形式，其是将多种产品组装成一定规格的集装单元进行运输的方式。其优点是提高运输能力、节省包装费用、降低运输成本、减少产品的装卸搬运次数；缺点是需要与其他产品进行拼箱，可能出现配送等待时间。

包裹发运（特快专递）是指将体积较小、数量单一或零星产品采用邮寄、航空运输的方式进行发运。

6.2.4 装卸搬运

1. 装卸搬运的特点

装卸是指物品在指定地点进行的以垂直移动为主的物流作业。搬运的"运"与运输的"运"的区别之处在于，搬运是在同一地域的小范围内发生的，而运输则是在较大范围内发生的，两者是从量变到质变的关系，中间并无一个绝对的界限。装卸搬运活动是影响物流效率、决定物流技术经济效果的重要环节。装卸搬运主要有以下特点：

（1）装卸搬运是附属性、伴生性活动。
（2）装卸搬运是支持、保障性活动。
（3）装卸搬运是衔接性活动。

2. 装卸搬运的分类

（1）根据作业场所的不同，销售物流环节的装卸搬运可分为车船装卸搬运、港站装卸搬运、库场装卸搬运三大类。

（2）根据作业内容的不同，装卸搬运可分为堆放拆垛作业、分拣配货作业和挪动移位作业（即狭义的装卸搬运作业）等形式。

（3）根据机械及其作业方式的不同，装卸搬运可分成吊上吊下、叉上叉下、滚上滚下、移上移下及散装散卸等方式。

（4）根据作业特点的不同，装卸搬运可分为连续搬运与间歇装卸搬运两大类。

（5）根据对象的不同，装卸搬运可分为单件作业法、集装作业法、散装作业法三大类。

（6）根据被装物的主要运动方式，装卸搬运可分为垂直装卸搬运和水平装卸搬运两大类。

3. 装卸搬运合理化

装卸搬运合理化，即在进行物流装卸搬运的过程中尽量减少人力物力的消耗，以达到高效率、高质量的运作，保证供应任务的完成。装卸搬运合理化包括七大原则，即省力化原则、活性化原则、短距化原则、顺利化原则、连续化原则、单元化原则和人格化原则。

（1）省力化原则。所谓省力，就是节省动力和人力。由于货品装卸转移不发生价值，作业的次数越多，货品破损和发生事端的概率就越大，费用也越高。因此，首先要考虑尽量不装卸转移或尽量减少装卸转移的次数。

（2）活性化原则。这里的活性化是指从物的停止状况转变为装卸状况的难易程度。假如简单或适于下一步装卸转移作业，则活性化高。如果比较容易就可进行下一步的装卸活动，则活性化高。例如，库房中的货品乱七八糟，则活性化低；规整堆码，则活性化高。此外，可以使装卸机械灵活化的因素包括叉车、铲车、带轨迹的吊车，还有安装了轮子、履带的吊车等。

（3）短距化原则。短距化即以最短的间隔完成装卸转移作业，比如出产流水线作业。

出产流水线作业把各道工序连接在运送带上，让其主动运转，使各道工序的作业人员以最短的动作间隔完成作业，这样就节省了大量时间，降低了人力耗费，提高了作业效率。在日常生活中，短距化的应用也随处可见，如转盘式餐桌（把各种美味佳肴放在转盘上，人们不用站起来就能夹到菜）。

（4）顺利化原则。产品装卸转移的顺利化可有效保证作业安全、提高作业效率。

所谓顺利化，就是作业场所无障碍、通道畅通，作业可以不间断地进行。例如，叉车在库房中作业，应留有安全作业空间，使转弯、后退等动作不会受面积和空间约束；避免出现机械化、主动化作业途中发生停电、线路故障、作业事端等问题。

（5）连续化原则。采用连续化装卸搬运的情况很多，如输气管道、送设备、皮带传过辊道输送机、旋转货架等采用的都是连续化装卸搬运。

（6）单元化原则。单元化装卸搬运是提高装卸搬运效率的一种有效方法，如集装箱、托盘等采用的都是单元化原则。

（7）人格化原则。装卸搬运是重体力劳动，很容易超过人的承受限度。如果不考虑人的因素，容易出现野蛮装卸、乱扔乱摔等现象。因此，在包装和捆包货物时，应考虑人的正常抓取的方便性，也要注重安全性和防污染性等。

【任务实施】

选择一家典型的汽车制造企业，分析其在销售物流作业体系中的现状和未来改进措施，完成表6-1的填写。

表6-1 企业销售物流工作汇总

作业环节	现状	改进措施
包装		
仓储管理		
配送运输		
装卸搬运		

【实战演练】

不起眼的包装钢带带来的效益

自2021年下半年以来，林州凤宝管业有限公司89厂质检站对无缝钢管打包钢带进行管理优化，一年可节约20吨打包钢带，为该公司降本增效的工作做出了贡献。

钢管日常打包入库时，在锁扣前需要对打包钢带进行一次回折，而这个回折的长度是没有规定的，员工操作也比较随意，回折长度一般为12~17厘米，这就导致了不必要的浪费。为此，该公司89厂质检站制订了钢带节约使用制度，要求每次回折的长度控制在7厘米以内，对于未按要求操作的员工要进行相应的处罚并约谈。包装制度的落地，规范了员工操作行为，减少了钢带消耗。按新规定操作一道钢带可节约钢带200多克，一包钢管打12道钢带可节约钢带90厘米左右，以2020年打包数为参考，年可节约钢带近20吨。

该公司89质检站是善于在管理方面发现问题并进行优化改进的团队，仅在包装管理方面，上至成品包装散小包的合并，下至打包钢带的使用，均展现出该团队在节能降耗方面的行动力。

思考：

案例中的企业改进了物流中的哪个环节？其通过哪些措施保证这种改进落地实施的？

任务 6.3　实现销售物流合理化途径

【任务导入】

日日顺物流发布"前置1千米仓装配生态方案"

针对电动车线上物流全链路转运周期长、产品破损率高、包装成本高等痛点，2021年3月26日，日日顺物流发布"前置1千米仓装配生态方案"，为推动行业高质量发展与创造高品质生活有机结合打造了场景生态样板。

在存储、装卸、运输等场景，日日顺物流通过车电分离的方案为物流成本做"减法"，如将电池和电动车单独隔离存放，并提供反向补电服务，以减少电池出现亏电现象，提升存储时间，并通过双层改装定制车辆，提高单次装载数量等。

在交付场景，采用智能定制循环箱，改变了传统大件木框架和纸质外包的打包方式，既能满足装载运输过程中防尘防撞的需求，又能实现循环回收再利用，大大降低了物流包装成本，其中内置芯片还能实现全程定位、可视，受到诸多生态方的认可，已经成为小牛电动车北京仓唯一指定的绿色环保包装方案。另外，日日顺物流还启动了电动车行业智能定制循环箱首发仪式。

同时，基于用户对电动车的车筐、前轮、脚踏、刹车、后车座、塑件等组件的定制需求，日日顺物流把电动车产线上模块的组装工序前置到离用户最近的仓内，采用高位定制货架进行零配件存储，并按照用户体验提供配件组装解决方案，满足一站式装配的场景服务体验。

日日顺物流还联合天津小鸟车业、新蕾车业举行签约仪式，打破行业区隔，共同推进"跨界共创、资源共享"的生态建设。

【任务布置】

请同学们思考，日日顺物流在电动车销售物流中的创新点有哪些？其与合作伙伴的"跨界共创、资源共享"应如何推进？

【任务分析】

本任务要求学生对生产企业销售物流合理化有理性的认识，因为只有这样才能厘清生产企业物流结构要素之间的关系。

【相关知识】

物流合理化是物流的永恒课题，销售物流是生产企业物流的一部分，是企业产品转化为商品的重要过程，是企业物流与社会物流的衔接点，销售物流是消费者与企业的桥梁。

销售物流合理化需要认真对销售市场中的销售方和需求方进行深层次的分析与研究。市场经济中商品的买卖双方都会以自身利益进行成本核算，买方想以最低的价格买入更加优质的商品，并能享受到最快捷的配送服务。而供应商想以更高的商品价格进行销售，以获得更多利润。供应商只有在市场的商品交易中获得利润，才能在市场中生存。客户想要以最低的价格买入商品并能及时配送，及时配送服务会相应带来企业销售成本增加，企业成本增加势必会使商品价格抬升，而商品价格提升在市场中就没有竞争能力，但价格过低企业同样无利润可言。因此，市场的双方应在互利互惠的基础上实现双赢，这样才能保证市场的稳定发展。

6.3.1　销售物流合理化形式

销售物流活动受企业销售政策制约，由于它是具体化的，所以，单单从物流效率的角度不能找出其评价的尺度。目前，销售物流合理化的形式分为规模化、商物分离化、共同化、标准化等类型，但一种物流并不仅仅与一种形式相对应。

（1）规模化模式。随着信息技术的发展，以及预测手段和工具的更新，企业可以对货物的流量和流向进行有效预测，增加货物流动的批量，减少批次。该模式适用的行业可以是家用电器、玻璃、洗涤剂、饮料等。规模化模式的优点是可通过装卸机械化来提高货物的装卸效率，降低单件货物的流动成本，可以克服需求、运输和生产的波动性，简化处理流程。该模式的常见问题包括需求预测不准导致销售竞争力下降与交易对象的商品保管面积增加。

（2）商物分离化模式。商物分离是指流通中两个组成部分，即商业流通和实物流通各自按照自己的规律和渠道独立运动。使用该模式时需要解决销售活动的方式问题和配送距离增大的问题，以及调整企业之间的关系。该模式适用的行业可以是纤维、家用电器、玻璃等。商物分离化模式优点是减少固定开支，压缩流通库存，排除交叉运输，加强整个流通渠道的效率化和流通系列化。

（3）物流共同化模式。物流共同化包括物流配送共同化、物流资源利用共同化、物流设施与设备利用共同化以及物流管理共同化，如图6-9所示。物流资源是指人、财、物、时间和信息；物流的设施及设备包括运输车辆、装卸机械、搬运设备、托盘和集装箱、仓储设备及场地等；物流管理是指商品管理、在库管理等。共同化模式的优点包括物流管理社会化，装载效率提高，投资压缩成本。该模式的管理要求比较高，它要求企业能够具备对单一主导型企业和行业进行整体垂直结合、水平结合的能力。该模式适用的行业是家用电器、食品、药品等。

（4）标准化模式。物流标准化是按照物流合理化的目的和要求，制订各类技术标准、工作标准，并形成全国乃至国际物流系统标准化体系的活动过程。其主要内容包

```
物                ┌── 物流配送共同化
流                │
共                ├── 物流资源利用共同化
同                │
化                ├── 物流设施与设备利用共同化
                  │
                  └── 物流管理共同化
```

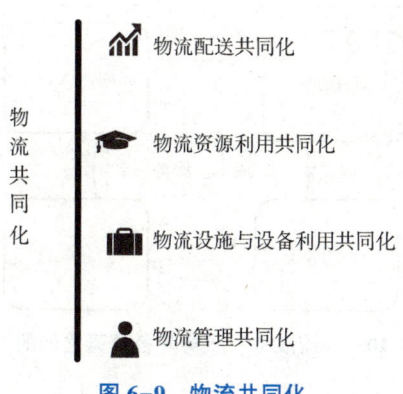

图 6-9　物流共同化

括物流系统的各类固定设施、移动设备、专用工具的技术标准；物流过程各个环节内部及其之间的工作标准；物流系统各类技术标准之间、技术标准与工作标准之间的配合要求，以及物流系统与其他相关系统的配合要求。标准化模式的优点是拣选、配货等节省人力；订货处理、库存管理、拣选、配货等比较方便。该模式适用的行业可以是食品、文具、化妆品等。

6.3.2　物流结构设计合理化原则

物流结构设计的基本原则，是从物流的需求和供给两个方面谋求物流的大量化、时间和成本的均衡化、货物的直达化以及搬运装卸的省力化。作为实现这种目的的有效条件有运输、保管等的共同化，订货、发货等的计划化，订货标准、物流批量标准等有关方面的标准化，以及附带有流通加工和情报功能的扩大化等。物流结构既指物流网点的布局构成，也泛指物流各个环节（装卸、运输、仓储、加工、包装、发送等）的组合情况。物流网点在空间上的布局，在很大程度上影响物流的路线、方向和流程。而物流各环节的内部结构模式又直接影响着物流运动的成效。

（1）物流的系统化最终目标是实现物流的合理化，而物流的系统化必须满足系统的共同化、计划化、标准化、扩大化和层次化。物流系统化为物流合理化创造了条件，即物流系统化是手段，物流合理化是目的，二者是相辅相成的。

（2）物流的大量化、稳定化、直达化服务于物流的计划化，而物流的大量化必须满足物流的共同化。

（3）物流系统化原则体现了一体化物流和整合物流的思想。因此，要实现物流系统化的原则，企业各部门必须从企业综合能力与综合经济两方面思考问题，合理利用企业资源，从而实现企业整体物流的优化。

6.3.3　合理化物流结构各要素之间的关系

根据物流系统化原则的思想，企业在进行物流系统设计时，应充分考虑物流各要素之间的关系。物流成本、服务与各要素之间的关系如图 6-10 所示。

合理化物流结构需考虑的关系包括以下几个方面。

（1）网点集中设置与成本、服务的关系。

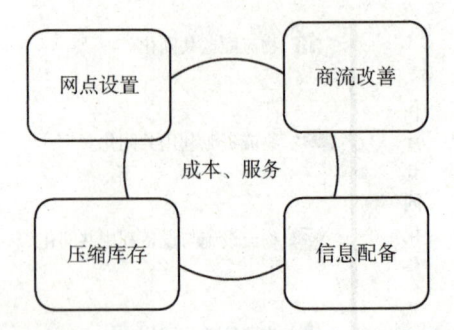

图 6-10　物流成本、服务与各要素之间的关系

（2）商流的改善与成本、服务的关系（说明：商品的批量化、直达化，使成本下降，使服务标准提高）。

（3）压缩库存与成本、服务的关系（说明：压缩库存的品种和数量会使成本下降，但服务标准化也会随之下降）。

（4）信息的配备与成本、服务的关系（说明：信息配备完善，信息成本上升，库存成本、配送成本下降，服务质量提高）。

（5）其他因素与成本、服务的关系（说明：若车辆大型化、规定路线、实行合装，则使成本下降，使服务水平也下降）。

通过以上分析，可以看出物流合理化是一个系统的工程，涉及物流的各个方面，既需要考虑企业的内部因素，也需要考虑企业的外部因素。各种物流模式的选择既要遵循物流设计的原则，也要考虑公司的定位、品牌形象、销售政策以及物流各要素与物流成本和服务质量之间的关系。因此，对某一个具体的生产企业而言，可以选择符合自己企业实际情况的合理化物流模式，但不存在统一的合理化物流模式，各生产企业必须根据自身的实际情况设计符合自己的物流模式，形成本企业的核心竞争优势。

【任务实施】

应用鱼骨图分析问题，完成图 6-11 的填写。根据你所了解的一家生产企业销售物流中的典型问题，依次找出导致问题发生的大要因、中要因、小要因。将对应内容填入鱼骨图的鱼头、大骨、中骨、小骨。其中，大骨对应大要因，现场作业一般按"人-机-料-法-环"着手，管理类问题一般从"人-事-时-地-物"着手，也可以视具体情况而定。注意，可参考图 6-12 所示的鱼骨图示例。

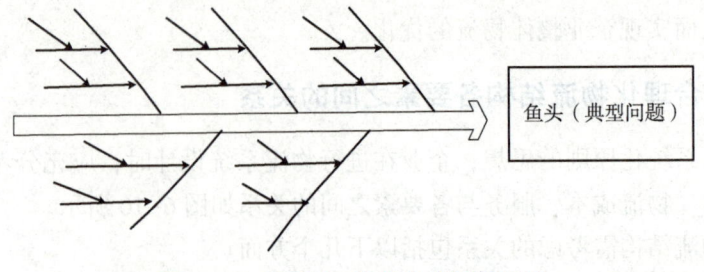

图 6-11　鱼骨图—生产企业问题分析

图 6-12 鱼骨图示例

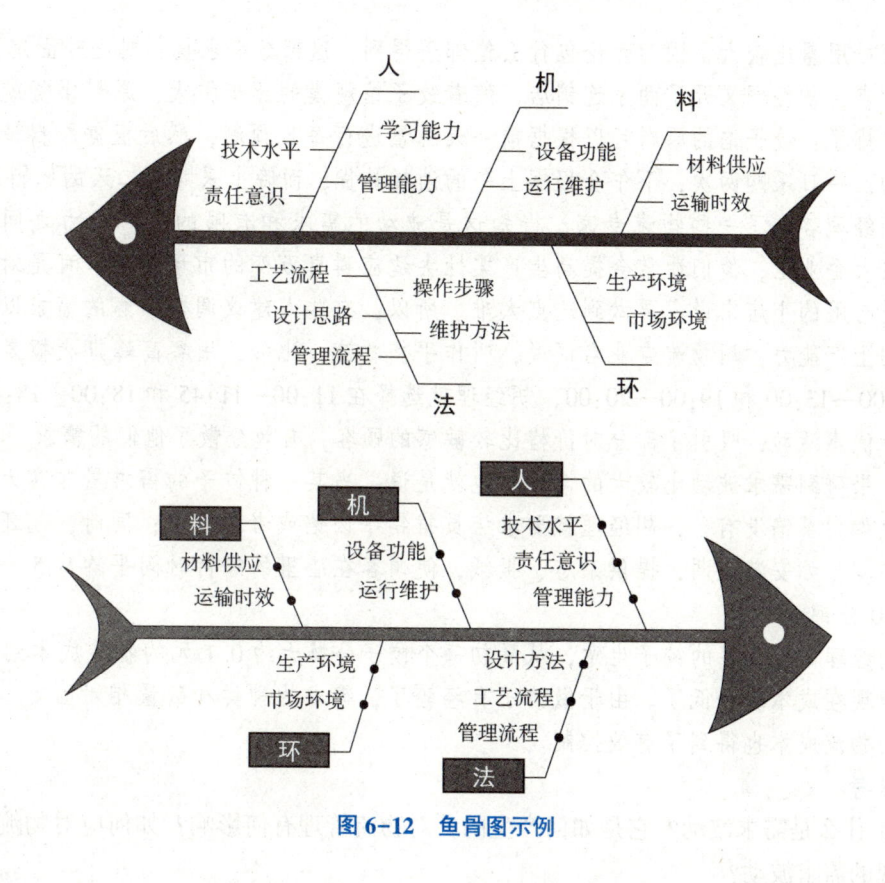

【实战演练】

一家饺子馆的物流实务

胡经理在杭州南肖埠开了家饺子馆，如今生意还算火爆。周围小区的住户常来光顾小店，有些老顾客一顿饭能吃半斤饺子。胡经理说："别看现在生意还不错，刚开业那段时间，我头疼的就是每天怎么进货，很多利润都被物流环节消耗掉了。"

刚开始 10 个饺子定价为 5 元，直接成本为饺子馅、饺子皮、佐料和燃料，每个饺子成本大约 2 角。虽然存在价差空间，可是胡经理的小店总赚不到钱，原因在于每天都有大量剩余原料，这些采购的原料不能隔天使用，算上人工、水电、房租等经营成本，每个饺子的成本都接近 4 角了。

胡经理感叹，如果一天卖出 1 000 个饺子，多余下 500 个饺子的原料，相当于亏损了 100 元左右，每个饺子的物流成本最高时有 0.1 元，加上粮食涨价，饺子馆的利润越来越小。

经分析得知，这个问题的关键在于控制数量，准确供货。其实做饺子的数量比较难掌握，做少了，有的时候客人多，会出现供不应求的现象，做多了，就会剩下，造成浪费。

从理论上说，饺子馆一般有两种供应方式：一种是每天定量供应，一般早上 10 点开始，晚上 9 点结束，这样可能会损失客流量；另一种是根据以往的经验预测，每天的面粉用量比较大，因为无论包什么馅都用得到，这部分需求量相对比较固定。

后来，胡经理又开了两家连锁店，随着饺子馆规模的逐步扩大，原料供货就更需统筹安排了：饺子馅的原料可以根据前一天用量进行每日预测，然后根据原料清单进行采购；一日采购两次，下午会根据上午的消耗补货，而晚上采购第二天的原料。

胡经理咨询了一些物流专家，得知这是波动的需求和有限的生产能力之间的冲突。在大企业里，他们通常会提高生产柔性去适应瞬息万变的市场需求。可是对于经营规模有限的小店来说，要做到这点太难。所以，有些人建议调整顾客的需求以配合有限的生产能力，用物流专业名词说，叫作平衡物流。比如，用餐高峰期大概是每天的12:00—13:00和19:00—20:00，胡经理就选择在11:00—11:45和18:00—18:45开展9折优惠活动，吸引了部分对价格比较敏感的顾客，有效分散了他们的需求。

如果碰到需求波动比较大的情况，也就是说，当某一种饺子的需求量非常大的时候，比如白菜馅没有了，胡经理就要求店员推销牛肉馅或者羊肉馅；同时，他还改善店面环境，如安装空调，提供杂志、报纸，使顾客在店里的等待时间平均从5分钟延长到10分钟。

胡经理做了3年的饺子生意，从最初每个饺子分摊大约0.1元的物流成本到0.05元，而现在成本就更低了。由于做饺子有经验了，需求的种类和数量相对固定，每个饺子的物流成本也得到了有效控制。

思考：

1. 什么是需求波动？它是如何产生的？对物流管理有何影响？如何应对物流过程中出现的需求波动？
2. 请简要谈谈这家饺子馆的经理是如何进行物流管理的？

任务6.4 选择销售物流模式

【任务导入】

宝供物流——为客户创造价值

制造业企业作为典型的B端客户，其物流需求并非如同C端客户那样只需要顺利收到货物即可，真正决定其需求的是制造业客户对物流服务的价值诉求。

制造业企业将物流服务进行外包，其核心的价值诉求就是降低成本以及保证物流服务的专业高效和安全可靠。

宝供物流凭借服务世界500强企业的经验，在面对不同的制造业企业客户时，针对具体需求，以满足核心价值诉求为出发点，为客户定制个性化的解决方案，创造价值。

某3C家电行业客户在使用宝供物流的"多仓融合"解决方案之后，有效减少了仓库面积，降低了仓租成本；人员效率提升40%，设备效率提升18%，库存资金的占用比例降低了10%，库存周转率提升了25%；每年节省了1 100万元的支出，成为该客户一个新的利润增长点。

懂得价值创造的企业才能更好地生存下去，宝供物流也是如此。宝供的行业实力、丰富经验、务实态度得到了客户的信赖，宝供的价值得到了客户的认可，未来的日子里，宝供物流依然坚持带着客户的期望，全力以赴，为客户创造价值。

请问宝供物流对于"多仓融合"的解决方案是什么？

【任务布置】

宝供物流为什么能得到很多世界500强企业的认可，成为其物流服务提供者？

【任务分析】

本任务要求学生对不同生产企业销售物流模式的特点有客观认识，只有这样，他们在日后的工作中才能帮助生产企业选择适合自己的销售物流模式。

【相关知识】

中国的生产企业处于相对开放和充满竞争的环境中，竞争日趋激烈的市场环境对生产企业销售物流提出了更高的要求。在获得竞争优势和更高利润的驱使下，生产企业越来越重视销售物流模式的选择，希望通过合适的物流模式来降低物流成本，提高物流效益以加强企业核心竞争力，提高企业利润。

销售物流模式的选择对于生产企业来讲具有战略意义（图6-13），根据企业物流服务目标和实际背景的不同，销售物流模式分为3种，即企业自营物流、第三方物流和物流联盟。

销售物流模式
- 企业自营物流
- 第三方物流
- 物流联盟

图6-13 销售物流模式

6.4.1 企业自营物流

企业自营物流模式是指企业自己投入物流要素，组织自己的物流活动，通过信息平台自主接受客户订单，然后组织配货、装卸搬运、运输等活动，最终将货物按照客户要求将货物送达的物流运输方式。该种方式下，企业能够严格控制物流过程，但是容易浪费企业资源，增加物流成本。

生产企业自己组织销售物流，实际上是把销售物流作为企业生产的一个延伸或者是看成生产的继续。生产企业销售物流成了生产者企业经营的一个环节。而且，这个经营环节是和客户直接联系、直接面向客户提供服务的一个环节。在企业从以"生产为中心"转向以"市场为中心"的情况下，这个环节逐渐变成了企业的核心竞争环节，已经不再是生产过程的继续，而是企业经营的中心，生产过程变成了这个环节的支撑力量。

生产企业自己组织销售物流的优点在于，可以将自己的生产经营和客户直接联系起来，信息反馈速度快、准确程度高，信息对于生产经营的指导作用和目的性强。企业往往把销售物流环节看成是开拓市场、进行市场竞争中的一个重要环节，尤其在买方市场前提下，格外看重这一环节。

生产企业自己组织销售物流，可以对销售物流的成本进行大幅度的调节，充分发挥其成本中心的作用，同时能够从整个生产者企业的经营系统角度，合理安排和分配销售物流环节的力量。

在生产企业规模可以达到销售物流的规模效益的前提下，采取生产者企业自己组织销售物流的办法是可行的，但却不一定是最好的选择。主要原因有三点：一是生产者企业的核心竞争力的培育和发展问题，如果生产者企业的核心竞争能力在于产品的开发，销售物流可能占用过多的资源和管理力量，将会对核心竞争能力造成影响；二是生产企业销售物流专业化程度有限，自己组织销售物流缺乏优势；三是一个生产企业的规模终归有限，即便是分销物流的规模达到经济规模，延伸到配送物流之后，就很难再达到经济规模，因此可能反过来影响更广泛、更深入的开拓市场。

6.4.2 第三方物流

第三方物流模式即外包，是指通过合同委托方式将物流承包给专业的第三方物流公司，与其维持紧密沟通以管理控制物流活动全过程的一种运营实施方式。这种模式下企业无需自己投入物流环节，便于集中核心资源发展企业核心业务，缺点是物流过程无法控制，服务水平会有所降低，同时难以得到物流环节的核心数据。

由专门的物流服务企业组织企业的销售物流，实际上是生产者企业将销售物流外包，将销售物流社会化。选用第三方物流企业对于制造企业来说，可以将低效的物流过程外包给第三方物流，第三方物流企业拥有规模经济、更专业化及能够提供个性化服务等优势，有效地为制造企业减少货物库存，降低经营风险，提供增值服务，促进物流合理化水平的提高。

在网络经济时代，第三方物流是发展趋势。

6.4.3 物流联盟

物流联盟（GB/T 18354—2021）是指由两个或两个以上的经济组织为实现特定的物流目标而形成的长期联合与合作的组织形式。采取一体化物流，是供应链管理环境下制造企业实现物流合理化的重要途径之一，它对现代物流领域的快速发展起到重要的引导作用。通过制造一个由制造企业和流通企业共同构成的多方位、相互渗透的合营体系，可以推动制造企业的发展。

很多汽车物流企业发展很快，能够迅速在国内站稳脚跟主要得益于两点，一是借助了上游大型母公司的帮助，如安吉汽车物流有限公司服务的客户包括上海大众、上海通用集团等，这些汽车企业本身拥有雄厚实力且在国内汽车行业地位很高。同样的还有深圳长航滚装物流有限公司、广州风神物流有限公司等都是找到了实力强大的汽车集团作为后盾才得以快速发展；二是汽车物流企业自身的发展战略决策。有了强大的后盾后，物流企业自身需要正确的发展战略和具体的实施策略，包括制订人力资源绩效考核、优化企业内部组织结构、加强企业应对市场变化灵活性、提高技术创新能力等。

【任务实施】

选择你所熟知的一家生产企业，判断其销售物流模式是采取的自营、第三方物流还是物流联盟。接下来，在这个判断的基础上，采用5W2H分析法来分析企业选择这种模式的原因，并将对应内容填入表6-2。

表6-2 企业销售物流模式——5W2H法分析法

企业名称：
销售物流模式：

采用_____模式的原因	5W	Why	
		What	
		Where	
		When	
		Who	
	2H	How	
		How much	

【实战演练】

中国制造需要什么样的销售物流？

从中国作为世界工厂这几十年的成果看，经过多年的经验积累，服装、汽车、日用品、电子产品等领域的产品，如今是可以和欧美品牌相抗衡的。从制造企业的角度看，随着人力和资源成本上升，业务扩张和复杂程度的提升，将供应链物流环节外包，有助于企业聚焦核心主业，降低运营成本。助力中国制造业转型升级，打造一体化供应链服务，也成为当下物流企业的机遇和挑战。根据灼识咨询预计，一体化供应链物流服务行业的市场规模在2025年将增至31 900亿元。华创证券预测，To B供应链的未来增长，也将围绕帮助中国制造降本增效和助力中国制造"品牌出海"进行。中国制造业经历了以"代工"为代表的"中国制造1.0"时代，再到以"自主研发设计"为代表的"中国智造2.0"，现在已经进入以"品牌出海"为代表的"中国制造3.0"时代。

销售物流依托品牌商的渠道分销体系，将产品送至各个代理商和零售商，最终卖给客户。该环节难点在于运输行业淡旺季分布明显，不可控因素很多，经常出现运力资源冗余或不足等不平衡现象，最终导致交付延迟。

思考：
面对中国制造的升级发展，销售物流服务应当如何与之匹配？

项目小结

本项目主要讲述了销售物流管理的含义及特点，销售物流作业体系的运作、销售物流合理化的途径，以及如何选择销售物流模式。

通过本项目的学习，学生能够对企业物流合理化形成正确认知；能够结合实际情况分析生产企业的销售物流模式；能够阐述销售物流合理化的路径。

项目测试

1. 生产企业建立仓储中心进行选址规划需要考虑的因素包括（　　）。
   A. 客户及市场的分布　　　　　　B. 交通、运输条件
   C. 土地、用地条件　　　　　　　D. 人力资源市场
2. 装卸搬运合理化包含（　　）原则。
   A. 省力化　　　B. 活性化　　　C. 短距化　　　D. 单元化
3. （　　）是指两个或两个以上的经济组织为实现特定的物流目标而形成的长期联合与合作的组织形式。
   A. 合同物流　　B. 外包物流　　C. 第三方物流　　D. 物流联盟
4. 在销售物流中，往往货源的充足意味着仓储成本的增加，配送的即时送达意味着配送成本的增加。这反映了销售物流的（　　）特点。
   A. 服务性　　　B. 效益背反性　C. 系统性　　　D. 差异性
5. （　　）环节是生产过程的最后一个环节，也是进入流通领域的第一个环节。
   A. 包装　　　　B. 仓储管理　　C. 运输配送　　D. 流通加工
6. 将货物尽可能地进行集中配送，体现了销售物流合理化的（　　）形式。
   A. 规模化　　　B. 商流、物流分离　C. 差异化　　D. 计划性
7. 企业销售物流主要有（　　）模式。
   A. 自营物流　　B. 第三方物流　C. 物流联盟　　D. 快递

任务实训

一、实训目的

了解区域制造业和区域制造业销售物流现状与发展。联系本项目所学知识，采用

调研的方法，对区域制造企业代表的销售物流现状发展进行初步了解。

二、实训方式

采用调研的方式，如可采用访谈、过程跟踪调查或侧面行为观察的方式。出动全组成员合理分工，每人负责不同侧面的内容，协同合作，集体讨论分析，并写出实训报告。

三、实训时间

××××年×月×日—×月×日

四、实训地点

××省××市

五、实训步骤

1. 前期准备工作

（1）×月×日 15:00 召开小组会议，商讨实训方式、调查对象，对小组成员进行明确分工，并拟订实训计划。

（2）×月×日 17:00 通过登录网站，查阅报纸、杂志等方式寻找调查对象，并争取得到专业物流公司或单位的支持和协助。

（3）准备校徽、笔记本等实训所需物品。

2. 开展实训活动

（1）×月×日，走访××制造企业，了解其销售物流开展情况。

（2）绘制该企业的销售物流业务流程图。

六、撰写认知实训报告

要求条理清晰，格式规范、统一，不少于 1 000 字。

活页笔记

学习过程：

重难点记录：

学习体会及收获：

项目 7

生产企业物流信息管理

【知识目标】
1. 了解物流信息系统的含义、特点、作用和基本组成；
2. 了解仓储、配送和运输系统的基本功能；
3. 掌握企业常用物流信息技术；
4. 理解仓储管理系统和企业资源计划系统的核心理念。

【技能目标】
1. 能根据企业实际选择合适的物流信息系统；
2. 能使用软件设计条码。

【素质目标】
1. 具备对物流信息系统的认知能力；
2. 拥有合理选择物流信息系统的能力。

【德育目标】
1. 培养学生的爱国情怀；
2. 培养学生拥有良好的物流职业道德。

【思政之窗】
　　通过对生产企业物流信息管理的学习，学生可以掌握生产企业物流信息管理包含丰富的知识和技能，涉及物流信息系统、信息的组织与管理、信息采集与识别技术、信息交换与定位技术、信息系统建设与管理等知识，培养学生的专业素质与技能，提升科学素养。另外，本项目还可以让学生系统地了解物流信息管理的理论和方法，并可熟练运用物流信息系统，培养精益求精的工匠精神。

任务 7.1　物流信息系统认知

【任务导入】

比亚迪西安工厂内的彩车身智能物流系统

比亚迪西安工厂内的彩车身智能物流系统是 2019 年由中鼎集成主导负责建设的。

该系统由一套定制化 WMS、MES 软件系统和智能化程度非常高的立体仓库组成，位于涂装和总装车间之间，作为衔接各生产环节的重要中间枢纽，在比亚迪汽车生产流程中起着承上启下的作用。能够实现立体仓库与车间的整体无人化、柔性化、全流程的智能物流，有效帮助汽车制造企业实现智能化、自动化，提高最大产能，创造更高的经济效益。

思考：
什么是物流信息系统？物流信息系统在企业生产过程中发挥什么作用？

【任务布置】

物流信息系统是企业信息系统的一个子系统，作为生产企业管理信息化的重要组成部分，是伴随着产品的生产与销售而发生的，也是企业消除信息沟通障碍、提高管理效率和降低整体运营成本的必要手段。请思考，企业应该如何正确认识物流信息系统建设？

【任务分析】

本任务要求学生理解和掌握对物流信息系统的相关基础概念、特点、作用、基本组成和发展过程等知识，在此基础上才能了解企业应该如何建设自己的物流信息系统。

【相关知识】

7.1.1　概念认知

1. 数据

数据既可以是数字，也就是人们通过事实、观察或计算得出的结果，还可以是人们用来反映客观事物而记录下来的可以鉴别的符号，是对于客观事物的基本表达，还包括文字、图像、声音等，如图 7-1 所示。例如，一辆载重 10 吨的京东配送卡车，其中"10""京东""卡车"就是数据，描述了一辆物流配送卡车。

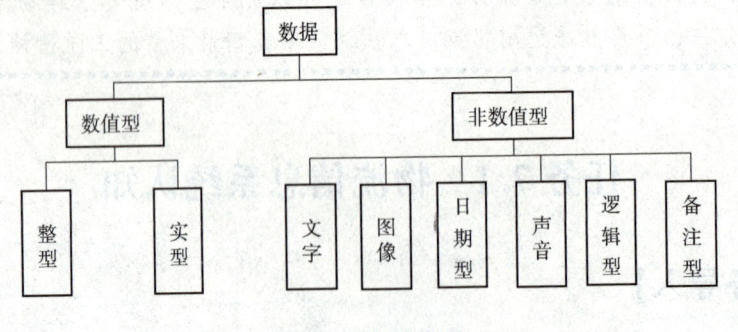

图 7-1　数据类型

2. 信息

信息是客观存在的一切事物通过物质载体所发出的消息、情报、指令、数据和信号中所包含的一切可传递和交换的内容。通俗来讲，信息就是经过加工处理后有价值的数据。例如，在汽车的生产过程中，车身调度就是信息的一种。

从企业生产管理的角度来看，信息具有真实性、不对称型、滞后性、时效性、传输性、共享性和可扩展性七大特征。

3. 物流信息

《物流术语》（GB/T 18354—2021）中将物流信息定义为反映物流各种活动内容的知识、资料、图像、数据的总称。汽车生产企业厂区内流动如图 7-2 所示。

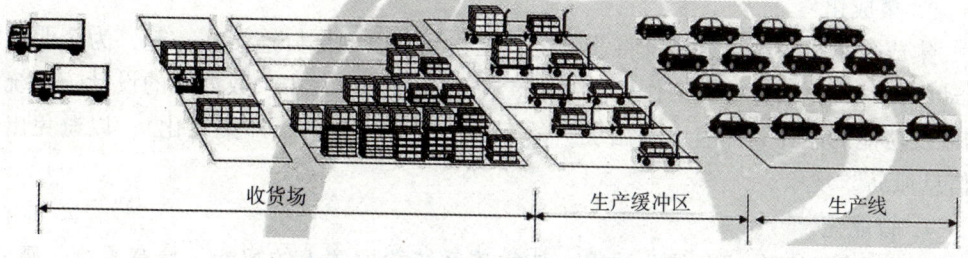

图 7-2 汽车生产企业厂区内流动

物流信息的内容和功能可以从狭义和广义两方面来理解。

（1）狭义的物流信息。

狭义的物流信息主要指运输、保管、包装、装卸搬运和流通加工等与物流活动有关的信息。例如，运输工具的选择、运输线路的优化、订单管理等，都需要物流信息为它们提供支撑。

（2）广义的物流信息。

广义的物流信息主要指除与物流活动（运输、保管、包装、装卸搬运和流通加工）相关之外，还包括与其他流通活动相关的信息，如商品交易和市场信息。

4. 物流信息系统

物流信息系统是根据物流管理活动的需要，在管理信息系统的基础上，由人员、设备、软件和数据库组成的，为物流管理者执行计划、实施、控制等职能提供信息的交互系统。这套系统主要以人为主体，对企业的各种数据和信息进行收集、分类、存储、加工，将有用的信息传递给企业决策者或客户，一般分为企业内部物流信息系统和企业外部物流信息系统。

对企业而言，无论是企业内部物流信息系统还是企业外部物流信息系统都是帮助企业提高在组织生产过程中的服务效率和生产效率的。因此，建立完善的内外部物流信息系统，在保障物流信息畅通的前提下，也能有效地缩短从接受订货到发货的时间、方便合理安排库存、提高搬运作业效率，以及调整需求和供给。

7.1.2 物流信息系统的特点

1. 实时化

实时化借助自动识别技术、GPS 技术、GIS 技术等现代化物流技术，对物流相关活动进行准确实时的信息采集，并采用先进的计算机与通信技术实时进行数据处理和传送物流信息。实时化通过互联网的应用将供应商、分销商和客户按业务关系连接起来，使整个物流信息系统能够及时掌握和分享供应商、分销商或客户的信息。

2. 网络化

网络化是通过互联网将分散在不同地理位置的物流分支机构、供应商、客户等连接起来，形成一个复杂但有密切联系的信息网络，从而通过物流信息系统这一联系方式实时地了解各地物流的运作情况。物流作息中心将对各地传来的物流信息进行汇总、分类，以及综合分析，并通过网络把结果反馈和传达来指导、协调、综合各个地区的业务工作。

3. 集成化

集成化是指物流信息系统将业务逻辑上相互关联的部分连接在一起，为企业物流活动中的集成化信息处理工作提供基础。在系统开发过程中，数据库的设计、系统结构以及功能的设计等都应该遵循统一的标准、规模和规程（即集成化），以避免出现"信息孤岛"现象。

4. 智能化

智能化是利用集成智能化技术，使物流系统能模仿人的智能，具有思维、感知、学习，推理判断和自行解决物流中某些问题的能力。

5. 模块化

模块化是指把物流信息系统划分为各个功能模块的子系统，各子系统使用统一标准开发功能模块，然后再将它们集成，组合起来使用，这样就能既满足了物流企业的不同管理部门的需要，也保证了各个子系统的使用和访问权限。

7.1.3 物流信息系统的作用

现代生产企业物流应用各种物流信息技术，将包装、运输、仓储与配送等各自分离的物流业务信息通过物流信息系统实现有机组合，形成一个完整的系统来管理。一般而言，物流信息系统主要有三方面的作用。

（1）为各个环节之间建立桥梁和纽带，并提供准确的物流信息和及时的物流服务。

（2）有效地计划、协调和控制物流活动，提高企业对市场的应变能力，为客户创造更多的价值。

（3）提高生产企业物流的科学管理水平和决策水平，实现企业内部一体化和外部供应链的统一管理，有效地帮助企业提高服务质量与整体效益。

例如，海尔集团为了与国际接轨，建立起高效、迅速的物流信息系统，对企业进行流程改造。系统应用后，打破了原有的"信息孤岛"现象，使信息同步，从而提高了信息的实时性与准确性，加快了供应链的响应速度。例如，原来订单由客户下达传递到供应商需要 10 天以上的时间，现在只需要 1 天就能完成，且准确率极高。又如，库存资金周转率从 30 天降低至 12 天，呆滞物资降低 73.8%，库存面积减少 50%，节约资金 7 亿元，同比减少 67%。

在物流信息系统的帮助下，海尔集团已实现了供应物流、生产物流和分销物流的即时采购、即时配送和即时分拨的同步流程，即三个准时制，如图 7-3 所示。

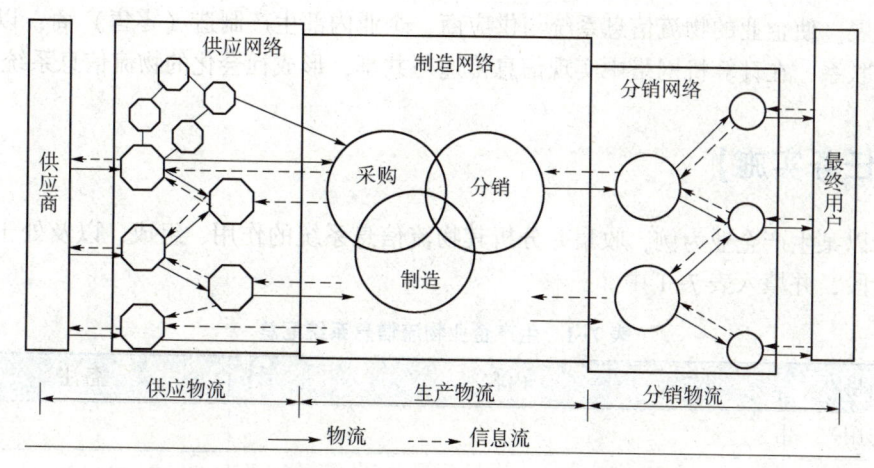

图 7-3 海尔物流的三个准时制

7.1.4 物流信息系统的基本组成

物流信息系统既是构成现代物流系统的重要的组成部分,也是提高物流服务效率的重要技术保障。其是能够进行物流业务的信息收集、传递、存储、加工、维护和使用的系统。物流信息系统主要由硬件、软件、数据库(数据仓库)与人员组成。

1. 硬件

硬件主要包括计算机、服务器、网络通信设备等。硬件是物流信息系统的物理设备,是实现物流信息系统的基础,构成了系统运行的平台。

2. 软件

软件主要包括系统软件和应用软件两大类,其中系统软件主要用于系统的管理、维护、控制及程序的装入和编译等工作;而应用软件则是指挥计算机进行信息处理的程序或文件,其包括功能完备的数据库系统,实时的信息收集和处理系统,实时的信息检索系统,报告生成系统,经营预测、规划系统,经营监测、审计系统及资源调配系统等。

3. 数据库

数据库(数据仓库)是按照数据结构来组织、存储、使用、控制、维护和管理数据的仓库。它是一个长期存储在计算机内的、有组织的、可共享与统一管理的大量数据的集合。数据库系统可以面向一般管理层的事务性处理,也可以为决策层提供决策支持。通常而言,它由数据库、数据库管理系统、数据库开发工具组成。

4. 人员

人员主要包括信息系统规划人员、信息系统分析人员、信息系统设计人员、信息系统实施人员、信息系统运行与维护人员、信息系统管理人员,以及各层级的使用者。

7.1.5 物流信息系统的发展过程

随着计算机技术与网络通信技术的高速发展,物流信息系统的发展过程主要分为手工阶段、计算机辅助阶段、物流信息系统阶段、智能化物流信息系统阶段和智慧化物流信息系统阶段。

现阶段,大多数物流企业都处于智能化物流信息系统阶段,该阶段还将向社会化系统发展，使企业的物流信息系统与供应商、企业内部生产制造（零售）商，以及客户紧密联系，在计算机网络中实现信息传递与共享，形成社会化的物流信息系统。

【任务实施】

请以某生产企业为例，收集并分析其物流信息系统的作用、组成，以及处于哪个发展阶段，并填入表 7-1 中。

表 7-1 生产企业物流信息系统汇总

项目	内容	备注
作用		
组成		
发展阶段		

【实战演练】

汽车生产制造

目前，汽车生产制造面临三个主要问题：产量持续提升、产品种类丰富和供应商厂家增多。为了解决以上问题，请你根据汽车生产制造的流程，思考应如何建设物流信息系统来提升现场工作效率。

思考：
请大家分组思考与讨论上述问题。

任务 7.2 物流信息系统的基本功能

【任务导入】

长安汽车的自动化仓储物流系统

中国长安汽车集团股份有限公司是中国四大汽车集团之一，拥有整车、零部件、动力总成、商贸服务四大主业板块。长安汽车重庆青山变速器分公司（以下简称"重庆青山"），是中国最大的专业变速器生产企业之一，专门从事各类汽车变速器的研发、生产和销售，逐步形成了重庆、成都、柳州、郑州四大生产基地，年产能达 270 万台。随着产能的不断扩大，重庆青山面临仓储能力不足、供给生产车间的在制品输送路线繁忙、人力搬运效率低等的瓶颈。

经过考察，重庆青山决定与江苏高科合作，对自身物流系统进行升级改造。江苏高科在充分了解其需求后，对厂房现有生产加工及存储模式进行数据采集比对分析，提供了经济可行的项目规划、设备供应、安装调试和售后服务在内的一站式自动化仓储物流系统解决方案。该项目主要包括自动化仓库、WMS 系统、WCS 系统建设，以及对原有立体库的 WMS 系统、WCS 系统进行替换并实施了相应的集成开发，从而在占地 1 900 m² 的立体存储区和 2 500 m² 快速分拣区中能实现收货、入库、拣选和出库作业。

思考：
什么是自动化仓储管理系统？其应具备哪些基本功能？

【任务布置】

组织和引导学生讨论宝供一站网物流信息系统的基本功能包括哪些方面。

【任务分析】

本任务介绍了仓储信息系统运输信息系统和配送信息系统的基本功能，学生只有以此为基础，才能了解企业物流信息系统的基本功能。

【相关知识】

7.2.1 仓储信息系统的基本功能

仓储信息系统的基本功能包括入库作业管理、在库作业管理、出库作业管理、预警及账表管理，如图 7-4 所示。

图 7-4 仓储信息系统的基本功能

1. 入库作业管理

入库作业管理功能是仓储作业管理的第一道作业环节，主要由验收作业、理货作业和上架作业等活动组成，如当货物到达仓库门口的时候，收货人员需要通过系统对货物进行验收，验收合格移入货架上的相应储位并与送货人员办理入库手续等。这时，系统通过储位管理模块提供建议性的储位帮助以实现商品合理化存储与储位的高效利用。

2. 在库作业管理

在库作业管理功能是仓储作业管理中难度与重要性并存的作业环节，主要由盘点、移库和调整等作业活动组成。

盘点通常分为一盘和二盘。首先主管在系统上进行盘点任务分配，异常处理人员使用条码采集器下载系统分配好的盘点作业信息，并根据作业要求进行盘点操作。当盘点完成之后，将实际情况反馈给系统，由系统自动生产盘点报表。如果一盘出来的实物数据与系统数据不一致，就需要二盘，从而解决一盘中的商品异常情况，如储位错误、盈亏等问题。

3. 出库作业管理

出库作业管理功能是仓储作业管理的一个重要作业流程。系统根据导入的客户订单，产生出库单，客户订购的货物经生产过程，在待发货区中，仓管员要检查货物并核对数量，待无误后将货物装上货车并配送出库。因此，出库作业管理能够加速客户订单的履行与仓库货物的管理。

4. 预警及账表管理

预警是系统对原材料货物保质期（使用率）、仓库使用率、任务执行状态、合约到期等的报警。账表管理是指系统提供货物类物资账表、管理类指标报表、财务类台账账表等近 20 种账表，还可以根据客户需求进行报表定制。

7.2.2 运输信息系统的基本功能

运输信息系统的基本功能包括基本资料管理、订单管理、运输计划管理、集货管理、货物在途跟踪、货物到达管理和费用管理，如图 7-5 所示。

图 7-5 运输信息系统的基本功能

1. 基本资料管理

基本资料管理功能的工作通常需由专门的系统管理员负责，主要包括员工基本信息管理、车辆基本信息管理、客户基本信息管理和系统基础设置四部分内容。

员工基本信息管理，主要是对部门员工和驾驶员的基本信息录入，并进行管理。例如，应录入部门员工和驾驶员的姓名、性别、出生年月、身份证号码等内容，以方便以后的工作和管理。需要注意的是，可以通过驾驶员的学习情况、违章情况与事故情况等关键信息，对其进行考核，以保证驾驶员队伍的稳定和发展。

车辆基本信息管理，主要是对车辆的基本属性进行日常管理维护，以便即时了解车辆的运行状况，确保车辆在最佳运行状态，保障运输业务过程的安全和准时，从而进一步改善物流服务水平。

客户基本信息管理主要目的是以做好客户基本信息的管理为前提，提高运输服务的效率。

系统基础设置主要包含业务范围、运输费用等功能。这些功能是开展业务的基础，所以权限和角色的设置不仅可以明确不同岗位的工作内容，不能防止人员的违规操作。

2. 订单管理

订单管理主要是指客户为了指示物流服务商从事某种对业务支持的物流活动而发布的指令，如在系统中登记客户需要委托的货物信息以便合理地安排运输计划，包括运输线排序指令等。

3. 运输计划管理

根据客户的要求和优化手段安排运输计划。例如，在零担运输业务中，通常需要集货，将数位客户的业务安排成一次运输计划，这就需要根据实际情况做出合理的运输安排。需要注意的是，在安排运输计划时，需要考虑货物性质、货物数量和客户到货时间要求等信息。

4. 集货管理

集货管理的功能主要是取货和集货。物流销售人员先与客户洽谈商品的运输服务，并按照企业的要求上门取货并送到指定的集散中心。打印单证作为凭证。集货是指将分散的或小批量的商品集中起来以方便运输，还能降低成本。

5. 货物在途跟踪

货物在途跟踪是现在运输管理系统中一项必备的基本功能，其主要利用现代物流信息技术中的 GPS 和数据传输等技术将在途货物的具体位置和车辆的其他相关信息（车速、运行状态等）发送至公司的控制中心，以实现对车辆的实时监管、调度和控制，从而最大限度地提高运输效率。

6. 货物到达管理

货物到达是指货物的到达与确认两个环节。例如，某物流运输公司的班车驾驶员将长安商品车从重庆运输到云南昆明某 4S 店，待在车辆到达后，及时通知客户取货，还需要在系统中完成运输任务的确定工作。

7. 费用管理

费用管理功能主要是能有效地分析每一笔业务所产生的费用，并能根据客户或时间的关键字建立台账，以便管理好运输业务中涉及的各种特殊性业务的账目问题。这样做的好处是可以帮助管理人员分析利润来源或明确下一步的业务方向，尽可能地优化成本控制。

7.2.3 配送信息系统的基本功能

配送是现代物流的核心内容之一，其完成质量和水平的高低，在一定程度上体现出企业对客户的满足程度。随着现代物流信息技术的发展，配送信息系统已成为供应商、制造商和零售商等不同主体各项管理活动信息传递的纽带。该系统的基本功能包括订单管理，拣货规划，包装加工，以及派车和出货配送计划，如图 7-6 所示。

图 7-6 配送信息系统的基本功能

1. 订单管理

订单管理功能的主要任务是接收客户订单的相关操作，如订单的录入、终止、变更等。

2. 拣货规划

拣货规划功能的主要任务是根据生产批次的情况分配拣选任务，而拣选人员负责按照系统指令进行拣货作业。

3. 包装加工

包装加工功能的主要任务是应对出仓前的最后一个生产环节，而操作人员则按照系统的提示完成工作。

4. 派车和出货配送计划

该功能的主要任务是出库分类、货车装车和配送作业，即按照订单需求编制出库批次报表，并调配合理的车辆，按照货物信息、要求和到达目的地等信息统一装车，最后按时完成配送任务。

【任务实施】

1. 学生在教师的指导下根据相关表格完成表7-2的填写。
2. 教师抽取部分同学的表格检查，再结合学生的讨论结果点评。

表7-2 宝供物流信息管理系统实现的功能

组员观点	小组意见
任务实施过程中的难点	

【实战演练】

MES打造智慧工厂——实现车间可视化管理

当下，智能制造已成为中国工业制造业体系化创新发展主流趋势。为了向智造转型，东风汽车集团有限公司（以下简称"东风汽车"）构建了智能制造体系，努力提升生产能力的智能化水平。

为打造行业领先的精益、高效、绿色、智慧的卓越东风制造体系，东风汽车采取了一系列措施，通过MES打造智慧工厂来实现车间的可视化管理，其功能如下。

（1）数据采集：未来打算使用汽车芯片，不仅可以解决生产中的问题，还能解决销售和售后服务中的系列问题。

（2）过程监控：依靠AVI系统对车体进行跟踪，并将信息传送给输送链系统和相关过程设备，相关设备根据条码进行工艺选择、防错。

（3）同步物流：根据实际生产进度，拉动物料需求，车间配料准时化，实现生产准时化。

（4）产品追溯：可追溯到批次信息、操作工人及一级供应商信息。

（5）信息系统与业务管理集成：依托MES实现DFA-BOM、DFA-SCF和SAP各系统的集成，以及数据共享，打通设计、采购、生产与质量之间的"部门墙"。MES与其他系统之间的关系如图7-7所示。

项目 7　生产企业物流信息管理

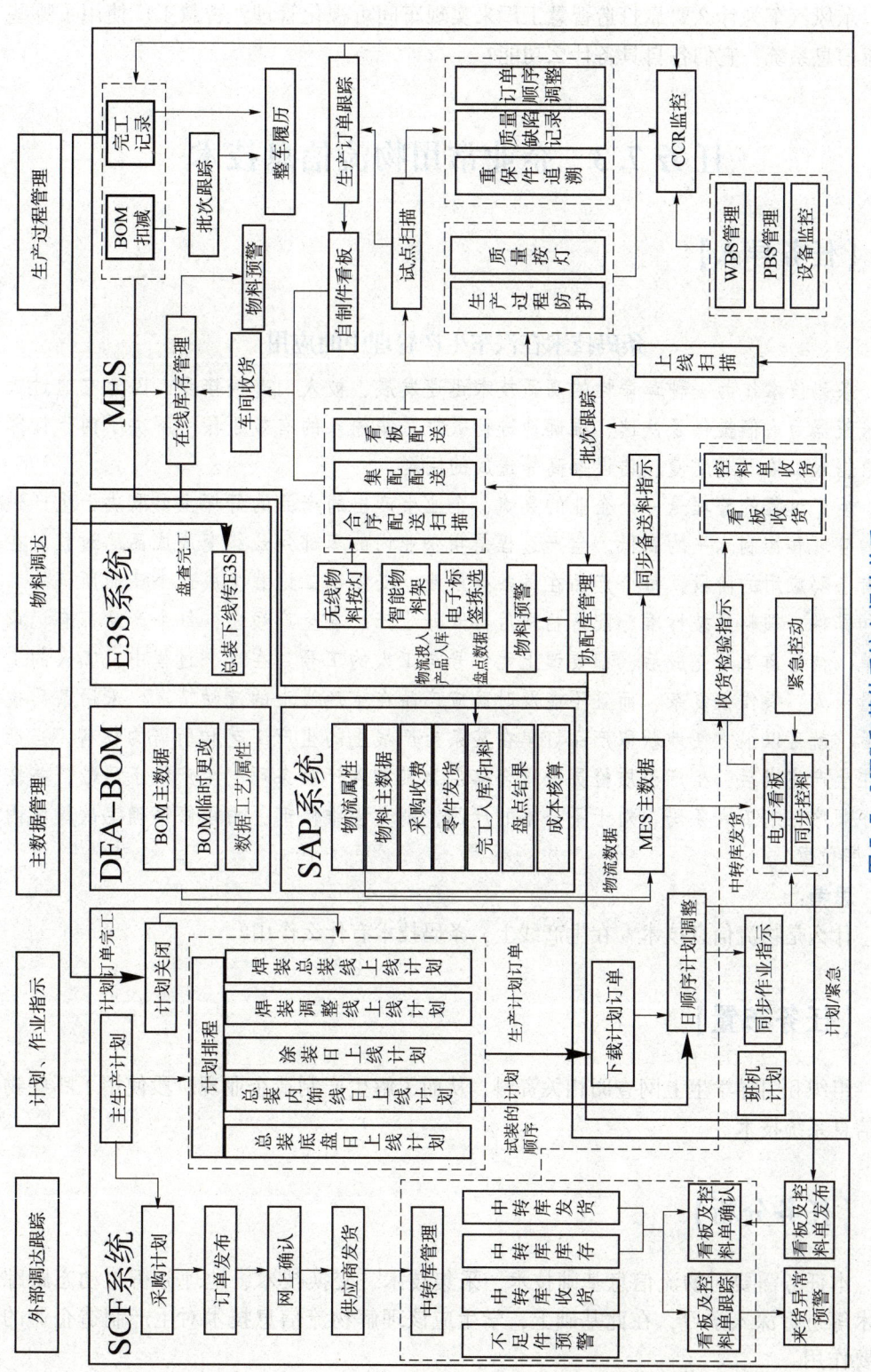

图 7-7　MES 和其他系统之间的关系

思考：

东风汽车为什么要靠打造智慧工厂来实现车间可视化管理？智慧工厂使用了哪些物流信息系统？它们各自具备什么功能？

任务 7.3　企业常用物流信息技术

【任务导入】

条码技术在汽车生产管理中的应用

条码技术作为一种革命性的高新技术迅速发展，被人们普遍接受，因为它通过数据采集器为人们提供了快速、准确地进行数据采集输入的有效手段，解决了由于计算机数据人工输入速度慢、错误率高等造成的问题。

生产过程的管理是一个企业的灵魂，企业生产出的产品的好坏主要取决于生产过程的管理和控制水平的高低。生产过程是指企业内的零部件最终变成成品的过程。在没有条码应用的阶段，每个产品在每条生产线，必须手工记载生成这个产品所需的工序和零件，领料员按标准分配好物料后再开始生产。在生产线上，每个产品都有记录表单，待每道工序完成后，都要填上元件号与工人的工号。在这个过程中，工人的工作量很大、操作很复杂，而且不能及时反应产品在生产线上的流动情况。采用条码技术后，就可以很方便地获取产品订单在某条生产线上的生产工艺和所需的物料。当产品在生产完成后，生产线质检员检验合格后为其扫入产品条码、生产线条码号，并按工序顺序扫入工人条码。对于不合格的产品，则送去维修部，由维修部确定故障原因（工序位置）。

思考：

什么是物流信息技术？在生产线上，条码技术有什么作用？

【任务布置】

组织和引导学生上网查阅相关资料，从而了解生产制造企业现阶段使用了哪些物流信息系统技术。

【任务分析】

本任务需要对物流信息基础技术、采集技术、交换技术、地理分析与动态跟踪技术等进行深入学习，在此基础上，学生应该理解物流信息技术对生产制造企业的重要作用。

【相关知识】

7.3.1 物流信息基础技术

物流信息基础技术由计算机技术、网络技术和数据库技术组成。

计算机技术主要是指计算机操作技术；网络技术主要是指把互联网上分散的资源融为有机整体，实现资源的全面共享和有机协作，使人们能够使用资源的整体能力并按需获取信息；数据库技术主要是物流信息系统的核心技术之一，主要用于存储与查询物流活动中产生的物流信息，以及如何高效管理数据。

7.3.2 信息采集技术

信息采集技术主要是应用条码技术和射频识别技术（RFID）对物流数据进行采集与自动化录入。

目前，条码技术在国内外应用比较成熟，大多数企业都在应用。而射频识别技术，由于制作、使用成本等相对于条码技术较高，导致其应用领域相对较少。

1. 条码技术

（1）概念。

《条码术语》（GB/T12905—2000）中将条码定义为是由一组规则排列的条、空组成的符号，可供机器识读，用来表示一定的信息，其包括一维条码和二维条码。

条码技术通常用来对配件、半成品和成品进行高效识别，从而大幅提高信息采集能力，是实现制造企业计算机管理和电子数据交换不可缺少的基础技术。

（2）条码的分类。

条码有很多种分类方法，但是目前最常见的是维数分类，即按照条码在空间上的拓展，分为一维条码和二维条码。

①一维条码。

一维条码是指条码条和空的排列规则，常用的一维条码包括 EAN-13、EAN-8、UPC-A、UPC-E、GS1 128、ITF-14、店内码、128 条码（Code 128）、交叉 25 码、39 码、库德巴码、中国书刊号、Databar 等。其中，面向消费者销售商品所使用的条码是指商品条码，由 13 位数字构成，主要应用在补充和订货管理系统；面向物流过程中商品所使用的条码是指物流条码，由标准的 14 位数字构成，主要应用于运输、仓储和分拣等。

完整的一维条码符号主要由一组有规律的黑白相间的条纹组成，利用条和空的不同宽度和位置的反射率来传递信息。按照结构来看，左右两端分别是空白区域，中间从左至右分别是起始符号、数据字符、校验字符、终止字符，在条形码正下方是可供人识读的字符。

一维条码的识读字符主要由四部分组成（图 7-8），其中的前置码（由 3 位数字组成，即 690）、制造厂家代码（由 4 位数字组成，即 1234）、产品代码（由 5 位数字组成，即 56789）与校验码（由最后 1 个数字组成，即 2）。

图 7-8 条码符号结构

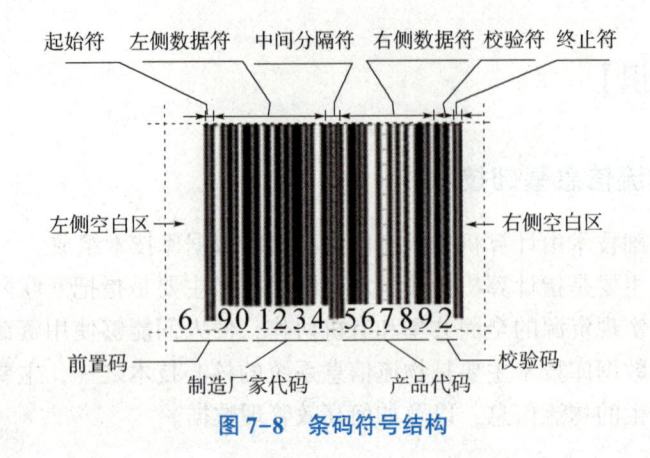

②二维条码。

二维条码主要分为行排式二维条码和矩阵式二维条码两种，其编码原理各不相同，行排式的编码原理是在一维条码的基础上进行，按需要堆积成两行或多行来实现信息的表示，常见的有 PDF147（图 7-9）和 Code 49 等；矩阵式的编码原理是在一个矩形空间通过黑白像素在矩阵中的不同分布进行信息表示，常见的有 QR Code（图 7-10）、Data Matrix 等。

图 7-9 PDF147

图 7-10 QR Code

(3) 条码技术的优点。

一维条码作为在仓储、生产制造等领域中使用的一种自动识别技术，能够帮助计算机系统高效的获取信息，通常具有如下优点。

①输入速度快。
②准确度高。
③成本低。
④可靠性强。
⑤简单、实用。

需要强调的是，二维条码在继承了一维条码的优点之外，还具有如下优点。

①存储的信息密度和容量较大。
②应用更广泛。
③保密防伪性强。
④抗损毁能力更强。

(4) 条码技术在汽车生产制造与销售领域的应用。

条码技术在汽车生产制造领域的应用，可以说是贯穿于整个供应链的全过程。主机厂从供应商采购配件，将配件运送到主机厂内仓，然后由厂内物流配送至边线进行产品生产到成品下线，再由第三方物流公司将成品通过公路、铁路或水路运输中转仓等形式运至4S店销售，再送到用户手中等所有环节都离不开条码技术。因此可以说，条码技术是汽车生产制造与销售领域的信息纽带，如图7-11所示。

供应商　物流　工厂　物流　分销　用户

图7-11　汽车生产制造与销售供应链全过程

①在汽车生产制造中的应用。

首先，第三方物流企业根据主机厂发送的生产批次所需要的配件订单，运用循环取货配送模式在仓库扫描配件条码进行拣选、打包、出库与配送等一系列操作，按照规定时间将配件订单送至主机厂进行生产。

其次，生产线上每辆车身架上都有代表车底盘号的一维条码，发动机上也有代表发动机号的一维条码。当车辆完成生产之后，整车上还会贴上一个完整的车辆条码，其中的信息包含了本车的发动机号、车架号、出厂日期与颜色等。

最后，由生产线质检人员对车辆进行检验合格，扫描产品与生产线条码，并按照工序顺序扫描工人条码，从而方便产品管理和追踪管理。

②在仓储与配送管理中的应用。

条码技术在仓储与配送管理中的应用是指整车和汽车零配件两方面。在整车方面，可以理解为每天检验合格的车辆需要进入成品车储运中心。但是在进入之前，每辆车都需要粘贴包含车辆信息的条码，而当车辆进入的储运中心扫描该条码时，有关每辆新入库车辆的各种信息将通过连接了网络的计算机系统传到销售总公司的信息中心，所以总公司对停放在储运中心的车辆信息都了如指掌。当将一批车辆从储运中心出库配送至4S店的时候，也需要对出库车辆的条码进行扫描，再将出库信息传到总公司。各地的4S店收到配送过来的车辆之后，还需要扫描条码，并通过网络将信息传到总公司；在汽车零配件方面，该技术主要应用在采购、入库、在库、边线配送及盘点、运输和配送等环节。

③在4S店销售与售后管理中的应用。

在4S店销售与售后管理中的应用主要是记录车辆与零配件的到店时间，以及由哪个部门的哪个销售人员卖给了哪个客户。另外，其还会记录订单完成之后的编号。

2. 射频识别技术

（1）概念。

射频技术是一种无线电通信技术，也称为感应式电子晶片、非接触卡、电子标签、电子条码等。其基本原理是利用无线电波对记录媒体进行读写。

射频技术与条码技术都属于自动识别技术，但是射频技术既可以实现对静止物体的数据交换，又可以实现对移动物体的数据交换。此外，射频技术除能在几厘米至几米的距离实现数据交换外，还具有极高的保密性，所以该技术是实现移动通信技术的关键技术之一。

（2）射频识别技术系统组成。

射频识别技术主要借助磁场和电磁场原理，通过无线射频方式实现设备之间的双向通信来实现交换数据的功能,其除含有核心部件电子标签外,还有读写器与数据管理系统,如图 7-12 所示。

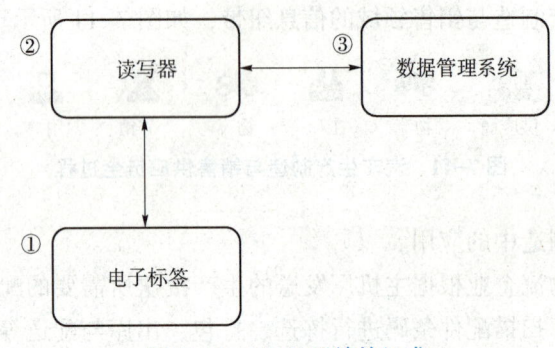

图 7-12　RFID 系统的组成

①读写器。

读写器也称阅读器,是用于读取电子标签内的储存信息,或将信息写入标签的设备。根据读写方式的不同,可以将读写器分为只读阅读器和读/写阅读器两种。是射频技术的系统信息控制和处理中心。通常来说,只读阅读器的内容,在出厂之前就已经写入,不可修改;读/写阅读器具有读写双重功能,在应用过程中数据能通过接口与计算机实现双向传输。

②电子标签。

电子标签主要用于储存一定的数据信息,同时会接受来自读写器的信号,并把所要求的数据送回给读写器,电子标签一般会被粘贴到或者固定安装到物品上。

③数据管理系统。

数据管理系统是用户用以对计算机的数据库进行控制、更新、扩充、传送和其他操作的软件系统,主要工作是对读写器传输来的电子标签数据进行解析,同时完成用户需要的功能。

(3) 射频识别技术分类。

通常情况下,射频识别技术按照工作频率与供电方式分类。

①按工作频率分类。

射频识别技术的工作频率与应用场景见表 7-3。

表 7-3　射频识别技术的工作频率与应用场景

工作频率	应用场景
低频标签(125~134 KHz)	门禁、考勤、车辆管理等
高频标签(13.56 MHz 或 JM13.56 MHz)	物流管理
超高频标签(868~915 MHz)	货架、卡车、拖车跟踪等
微波标签(2.4~5.8 GHz)	收费站、集装箱等

②按供电方式分类。

可以根据射频识别技术内部是否安装了电池,将其分为有源射频识别技术、无源射频识别技术和半有源射频识别技术三种。有源射频识别技术由电池、内存与天线组合构成，而维持其工作的能量由电池提供。与无源射频识别技术相比，其在读写器、识别稳定性、读取速度等方面具有优势。需要注意的是，受电池寿命的影响，在使用过程中需要更换电池；无源射频识别技术，虽然在性能上达不到有源射频识别技术的要求，但具有免维护、结构简单、成本低、故障率低和使用寿命较长等优点；半有源射频识别技术，结合了无源射频识别技术和有源射频识别技术的优点，通常处于休眠状态，仅对部分标签供电，只有在识别的时候，才精确激活标签。

（4）射频识别技术在汽车物流中的应用。

由于射频识别技术的读写能力在需要大量数据修改方面强于条码技术，非常适合应用在汽车物流方面，其主要涉及入场物流、生产物流、销售物流与售后物流四个方面。

①入场物流。

入场物流是指供应商或第三方物流公司根据主机厂的需求，将零配件进行运输、存储与边线配送的过程。

供应商或第三方物流公司生产出库，这个步骤主要是对提前准备好的零配件进行电子标签信息写入操作，为后续运输环节带来方便。

运输环节是物流过程中最难监控的环节之一，因此在运输环节使用射频识别技术，优点是能实现对运输车辆和零配件的实时跟踪。其工作原理是在运输线路上安装射频识别接收器，读取运输车辆和商品外包装上的电子标签，将实时采集到的信息（零部件编码、零部件名称、零部件颜色等）和地理位置，通过 GPS 模块或者无线信号的形式将其发送至公司运输管理中心的数据库。

仓储环节使用射频识别技术可以实现零配件入库、在库盘点、拣货、出库与配送等过程的自动化的操作。

首先，收货人员使用手持读写器或安装在仓库大门口的固定读写器对入库商品外包装的电子标签进行识别，以到达高效率的商品入库，实现商品信息与系统信息一致性。

其次，仓储管理人员使用手持读写器，对在库商品进行快速盘点作业。

最后，当生产线需要零配件生产时，仓库管理人员将使用手持读写器和固定读写器，进行拣选、出库与边线配送作业操作。需要注意的是，当零配件到达边线后，可以取下其电子标签，而且还能重复使用。

以上操作可以完整记录零配件入库、在库、出库与配送的作业信息追踪情况，并可确保每个零配件物流追踪信息的完整性。

②生产物流。

在生产制造环节应用射频识别技术，可以完成自动化生产线运作，实现在整个生产线对零部件、半成品和成品的识别与跟踪，减少人工成本和出错率。

首先，在汽车生产前，需要在系统中将当前所需要生产的车型用料、完成工位、操作人员等生产任务信息写入电子标签中，在关键工位使用固定读写器，读取标签信息，查看、监控或指导其生产过程。

其次，在线上，装配人员通过查看屏幕上读写器读取的车辆标签信息，提前做好准备，并在完成一道装配工序之后，通过按键完成相关信息的录入，然后进入下一道工序。

最后，射频识别技术在生产物流方面的应用不但可以提高生产效率和效益，还可以帮助企业管理人员全方面地了解车辆的生产制造情况，从而解决生产制造中出现的问题。

③销售物流。

销售物流在应用射频识别技术方面主要涉及在商品车出库和配送两大环节中对车辆进行实时监控的问题。其核心点在于及时通过读取电子标签中的信息，将其反馈给销售公司，并对仓储与配送系统数据进行修改，以便能够实时查询车辆在途情况，为销售工作和客户提车做好准备。

④售后物流。

售后物流主要是指带电子标签的保养或维修车辆，进入4S店时，固定在大门口的读写器读取标签信息，而售后服务人员通过数据库系统快速查阅客户与车辆信息，以便在第一时间了解车辆状况，并为其制订维修服务或订购配件。待维修结束之后，维修人员须在系统中确定本次维修记录，并将其上传至公司系统中进行数据更新，以便日后为客户提供维修服务，如图7-13所示。

图7-13 射频识别技术在仓储环节应用场景

7.3.3 信息交换技术

信息交换技术主要是指电子数据交换（Electronic Data Interchange，EDI）技术，该技术是在最少的人工干预下，在贸易伙伴的计算机应用系统之间标准格式数据的交换。

(1) 概念。

《物流术语》（GB/T18354—2021）中将EDI定义为：采用标准化的格式，利用计算机网络进行业务数据的传输和处理。

(2) 特点。

EDI作为一种全球性的具有巨大商业价值的信息系统，具有以下特点。

①EDI的使用对象是分布在不同位置的计算机系统，通常具有固定格式业务信息和经常性业务联系的单位。

②EDI 传送的是商业资料，如对账单、预测订单与发票等，并非一般性的通知。

③EDI 采用共同标准化的格式，与一般的电子邮件有区别。

④EDI 能自动化地完成与收送方的计算机系统直接进行商业资料交换，不需要人工介入操作，这样避免了由人工错误操作而产生的问题。

⑤EDI 可以无缝连接企业或用户计算机数据库，并生产报文，这是传真或电子邮件所不具备的特点。

⑥在防篡改、防冒领、电子签名等一系列功能的加持下，EDI 的安全保密性非常可靠。

（3）EDI 的工作原理。

下面以公司 A 和公司 B 为例（由于公司 A 和公司 B 距离较远，且需要互相传输大量信息）来讲解 EDI 工作原理。

①首先，公司 A 和公司 B 都拥有 EDI，两个企业之间的信息传输通道就可以顺利建立起来。

②生成平面文件。公司 A 应用系统将对账单、预测订单与发票等文件，从数据库中提取出来，转换/映射一种标准格式为平面文件。需要特别注意的是，平面文件是指除去所有特定格式的电子文件数据，该电子文件数据可以在其他应用程序上进行处理。

③翻译生产 EDI 标准格式文件。使用翻译软件对平面文件进行翻译，并生成一种只有计算机才能阅读的 ASCII 的 EDI 标准格式文件，这种文件是公司 A 和公司 B 之间进行业务往来的依据。

④通信传输。公司 A 可以任选专线、VAN 和互联网三种方式之一，将 EDI 标准格式文件传输给公司 B。

⑤接收和处理 EDI 文件。公司 B 连接通信网络，接收公司 A 传输过来的 EDI 标准格式文件，并存放在自己的计算机中，然后经过格式检验、翻译和映射等一系列逆向过程，还原与生成商业应用文件，最后，对应用文件进行编辑和处理工作，并存放在数据库系统中，如图 7-14 所示。

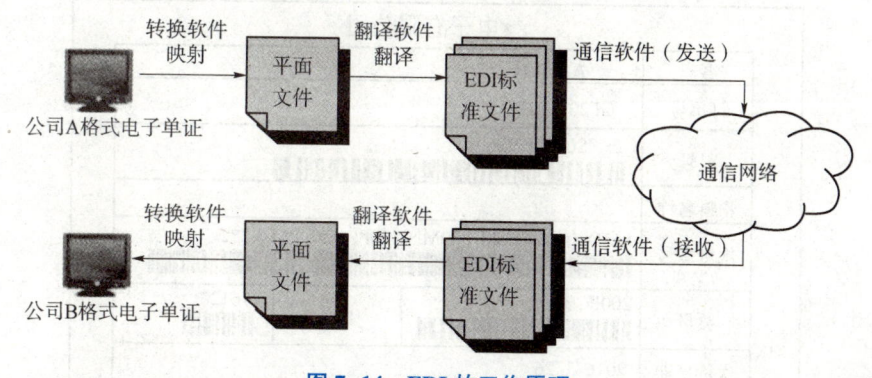

图 7-14　EDI 的工作原理

（4）EDI 在汽车物流中的应用。

EDI 在汽车物流中的应用主要涉及物流管理和配送两个方面。在物流管理方面，EDI 的应用主要是实现 EDI 与 MIS 的关联，高效地帮助主机厂、物流运输企业和客户之间进行数据传输和共享。例如，主机厂可以通过 EDI 将商品车运输计划发送给物流运输企业和客户，以便物流运输企业合理安排车辆，以及让客户知晓商品车的运输计划。在物流配送方面，EDI 不仅可以减少库存、提高工作效率，还可以帮助配送中心全方位地了解商品车的生产进度、零配件库存与销售等信息。

7.3.4 地理分析与动态跟踪技术

地理分析与动态跟踪技术是指 GPS 技术和 GIS 技术。

GPS 技术能全天候、高精度地对地面运行的车辆进行定位和导航，所以，其被广泛应用在汽车、火车与船舶的运输管理过程中。这样的好处是客户或企业能随时随地了解车辆与货物的实时情况。在一定程度上极大地降低了车辆的空载率、提高了运输效率。

GIS 技术对整个地表空间信息的数据进行采集、储存、管理与分析，形成一套地理空间数据。在计算机的辅助下，可以实时地提供多种空间和动态的地理信息，建立配送车辆路径模型、网络物流模型等，从而更好地为物流企业服务。

【任务实施】

使用 BarTender 软件制作物料标示单

物料是企业产品组成的核心，而物料清单表明了产品的总装件、分装件、组件、部件、零件、与原材料之间的结构关系，以及所需的数量。而这些物料在存储、运输等过程中需要标志有物料标示单，即物料标签，物料标签广泛应用于各行各业。

下面用某物料标签制作案例——×××电子有限公司的物料标示单为例来介绍使用 BarTender 软件制作物料标示单的过程。物料标示单大体上包括以下内容物料名称、料号、规格、生产（供应商单位）、数量、生产批次、生产（入库日期）、有效期限、检验人员、入库（保管员）等，如果 7-15 所示。

\multicolumn{3}{c}{×××电子有限公司}
客户	A	
订单号	GF2016022619	
料号	2. XS048M322501	
物料名称		
规格型号	SMD 有源晶振48. 000MHZ 20PF ±20PPM 3.2*2	
数量	200PCS	D/C	1612
送货日期	2016. 3. 26	

图 7-15　×××电子有限公司的物料标示单

制作物料标示单的具体步骤如下。

(1) 安装 Bartender 软件。

(2) 介绍 Bartender 软件功能。
(3) 在 Bartender 软件中创建一个全新的空白标签。
(4) 利用形状和线条工具绘制所需表格，注意调整位置的大小。
(5) 添加标签信息内容，根据个人需求进行序列化、数据库等相关设置。

【实战演练】

北斗卫星导航系统介绍

一、概述

北斗卫星导航系统（以下简称"北斗系统"）是中国着眼于国家安全和经济社会发展需要，自主建设运行的全球卫星导航系统，是为全球用户提供全天候、全天时、高精度的定位、导航和授时服务的国家重要时空基础设施。

北斗系统提供服务以来，已在交通运输、农林渔业、水文监测、气象测报、通信授时、电力调度、救灾减灾、公共安全等领域得到广泛应用，服务国家重要基础设施，产生了显著的经济效益和社会效益。基于北斗系统的导航服务已被电子商务、移动智能终端制造、位置服务等厂商采用，广泛进入中国大众消费、共享经济和民生领域，应用的新模式、新业态、新经济不断涌现，深入改变着人们的生产生活方式。

北斗系统秉承"中国的北斗、世界的北斗、一流的北斗"发展理念，愿与世界各国共享北斗系统建设发展成果，促进全球卫星导航事业蓬勃发展，为服务全球、造福人类贡献中国智慧和力量。

二、发展历程

20 世纪后期，中国开始探索适合国情的卫星导航系统发展道路，逐步形成了三步走发展战略：2000 年年底，北斗一号系统建成，向中国提供服务；2012 年年底，北斗二号系统建成，向亚太地区提供服务；2020 年，北斗三号系统建成，向全球提供服务。

三、发展目标

建设世界一流的卫星导航系统，满足国家安全与经济社会发展需求，为全球用户提供连续、稳定、可靠的服务；发展北斗产业，服务经济社会发展和民生改善；深化国际合作，共享卫星导航发展成果，提高全球各种卫星导航系统的综合应用效益。

四、建设原则

中国坚持"自主、开放、兼容、渐进"的原则建设和发展北斗系统。

（1）自主。坚持自主建设、发展和运行北斗系统，具备向全球用户独立提供卫星导航服务的能力。

（2）开放。免费提供公开的卫星导航服务，鼓励开展全方位、多层次、高水平的国际交流与合作。

（3）兼容。提倡与其他卫星导航系统开展兼容与互操作，致力于为用户提供更好的服务。

（4）渐进。分步推进北斗系统建设发展，持续提升北斗系统服务性能，不断推动卫星导航产业全面、协调和可持续发展。

五、远景目标

到 2035 年，中国还将建设完善更加泛在、更加融合、更加智能的综合时空体系。

六、基本组成

北斗系统由空间段、地面段和用户段三部分组成。

（1）空间段。北斗系统空间段由若干地球静止轨道卫星、倾斜地球同步轨道卫星和中圆地球轨道卫星等组成。

（2）地面段。北斗系统地面段包括主控站、时间同步/注入站和监测站等若干地面站，以及星间链路运行管理设施。

（3）用户段。北斗系统用户段包括北斗兼容其他卫星导航系统的芯片、模块、天线等基础产品，以及终端产品、应用系统与应用服务等。

七、发展特色

北斗系统的建设实践，走出了在区域快速形成服务能力、逐步扩展为全球服务的中国特色发展路径，丰富了世界卫星导航事业的发展模式。

北斗系统具有以下特点：一是空间段采用三种轨道卫星组成的混合星座，与其他卫星导航系统相比，其高轨卫星更多，抗遮挡能力强，尤其低纬度地区性能优势更为明显。二是提供多个频点的导航信号，能够通过多频信号组合使用等方式提高服务精度。三是创新融合了导航与通信能力，具备定位导航授时、星基增强、地基增强、精密单点定位、短报文通信和国际搜救等多种服务能力。

思考：

我国为什么要研发北斗系统？

任务 7.4　企业物流信息系统的应用

【任务导入】

弥特盈泰 WMS 智能仓储管理系统提升仓库作业效率

WMS 智能仓储管理系统也称作物料搬运系统，主要包含存储系统、输送系统、分拣系统及软件控制系统，各个子系统分别由具体的设备或软件构成，彼此之间相互联系、紧密配合，最终完成从工厂到渠道、终端的所有仓库的物流管理，并可以为产品追溯系统提供全流程追溯的数据。

弥特盈泰 WMS 智能仓储管理系统由货位管理、产品质检、产品出入库、物料配送、仓库退货与盘点、库存预警和质量追溯 9 大基本功能组成，能实现数据的及时采集、精准管理、实施掌握库存情况以及实现对产品生产或者销售过程的可追溯性。

思考：

如何理解 WMS 信息系统在企业中的应用？

【任务布置】

组织和引导学生通过网络查阅的方式了解生产制造企业现阶段物流信息系统的重

要性与应用情况。

【任务分析】

本任务需要学生理解和掌握对仓储管理系统、企业资源计划系统、运输管理系统、地理分析与动态跟踪技术等知识。并在此基础上了解生产制造企业使用物流信息技术的方式。

【相关知识】

7.4.1 仓储管理系统

仓储管理系统主要是指对仓储业务实现信息化的管理信息系统。

随着企业规模的扩大，消费者对产品个性化需求的日益增加，如何高效地管理有限的仓储面积以存储更多的生产物料，如何更为合理地配置产品项，以及如何安排装卸搬运等作业的完成便成为迫切需要解决的问题。为了解决以上问题，提出了仓储管理系统这种基于物流信息技术孕育而生的成熟解决方案。它能够根据现场实际的情况实时调整计划。另外，仓储管理系统还可以实现仓库的精细化管理，为制造企业实现货物存储和出货等操作进行动态安排。

生产制造企业对应的仓储管理系统主要是对工厂生产服务，如存储原材料、半成品与成品等。信息系统应用主要包括物料管理、仓配管理、仓储作业计划管理、仓储资源管理和作业成本管理五个方面，如图7-16所示。

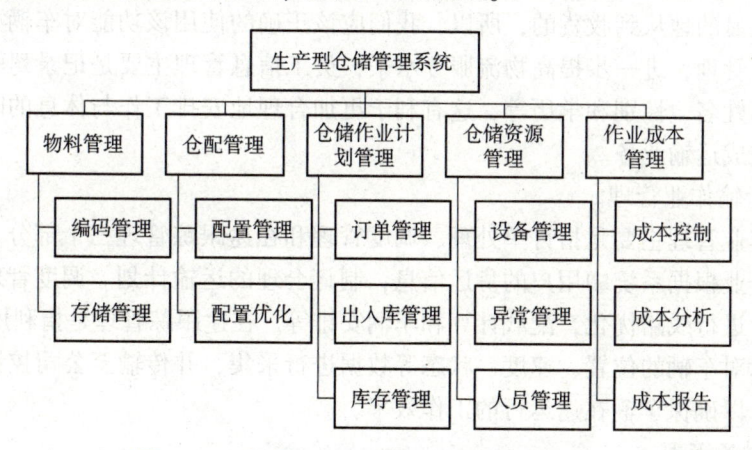

图7-16 生产型仓储管理信息系统的功能应用

7.4.2 企业资源计划系统

企业资源计划（ERP）系统主要是对物流、资金流和信息流的集中管理。它更多的是一种先进的管理思想和理念，为生产制造企业提供最优的解决方案，从而实现企业最终的经营目标。

ERP 系统的核心理念是从主生产计划分解的采购管理、库存管理和生产作业计划决定了企业的主要物流管理流程，而财务管理是对这些管理活动引起的资金流的监控过程。也可以理解为，以供需链为主线，把财务成本控制贯穿于整个企业的经营管理运作过程中，全方位地管理企业的物资调达、运输、集配等业务内容，提高企业生产效率和市场响应能力的管理平台。

ERP 系统的核心是 MRP，即根据预测和订单情况得出的主生产计划。MRP 输出两个结果，即生产订单和采购订单。这些订单主要包含四个方面的问题，生产或采购什么、生产或采购多少、什么时候开始生产或采购、什么时候结束生产或采购。需要注意的是，无论 ERP 系统的功能是否强大，其核心是不会改变的。

7.4.3 运输管理系统

《物流术语》（GB/T18354—2021）中将运输管理系统定义为：在运输作业过程中，进行配载作业、调度分配、线路规划、行车管理等多项任务管理的系统。

随着市场竞争的加剧，为了向客户提供高质量的服务，铁路运输、航空运输、远洋运输和公路运输四大类行业，已经意识到运输管理系统的重要性，都开始将运输管理系统应用在本行业中帮助其提高信息化水平。

运输管理系统的功能模块主要包括基本资料管理、运输作业管理和财务管理。

（1）基本资料管理。

基本资料管理。一般包括用户信息管理、车辆信息管理和员工信息管理三个部分，通常由企业的专属系统管理员负责。做好用户信息管理是提高企业效率，增加收入的基础性和重要性工作，主要涉及是否正确的录入与定期进行维护用户相关信息；车辆信息管理的好坏，直接关系到车辆是否处于最佳的运行状态、是否能及时与安全地把货物从目的地从到收货的，所以，我们应该正确的使用该功能对车辆类型、载重大小等进行管理，进一步提高物流服务水平；员工信息管理主要是记录驾驶员的基本资料，包括姓名、性别和学历等，这有利于更加合理地安排工作与休息的时间，确保可以高效完成运输业务。

（2）运输作业管理。

运输作业管理主要是指订单处理、调度管理和在途跟踪管理三个部分。其中，订单管理是企业根据系统中用户的货运信息，制订合理的运输计划。调度管理是指根据运输计划，进行线路优化，配载计算和车辆安排等。在途跟踪管理是指利用 GPS 技术和 GIS 技术对车辆的位置、速度、状态等数据进行采集，并传输至公司控制中心进行实时监控，以确保车辆在途运行的工作效率。

（3）财务管理。

财务管理是指分析每一笔收入以及企业在生产经营过程中发生的成本，可以使公司更加精准的控制成本、方便账目查询和开拓新的业务方向。

7.4.4 生产排产系统

生产排产系统是指在企业生产管理过程中，在运筹优化思想的前提下，利用计算机技术、互联网技术、数据库技术解决由于生产订单多、个性化需求多与原材料配给不及时造成生产进度管理困难、生产排产难度大的一种管理信息系统。

汽车生产排产系统通常包括日历与主数据、作业计划、分车间排序与车身子线排产四个部分。日历与主数据的关联，可以将车型、颜色与配置等信息通过屏幕实时的显示；作业计划是指企业把生产车型、颜色与配置等详细信息的周计划细化为每日计划，并及时与供应链上游企业沟通，这样做的好处是主机厂与上游企业，能够精确控制生产工序和物流供应；分车间排序是指企业运用平准化生产优化理论，将焊装、涂装、总装等车间的生产序列排序达到最优，即可以商品车生产的种类或组合达到均衡状态；车身子线排产是指车间排序计划输出后，根据系统指定的首单号、排产窗口数、排产覆盖生产窗口数等相关约束要求生成焊接车间等下属子线的排产计划，保证焊接车间的正常生产运营。

【任务实施】

（1）学生举例阐述企业物流信息系统的应用，并在教师的指导下根据相关表格完成表7-4的填写。

表7-4　企业物流信息系统

组员观点	小组结果
任务实施过程中的难点	

（2）根据以下题目回答问题。

ERP系统中采购管理与其他管理部门都有着密切的关系（图7-17），请先填写（1）（2）（3）中空缺的信息，再根据图7-17简要描述采购管理同其他管理如成本管理、质量管理等的关系。

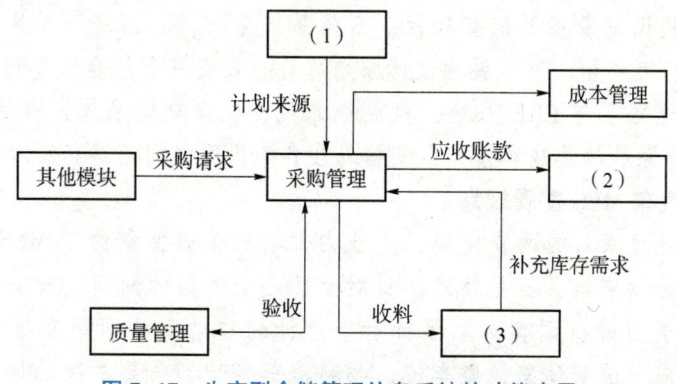

图7-17　生产型仓储管理信息系统的功能应用

（3）教师抽取部分同学的表格检查，再结合学生的讨论结果点评。

【实战演练】

长安汽车成功实施 MES

一、长安汽车精益生产历程

2002 年，长安汽车应用了 ERP 系统，这在一定程度上解决了生产存在的部分问题，但是管理人员和操作人员难以在生产过程中跟踪产品的状态数据，不能有效地控制产品库存，生产管理业务系统与生产过程控制系统的相互分离，计划系统和过程控制系统之间的界限模糊、缺乏紧密的联系等问题一直困扰着长安汽车。经过考察和多轮的选型，2004 年，MES（制造执行系统）在长安汽车顺利投入使用，建立起了计划和生产之间的信息枢纽。

随着企业的发展壮大和信息化应用的不断深入，MES 已经不能支撑长安汽车本身的生产了，这就需要在管理上更加精细，所以现在长安汽车倡导的是用 MES 来支撑精益生产或精益管理。

二、长安汽车 MES 应用

MES 处于工厂内部的车间层次的管理，但是这个层次的管理是非常重要的。目前国内汽车制造企业的竞争相当激烈，必须采取有效手段对企业资源进行有效整合，这样才能降低成本、缩短产品周期、拓展新的盈利点来提高企业自身的竞争力。例如，长安汽车信息化建设针对行业情况提出了一个比较先进和完善的汽车制造行业信息化的整体架构和解决方案。该方案以企业资源计划 ERP 系统为核心，向前通过供应链协同（电子采购平台、同步物流）做好供应商管理，向后通过渠道管控（分销、零售、客户关系管理 CRM、维修及服务）实现经销商和客户管理，物流管理贯穿整个价值链。在这些基础上利用协同办公、商业智能分析、业务门户等实现了企业在研发、物流、生产等的高效运作以及在分销上实现"运筹帷幄之中，决胜千里之外"。在企业内部真正做到物流、信息流、资金流、人流的四流合一。

MES 架构主要包含三个方面：一是服务器平台，采用 UNIX、LinuX、Windows 操作系统，Oracle 数据库；二是客户机平台，包含商用台式机、专业工控机、专业条码设备、专业射频识别设备及配套软件；三是系统架构，其围绕可操作性、稳定可靠性、响应快速、可移植、可扩展的设计原则进行。长安汽车结合汽车行业特性与内部系统应用状况建立了与 ERP 系统、检测线系统、底盘刻模系统、自动化控制设备、VIN 和铭牌刻字系统的集成和接口，使信息在各个应用之间能够有效传递。

三、长安汽车 MES 发展规划

长安汽车经过深入的调查发现，企业内部有三个方面制约了 MES 的应用效率。一是计划，二是供应链，三是物流。针对上述三个方面的问题，长安汽车已经着手从管理等多个层面进行调整，主要针对生产计划波动大的问题来推进生产的精益化。另外，供应链透明度差，整车流、物料流都是迫切需要解决的问题。因此，实现总装拉动式顺序化生产模式转变，实现全供应链管理模式，推行精准物流，使价值链精益化，从时间、效率、库存、人力方面降低供应链成本，再通过对计划能力

的提升和供应链成本的控制最终实现精益化生产,全面提升制造水平是长安汽车的最终目标。

思考:

请大家思考,长安汽车在实施 MES 之后,得到了什么好处?

项目小结

学习本项目后,学生可以进一步理解了生产企业物流信息管理的重要性,明白它是现代生产物流企业提高生产效率、降低生产成本,满足多样化、个性化用户需求的基础性保障。

本项目包括物流信息系统认知、物流信息系统的基本功能、企业常用物流信息技术和企业物流信息系统的应用四个任务。物流信息系统认知任务介绍了系统具备的各种特点和作用,以及如何帮助企业提高服务质量与整体效益等;物流信息系统的基本功能任务以仓储信息系统、运输信息系统和配送信息系统为例,详细讲解了三种常见系统的功能,为学生以后理解与使用相关系统打下了基础;企业常用物流信息技术任务介绍了物流信息基础技术、信息采集技术、信息交换技术与地理分析与动态跟踪技术;企业物流信息系统的应用任务介绍了仓储管理系统、企业资源计划系统、运输管理系统与生产排产系统在生产企业中的应用。

项目测试

1. (　　)是反映物流各种活动内容的知识、资料、图像和数据的总称。
   A. 物流信息　　　B. 物流技术　　　C. 信息技术　　　D. 物流信息技术
2. 物流信息系统可以分为内部信息系统和(　　)。
   A. 静态信息系统　B. 外部信息系统　C. 数据库系统　　D. 动态信息系统
3. 企业资源计划系统主要是对(　　)、信息流和资金流进行管理。
   A. 商品流　　　　B. 采购　　　　　C. 物流　　　　　D. 成本
4. 现代物流管理的基本功能是(　　)、仓储和配送。
   A. 运输　　　　　B. 采购　　　　　C. 数据分析　　　D. 成本
5. MRP 输出生产订单和采购订单主要解决的问题是(　　)、生产或采购多少、什么时候开始生产或采购、什么时候结束生产或采购。
   A. 生产或采购什么　　　　　　　　B. 采购订单请求
   C. 采购计划　　　　　　　　　　　D. 生产采购计划
6. 物流信息系统的发展过程(　　)、计算机辅助阶段、物流信息系统阶段、智能化物流信息系统阶段和智慧化物流信息系统阶段。
   A. 互联网阶段　　　　　　　　　　B. 线上线下阶段
   C. 手工阶段　　　　　　　　　　　D. 单机阶段

7. 物流信息系统的特点是（　　）、网络化、集成化、智能化和模块化。
A. 实时化　　　　B. 个性化　　　　C. 电子化　　　　D. 智慧化

任务实训

一、实训目的
（1）理解一维条形码和二维条形码的含义，掌握商品条形码的结构以及代表的含义。
（2）学会使用条形码扫描设备和条形码打印机。
（3）运用条形码编写软件，编制托盘和库位编码并打印条形码。
（4）通过制作和识别条码标签，理解条形码在物流管理中的应用。

二、实训时间
2 课时

三、实训要求
以小组为单位进行实训，每组 3~4 人，成员协同合作。

四、实训内容
1. 任务
根据某配送中心入库货物情况（表 7-5）完成各项要求。

表 7-5　某配送中心入库货物情况

序号	商品名称	生产厂家	条形码
1	大寨核桃露（240 mL/罐）	山西大寨饮品有限公司	6927519558263
2	恰恰香瓜子（160 g/袋）	重庆恰恰食品有限公司	6924187820067
3	心心相印纸巾	山东恒安相印纸制品有限公司	6922868282265
4	云南白药牙膏	云南白药集团股份有限公司	6901070600883
5	金号纯棉毛巾	山东金号织业有限公司	6925704407570

2. 要求
（1）分析上述商品条形码的结构，指出前缀码、厂商识别码、商品代码和校验码是什么？说明条形码前缀代表的含义，校验码的作用是什么？
（2）使用条形码扫描器扫描上述商品上的条形码，观察屏幕，说出你看到的结果。
（3）假设某货位编码为 01K030210，托盘编码为 TP010102，请用条码打印软件打印条形码标签，粘贴在货位和托盘上。用条形码扫描器扫描该条码标签，进行库位绑定。

五、实训环境
条形码编写软件、条形码打印设备、USB 口条形码扫描器、条形码打印纸、电脑、托盘、货架。

六、实训步骤

（1）教师讲解条形码的类型，编码规则。

（2）教师介绍条形码在物流管理中的应用。

（3）分析商品条形码的结构，其输出各部分信息代表的含义。

（4）扫描商品条形码，观察并记录显示出的信息，将该信息与条形码下方的编码进行比较，说出你发现了什么。

（5）各小组使用条形码编写软件编写货位和托盘条形码，先使用条形码打印机打印条形码，再使用条形码扫描器扫描。

七、撰写实训报告

要求条理清晰，格式规范、统一，不少于 1 000 字。

活页笔记

学习过程：

重难点记录：

学习体会及收获：

参考文献

[1] 王伟. 物流管理概论 [M]. 北京：中国铁道出版社，2021.
[2] 鲍新中，程国权，王转. 物流运营管理体系规划 [M]. 北京：中国物资出版社，2004.
[3] 宋栎楠. 生产物流管理 [M]. 北京：中国财富出版社，2012.
[4] 黄中鼎，祝云舫，运乃通. 企业生产物流管理 [M]. 上海：上海财经大学出版社，2009.
[5] 陈元. 生产计划与物料控制 [M]. 广州：广东经济出版社，2002.
[6] 钱芝网，施国洪. 第三方物流运营实务 [M]. 北京：电子工业出版社，2007.
[7] 黄中鼎，潘虹伟，张书源. 现代物流管理 [M]. 上海：复旦大学出版社，2007.
[8] 李苏剑，游战清，胡波. 企业物流管理理论与案例 [M]. 北京：机械工业出版社，2003.
[9] 原宇，邵雷. 生产物流管理生产物流管理 [M]. 北京：人民交通出版社，2008.
[10] 朱新民，林敏晖. 物流采购管理 [M]. 北京：机械工业出版社，2004.
[11] 陈鸿雁. 生产型企业物流运营实务 [M]. 北京：北京大学出版社，2015.
[12] 朱华. 配送中心管理与运作 [M]. 北京：高等教育出版社，2003.
[13] [美] 詹姆斯 P. 沃麦克，[英] 丹尼尔 T. 琼斯. 精益思想 [M]. 沈希瑾，张文杰，李素生，译. 北京：商务印书馆，2001.
[14] 傅武雄. 制造业管理实务 [M]. 厦门：厦门大学出版社，2007.
[15] 马士华，林勇. 企业生产与物流管理 [M]. 北京：清华大学出版社，2015.
[16] 骆温平. 物流与供应链管理 [M]. 4版. 北京：电子工业出版社，2022.
[17] 周彬彬，王奎. 精益工厂内部物流管理实践手册 [M]. 北京：机械工业出版社，2021.

参考文献

[1] 王东.纳滤膜过程理论[M].北京:中国环境出版社,2021.
[2] 陈观文,袁权,等.分离膜应用及工程案例[M].北京:中国石化出版社,2004.
[3] 朱长乐.膜科学技术[M].北京:中国高等教育出版社,2012.
[4] 徐南平,邢卫红,赵宜江.无机分子筛膜(上下).上海:上海科学技术文献出版社,2009.
[5] 陈益棠.膜科学技术实用教程[M].广州:广东科技出版社,2009.
[6] 张扬健.微孔膜、液态分离膜和气体分离膜[M].北京:电子工业出版社,2007.
[7] 李小斌,等主编.膜技术和膜材料在冶金中的应用[M].上海:复旦大学出版社,2002.
[8] 王学松.膜分离技术及其应用[M].北京:化学工业出版社,2002.
[9] 邬行彦,熊振湖,等.水与废水膜法处理[M].北京:天津大学出版社,2008.
[10] 朱安娜.膜法水处理原理与工程[M].北京:机械工业出版社,2015.
[11] 杨座国.膜科学技术过程与原理[M].北京:北京大学出版社,2015.
[12] 郑领英,王学松.膜应用技术[M].北京:化学工业出版社,2002.
[13] 王庆.膜技术手册(上)(下)——理论和应用[M].北京:化学工业出版社,2001.
[14] 黄维菊.膜分离技术[M].北京:国防工业出版社,2007.
[15] 时钧.膜与膜过程[M].北京:科学出版社,2014.
[16] 李继定.海水淡化与应用[M].北京:北京化工大学出版社,2022.
[17] 陈雪梅,王军.陶瓷过滤膜制备与应用案例[M].北京:机械工业出版社,2021.